다문화 시대의
문화교육 커리큘럼

413
아산재단 연구총서

다문화 시대와 한국의 사회통합

다문화 시대의 문화교육 커리큘럼

윤여탁
고정희
윤대석
이종원
홍인영

집문당

윤여탁(尹汝卓) 서울대 국어교육과 교수, 동대학 국어교육연구소 겸무 연구원
고정희(高貞姬) 서울대 국어교육과 교수, 동대학 국어교육연구소 겸무 연구원
윤대석(尹大石) 서울대 국어교육과 부교수, 동대학 국어교육연구소 겸무 연구원
이종원(李鍾源) 서울대 국어교육과 박사과정, 동대학 국어교육연구소 운영실장
홍인영(洪寅榮) 서울대 국어교육과 박사과정, 동대학 국어교육연구소 연구원

아산재단 연구총서 413
다문화 시대와 한국의 사회통합
다문화 시대의 문화교육 커리큘럼

2016년 12월 30일 1판 1쇄

저 자 | 윤여탁, 고정희, 윤대석, 이종원, 홍인영
발행인 | 임동규
발행처 | **집문당**
등 록 | 1971. 3. 23. 제300-2012-69호
영업부 | 10881 경기도 파주시 광인사길 85(파주출판도시)
(02)743-3192~3 팩스(02)742-4657
전자우편 | sale@jipmoon.co.kr
편집부 | 03134 서울시 종로구 돈화문로 82 집문당빌딩 5층
(02)743-3096~7 팩스(02)743-0227
전자우편 | edit@jipmoon.co.kr
홈페이지 | www.jipmoon.co.kr

ISBN 978-89-303-1751-1
978-89-303-1500-5(세트)

가격 22,000원

이 도서의 국립중앙도서관 출판시도서목록(CIP)은 e-CIP홈페이지(http://www.nl.go.kr/ecip)와
국가자료공동목록시스템(http://www.nl.go.kr/kolisnet)에서 이용하실 수 있습니다.
(CIP제어번호: CIP2016030100)

머리말

교통과 통신 수단의 급격한 발전으로 사람과 물자, 그리고 사상과 문화의 흐름과 접촉이 지난 세기와는 비교할 수 없을 정도로 활발해졌다. 국경과 인종 · 민족을 넘어서는 이러한 흐름을 흔히 지구화(globalization)라고 하는데, 기술의 발전이 그러한 것처럼 이러한 변화도 불가역적이고, 그러기에 그것은 당위라기보다 사실에 가까운 것이다.

한편 급격한 지구화는 많은 부작용도 낳았는데 경제적 · 문화적 양극화, 인종 · 민족 간의 끊임없는 충돌과 국지전 등은 그 대표적인 사례이다. 지구화가 초래한 부작용을 어떻게 극복하는가는 모든 사회와 국가의 미래가 걸린 문제로서 몇몇 국가들은 국경을 봉쇄하고 이민자를 추방함으로써 이 문제를 해결하려고 한다. 2016년의 브렉시트나 미국 대선 결과가 그것을 잘 말해 주는데, 그러나 앞에서 말한 대로 지구화가 불가역적임을 생각한다면 그것은 근본적인 해결책이 될 수 없는 일종의 속도 조절에 불과할 것이다.

좀 더 근본적인 대책은 이러한 지구화에 걸맞게 인간상을 재정립하고 그에 맞춰 사회 구성원을 교육하는 일이다. 그 가운데 우리 팀이 수행한 것은 중 · 고등학생을 위한 문화교육 프로그램을 마련하는 아주 좁은 범위의 작업이지만, 우리가 세계시민이라는 미래적인 인간의 양성을 교육목표로 설정한 것은 그 때문이다. 그러한 목표 하에서 우리 연구팀은 다문화 시대의 문화교육 커리큘럼을 마련하면서 다음과 같은 점에 중점을 두었다.

우선 우리들은 현행 교육과정과 연계하여 커리큘럼을 마련함으로써 교육의 효과를 높이고자 했다. 특히 핵심 역량을 중심으로 한 2015 개정 교육과정에 맞추어 핵심적인 문화 능력을 도출함으로써 더욱 실천적이고 실행적인 문화교육이 가능하도록 했다. 또한 해외의 사례에 주목함으로써 우리보다 앞서 비슷한 경험을 한, 그런 점에서 선진적이라 할 수 있는 여러 국가가 겪은 시행착오를 줄이고자 했다. 비교적 문화교육 프로그램이 잘 마련되어 있고, 또한 인종적 갈등을 적절하게 통어하고 있다고 생각되는 캐나다와 호주가 그 대상이었다. 셋째로 우리는 실태 조사를 통해 우리 실정에 맞는 문화교육 커리큘럼을 마련하고자 했다. 학습자와 전문가를 대상으로 한 광범위한 설문과 요구 조사가 그것이다. 이를 통해 현재 중고등학생들의 문화 능력의 정도를 알 수 있었으며 또 현행 문화교육의 문제점과 가능성을 확인할 수 있었다. 넷째는 기존에 마련된 문화교육 프로그램을 비판적으로 계승하여 더욱 나은 커리큘럼을 마련하고자 했다. 전국에서 이루어지고 있는 문화교육 프로그램을, 모두는 아니지만 상당수 검토하여 그 장점을 적극적으로 도입하고 그 단점과 결락 부분은 보완하고자 했다.

한국 사회가 인종적으로 또 문화적으로 다원화됨에 따라 그로 인한 갈등도 점증할 것은 충분히 예측할 수 있다. 그러한 갈등을 잘 관리하는 것도 중요한 일이긴 하지만 그보다 앞서 그러한 갈등이 생겨나지 않도록 사전에 예방하는 것이 더욱 중요하다. 또한 갈등 관리라는 소극적인 측면을 넘어서 인종적 문화적 다원성을 우리 사회의 발전적 자원으로 적극적으로 승화시키는 것도 반드시 필요한 일이다. 우리가 마련한 문화교육 커리큘럼이 그 모든 문제를 한꺼번에 해결할 수 있다고는 도저히 말할 수 없다. 그러나 이 연구가 그러한 사회로 다가가는 하나의 발걸음이자 문화교육의 새로운 방향에 대한 문제 제기가 될 수는 있을 것이다.

이 단행본이 나오기까지 많은 분의 도움이 있었다. 우리가 수행한 연구는 오롯이 아산사회복지재단의 학술연구지원사업에 힘입어 수행될 수 있었다. 감사의 말씀을 드린다. 또한 이 연구를 같이 진행한 공동연구원인 서울대 국어교육과 고정희, 윤대석 교수, 연구보조원인 대학원생 홍인영, 이종원에게도 수고했다는 말을 전하고 싶다.

2016. 11. 17. 윤여탁

차례

I. 서론 / 1

II. 다문화 시대 문화교육 커리큘럼의 이론적 배경과 해외 사례 / 27

III. 다문화 시대 문화교육의 현황 – 실태 및 요구 조사 / 67

Ⅳ. 다문화 시대 문화교육 커리큘럼 개발 / 121

Ⅴ. 결 론 / 209

표/그림 차례

I. 서 론

Ⅰ. 서 론

1. 연구의 목적 및 필요성

1) 연구의 목적

2014년 10월 여성가족부에서 제시한 '다(多)문화 · 다(多)인재 · 다(多)재다능 대한민국'은 다문화 사회에 대한 국민들의 인식을 긍정적인 방향으로 전환하고자 하는 목적에서 만들어진 슬로건이다. 이러한 슬로건이 필요하다는 사실은 역설적으로 현재 다문화 사회에 대한 국민들의 인식이 부정적인 것에 가깝게 형성되어 있다는 점을 보여 준다. 2014년 2월 아산정책연구원에서 수행한 연구에 따르면, 다문화에 대한 한국인의 인식은 최근 3년간 더욱 부정적인 방향으로 변화하였으며 특히 젊은 세대의 부정적 인식이 높아졌는데, 그 원인은 "사회통합 없고 동화에 편중된 다문화 정책"에 있다. 이주민을 한국 사회로 동화시키는 데 초점을 맞추고, 자국민의 다문화 수용도를 높이는 데에는 소홀히 했던 결과가 부정적 인식의 확산으로 드러났다는 것이다(김지윤 외, 2014). 이 문제를 해결하기 위해서는 다양한 문화에 대한 관용과 이해를 지향하는 보다 적극적이고 체계적이며 실질적인 대책이 마련될 필요가 있다.

'다문화 시대의 문화교육 커리큘럼' 연구는 한국 사회가 당면한 이러한 문제에 주목하여, 문화 다양성을 인정하는 관점에서 현재 이루어지고 있는 문화교육의 실태를 비판적으로 검토함으로써 한국 사회의 미래 세대를 대상으로 하는 문화교육의 구체적인 실천 방안을 마련하는 것을 궁극적인 목적으로 한다. 이 목적을 달성하기 위해서는 다음의 세 가지 세부 연구 목표가 긴밀한 관련 속에서 함께 이루어질 필요가 있다.

첫째, 다수자와 소수자의 상호 이해를 위한 다문화 시대 문화교육의 관점을 먼저 확립하여야 한다. 다문화 사회는 다양한 인종, 민족, 언어, 종교의 구성원이 공존하는 사회이므로, 이질적인 집단의 문화적 충돌은 구성원 간의 심각한 갈등을 발생시킬 수 있다. 다문화 시대의 사회통합을 위해서는 이러한 갈등을 적절히 통제하고 해소할 수 있는 방안의 모색이 시급한 과제가 된다. 이에 본 연구는 '문화 다양성'의 가치를 긍정적으로 바라보는 입장에서, 다수자와 소수자의 상호 이해를 위한 다문화 시대 문화교육의 관점 확립을 세부 연구 목표로 삼는다. 새로운 문화교육의 관점 확립은 사회적 소수집단 및 그들의 문화적 차이를 인정하고 사회 구성원의 깊이 있는 상호 이해를 도모하는 것으로 이어질 것이다.

둘째, 체계성과 완결성을 갖춘 다문화 시대 문화교육의 커리큘럼을 개발하여야 한다. 다문화 시대로 접어들면서 사회 구성원의 상호 이해 및 갈등 해소를 위한 문화교육의 중요성이 강조되고 있다. 이질적인 문화를 이해하는 것은 단순히 의사소통상의 어려움을 해결하는 것을 넘어서 구성원 간 갈등 발생의 여지를 줄임으로써 궁극적으로는 사회통합에 기여한다. 이점을 염두에 두었을 때, 문화교육의 중요성이 점차 강조되는 것은 자연스러운 일이라 볼 수 있다.

이에 본 연구는 다문화 시대 문화교육의 목표, 내용, 방법 등을 체계적으로 구조화하는 문화교육 커리큘럼 개발을 세부 연구 목표로 삼는다. 문화교육 커리큘럼 개발 논의의 이론적 근거는 다문화적 맥락에서 재개념화된 '다문화 소통능력' 개념을 통해 확보할 수 있다. '주체'와 '타자' 그리고 그들의 '관계' 형성까지를 포괄하는 '다문화 소통능력' 개념은 문화교육이 향상시키고자 하는 학습자의 능력이 무엇인지를 규명하는 데 유용하다. 이를 바탕으로 문화교육 교수-학습 목표, 내용 및 방법을 학교 급별로 위계화하여 문화교육 교사 및 학습자에게 일종의 지표로서 작용하는 완결된 체계를 구성하려 한다.

셋째, 실천 중심의 문화교육을 위한 구체적인 프로그램 운영 방안을 설계하여야 한다. '다문화 문식성'에 근거한 문화교육은 다문화 사회 구성원의 상호 이해와 협력을 도모하고, 이를 바탕으로 조화롭고 평화롭게 살아갈 수 있는 '능력'을 체계적으로 향상시키려 한다. 이는 단순히 다른 문화에 대한 지식을 습득하는 것에서 더 나아가 자신이 아는 바를 사회·문화적 맥락에서 실천하는 능력까지를 포괄하였을 때, 비로소 실현될 것으로 보인다.

이에 본 연구는 다문화 시대 문화교육의 학습자들을 대상으로 하는 실천 위주의 프로그램 설계를 세부 연구 목표로 삼는다. 실천 위주의 프로그램을 설계하는 것은 학습자의 인식과 행동의 실질적인 변화를 목적으로 하는 일련의 활동들을 교육 현장의 변인들을 고려하여 구체적으로 체계화한다는 것을 의미한다. 이를 위해 기존의 문화교육 프로그램을 분석하여 논의를 전개할 것이다.

2) 연구의 필요성

(1) 다문화 사회로의 이행 가속화에 따른 다수자 청소년 문화교육의 필요성 증가

최근 몇 년간 이주노동, 결혼이민 등으로 다양한 민족과 인종이 한국 사회에 편입되면서 다문화 사회로의 이행이 가속화되고 있다. 법무부의 최근 통계자료에 따르면, 체류 외국인은 2005년 이후 지속적으로 증가하여 2016년 5월에는 195만 명에 이르렀다. 단기 체류자 47만여 명을 제외하더라도 전체 인구의 3%에 가까운 수준이다.

표 1 체류 외국인 통계

구 분	총 계	등 록	단기 체류	거소 신고
2015년 5월	1,845,976	1,111,815	430,394	303,767
2016년 5월	1,949,216	1,136,081	474,145	338,990
전년 대비 증감률	5.6%	2.2%	10.2%	11.6%
구성비	100%	58.3%	24.3%	17.4%

출처: 법무부 2016년 5월 통계월보.

이처럼 다문화 구성원의 사회적 비중이 높아지면서 이질적인 문화를 배경으로 하는 구성원의 상호작용은 점차 늘어나는 상황이다. 과거에는 매우 특수한 경우에 한정되었던 관계의 유형이 점차 보편화·일상화되고 있는 것이다. 다른 문화적 배경을 가진 사회 구성원 사이의 바람직한 관계 형성 방향은 무엇인지 적극적인 논의가 필요한 시점이다.

가치관 발달 및 형성의 과정에 있는 청소년의 경우 이는 보다 섬세한 접근이 필요한 문제가 된다. 2015년 여성가족부에서 주관한 '국민 다문화 수용성 조사 연구' 중 청소년 다문화 수용성 조사는 다문화 수용성 진단 도구의 국민 정체성과 관련한 항목에서, 외국 이주민에 대한 한국 청소년의 일방적인 동화 기대(同化期待)가 비교적 높은 수준으로 형성된다고 분석하였다(안상수 외, 2015). 이는 한국의 청소년이 다문화 구성원을 있는 그대로 인정하기보다는, 그들이 한국 문화에 적극적으로 동화되기를 기대하는 태도를 취하고 있음을 의미한다. 청소년들의 이러한 태도는 동화주의적 관점에서 이루어졌던 기존의 문화교육과 그 지향을 공유한다는 점에서 우려할 만하다.

한국 사회의 초기 다문화 정책은 이주민을 한국 사회에 동화시키는 목적으로 이루어졌다. 그러한 정책적 기조하에서 기획된 다문화 관련 문화교육 역시 한국 사회의 전통문화를 지식의 형태로 습득하는 수준에서 이루어지는 경우가 많았다. 그러나 소수 집단을 일방적으로 주류 집단의 문화에 동화시키려는 것은 설령 의도하지 않더라도 소수 집단의 문화를 배제하거나 억압하는 결과로 이어질 수 있어 더 큰 갈등의 여지를 만든다. 다수 혹은 주류라는 이유로 다른 이들에게 하나 됨을 일방적으로 강요하는 것은 이해와 협력에 기반을 둔 사회통합을 오히려 불가능하게 만든다. 사회통합은 일방적이 아니라, 상호적이어야 하며 이는 주류 집단, 즉 다수자 집단의 인식 전환을 요청하는 문제라는 점을 인정해야 한다.

이 같은 맥락에서 한국 다수자 청소년이 가지고 있는 일방적 동화 기대가 다문화 구성원에 대한 편협한 시각으로 이어지지 않도록 예방교육의 차원에서 적절한 조치가 이루어질 필요가 있다. 다문화교육에서 다수자 청소년 대상 문화교육의 필요성을 인식해야 한다는 주장은 이러한 문제의식을 공유하였을 때 설득력을 가진다. 진정한 사회통합을 위해서는 동화를 목적으로 하는 문화교육을 넘어서, 문화 다양성에 기반을 둔 체계적인 문화교육의 실천 방안이 보다 적극적으로 모색될 필요가 있다.

(2) 학령기 다문화 청소년 증가에 따른 교육과정 운영상의 필요성 증대

교육통계서비스의 자료들은 최근 5년간 초 · 중등학교의 다문화가정 학생 수와 전체 학생 대비 비율이 두 배 이상 증가하였음을 보여준다. 여성가족부는 다문화가정의 자녀를 약 20만 명 정도로 파악하고 있으며, 그 수는 매년 지속적으로 증가할 것으로 전망하고 있다. 이러한 자료들로 향후 7-8년 내에 현재 초 · 중등학교에 다니는 수의 두 배가 넘는 다문화가정 학생들이 학령기 아동에 추가로 편입될 것으로 예상된다.

표 2 다문화가정 학생 수

구분	2010년	2011년	2012년	2013년	2014년	2015년
다문화가정 학생 수	31,788	38,678	46,954	55,780	67,806	82,536
전체 학생 대비 비율	0.44	0.55	0.70	0.86	1.08	1.21

출처: 교육통계서비스 http://kess.kedi.re.kr.

학령기 아동에 편입된 다문화가정 학생은 이후 대안학교 등 다른 선택지를 따르지 않는 이상, 자국민 청소년과 동일한 교육과정에 근거한 교육을 받는다. 초 · 중등학교에서 다문화가정 학생 수 및 전체 학생 대비 비율이 급격히 증가하면서, 이러한 변화로부터 발생하는 사회적 요구를 교육과정이 포괄해야 할 필요가 생겼다.

이에 따라 최근 개발된 2015 개정 교육과정에서는 다양한 문화 이해의 필요성을 강조하는 내용이 다수 포함되었다. 그러나 이러한 내용들은 교육과정 전반을 조망하는 관점에서 하나의 완결된 체계로 재구성되기보다는 기존 교육과정의 내용에 단순 부가되거나 추상적인 선언 차원의 서술에 그치고 있어 본래의 목적을 충분히 달성하기 어려워 보인다. 2015년 개발 · 고시된 KSL 한국어교육과정에서도 '상호 문화 이해 및 소통 능력'은 네 가지 세부 목표 가운데 하나로 중요하게 언급되었다. 하지만 '상호 문화 이해 및 소통 능력'을 단계적으로 어떻게 신장시킬지를 총괄 수준 및 세부 성취기준에서 구체적으로 언급하지 않아 교육 현장에서의 실천으로 이어지기는 어려운 상황이다. 요컨대 학습자의 '상호 문화 이해 및 소통 능력' 발달이 필요하다는 인식은 어느 정도 교육과정에 반영되고 있지만, 그것을 '어떻게' 발달시킬 수 있을지에 대한 구체적인 논의는 아직 반영되지 않고 있다는 것이다. 때문에 실제 교육 현장에서 교육과정을 편성 및 운영할 때 문화교육과 관련된 목표는 현실화되지 않거나, 현실화되더라도 일회성 프로그램에 그치기 쉽다.

이러한 교육과정 운영의 어려움을 해소하고 문화교육과 관련된 목표를 현실화하기 위해서는 먼저 교육과정 내에서 문화교육의 목표, 내용, 방법을 긴밀하게 관련된 형태로 재구성할 필요가 있다. 또 현재 일회성 프로그램에 그치는 문화교육 활동들을 살펴 활동의 위계를 고려한 일련의 체계로 엮어 내어야 한다. 이러한 논의들은 궁극적으로 학습자의 '상호 문화 이해 및 소통 능력' 향상을 목적으로 하는 문화교육 커리큘럼의 개발로 이어지게 될 것이다.

(3) 학습자의 실질적 변화를 가져올 문화교육 방안 마련에 대한 사회적 요구 증대

다문화 사회에서 발생하는 다양한 사회적 갈등에 대해 우선 고려할 수 있는 것은 법적 제재이다. 실제 프랑스 등의 국가에서는 형법으로 인종 · 국적 · 민족 · 지역 · 성별 · 성적 지향 · 장애 등에 대한 명예훼손과 모욕, 선동 발언을 엄격히 금지하고 있다. 한국에서도 약 10년 전부터 '차별금지법' 등의 입법이 추진되고 있으며, 다양성과 관련된 국민의 권리는 헌법을 기반으로 하는 국가 제도 안에서 보장되고 있다. 이때의 국민은 시민으로 해석할 수 있으며 인간으로서 누릴 수 있는 자유와 권리인 종교의 자유, 신체의 자유, 거주 · 이전의 자유, 언론 · 출판 · 집회 · 결사의 자유, 교육권, 근로권, 재산권, 선거권 등 시민으로서의 기본권은 헌법의 테두리 안에서 보장받는다.

그럼에도 불구하고 헌법에서 보장되지 않는 문화적인 부분이 존재한다. '차별금지법'이 일부 종교 및 정치 단체들의 반발로 처리되지 못하고 수차례 철회를 거듭하고 있는 것도 사회 · 문화적 합의가 충분하지 못한 현실을 반영한다. 이 같은 상황에서 법적인 제재를 도입하는 것은 오히려 사회적 갈등을 더욱 첨예하게 만드는 결과로 이어질 수 있다. 지금 제도적 입법에 앞서 이루어져야 할 것은 사회 구성원의 인식을 변화시키는 일이다. 변화의 목적은 '다름'을 바라보는 관점을 바꾸어 내는 데에 있다. '다름'과 '틀림'의 혼란은 한국어 사용자에게서 흔히 보이는 오류이다. 이

것이 단순히 문법적 착각의 문제가 아니라 인식 혹은 관점의 문제로까지 이어진다면 결과는 심각해진다. 자신과 '다른' 것에서 오는 이질감을 '틀린' 것, 나아가 '나쁜' 것으로 인식할 때 '다름'에 대한 인정과 용인은 요원한 일이 된다.

다문화 시대의 문화교육은 이러한 인식을 개선하는 데 효과적인 방안이 될 수 있다. 다문화 시대의 문화교육은 "인종뿐만 아니라, 다양한 문화집단에 속해 있는 서로 다른 사람들의 상호 이해와 평등 관계를 중시하고, 서로 다른 집단의 문화가 동등하게 가치로운 것으로 인식하며, 학생들이 자신이 속해 있지 않은 다른 문화에 대한 편견을 줄이고 다양한 문화를 올바로 이해시키기 위한 지식, 태도, 가치교육을 제공하는 것(장인실, 2006)"을 지향한다. 문제는 이러한 지향이 학습자들의 실질적인 변화를 이끌어낼 수 있는 실천 중심의 교육으로 현실화되지 못하고 가치 차원의 추상적인 논의에 머무르는 경우가 많았다는 점에 있다.

따라서 문화교육 커리큘럼에 대한 논의는 커리큘럼 개발에 그치지 않고 그것에 근거하여 실천 중심의 교수-학습 방안을 모색하는 논의로까지 이어질 필요가 있다. 마땅히 그러해야 한다는 도덕적 · 윤리적 당위를 제시하는 것에서 나아가, 그것을 실천하는 과정에서 예상되는 어려움은 무엇인지, 그러한 어려움들을 어떻게 하면 해소할 수 있는지를 교수-학습 과정에서 학습자 스스로가 해결하도록 유도할 수 있어야 한다.

이를 위한 실천 중심의 교수-학습 방안 모색은 다문화교육의 현장에서 직접 활용 가능한 정도의 수준으로 이루어져야 한다. 학습자들의 다문화 수용성을 향상시키기 위한 활동에는 어떠한 것들이 있는가, 프로그램 운영 과정에서 교사가 주의해야 할 내용에는 어떠한 것들이 있는가 등의 내용들이 언급될 필요가 있다.

이러한 논의들이 교육의 현장에서 다양한 학습자 변인들을 고려하여 활용될 때, 학습자들의 실질적인 변화가 가능해진다. 이 변화는 단지 기존에 가지고 있었던 편견을 제거하고 인식을 전환하는 데에 한정되는 것이 아니라, 개별 학습자에게 잠재된 미래 사회의 핵심역량을 성장시키는 것까지를 포함한다. 다른 문화적 배경을 가진 사회 구성원을 깊이 있게 이해함으로써 '의사소통 능력' 및 '대인관계 능력'을 키워나가는 것, 문화적 차이를 이유로 발생하는 갈등을 조화롭게 해소할 수 있는 '문제해결능력'을 키워나가는 것, 다른 문화를 폭넓게 수용함으로써 보다 높은 수준의 '문화예술향유능력'을 확보하는 것 등의 목표를 달성하는 데 실천 중심의 문화교육 교수-학습 방안을 깊이 있게 고민할 필요가 있음은 분명하다.

2. 연구의 범위와 내용

연구진은 다문화 시대의 문화교육 커리큘럼 개발을 위한 연구의 내용적 범위를 다음 표로 정리하였다.

이를 보다 상세하게 서술하기 위하여 다문화 시대 문화교육에 대한 문제의식을 '문화 다양성, 다수자 대상 교육, 다문화 소통능력' 등 핵심어를 중심으로 재조직하여, 크게 네 가지 범주로 세부 연구 내용과 그에 적합한 연구 방법을 구상하였다.

표 3 연구의 범위와 내용

문헌 연구	▪ 선행 연구 및 연구보고서 검토 ▪ 2009 개정/2015 개정 국어과 교육과정 및 KSL 한국어교육과정에서 문화교육 관련 내용 분석 ▪ 외국의 다문화 관련 문화교육 사례 검토(캐나다, 호주 등)
설문조사	▪ 현행 다문화교육 관련 문화교육 실태조사 – 중 · 고등학생 1,000명 내외 – 일반 중 · 고등학교 및 다문화 선도 학교로 구분 ▪ 일선 학교에서 실제 이루어지는 문화교육의 현황을 확인하고 리커트 척도를 활용한 설문지를 통해 문화교육에 대한 만족도, 타 문화에 대한 태도, 다문화 수용성 등을 측정
조사 결과 분석	▪ 설문조사 결과의 총체적 분석 ▪ 문화교육의 실시 여부 등이 타 문화에 대한 이해 및 인식의 정도, 다문화 수용성 등과 유의미한 수준의 상관관계를 형성하고 있는지를 확인 ▪ 시사점 및 문제점 도출
국내외 다문화교육 관련 기관 현지 조사	▪ 국내외의 다문화교육 관련 기관을 방문하여 현재 실행되는 다문화교육 관련 교육과정, 정책, 프로그램의 실태를 확인 ▪ 다문화교육 실무자, 학생, 교사와의 심층 인터뷰 ▪ 국내 현지 조사: 중 · 고등학교 및 기타 다문화 관련 기관 ▪ 국외 현지 조사: 호주
전문가 요구 조사	▪ 현재 다문화교육에서 이루어지고 있는 문화교육의 문제점 및 제언을 내용으로 하는 전문가 집단 대상 요구 조사 ▪ 국어교육/한국어교육 전공 연구자, 다문화교육 경력 교사 및 다문화교육 관련 실무자들로 면담 대상을 구성, 문화교육에 대한 다양한 관점에서의 사회적 요구 확보
요구 분석 및 해결 방안 모색	▪ 설문조사 분석 결과와 사회적 요구 수렴 결과를 종합 ▪ 다문화교육에서 문화교육 커리큘럼의 개발 방향 입론
실천 중심 문화교육의 커리큘럼 설계	▪ 실천 중심의 문화교육을 위한 기존 프로그램 분석 ▪ 실천 중심의 문화교육을 위한 신규 프로그램 개발 ▪ 실천 중심의 문화교육을 위한 프로그램 운영 방안 제시

[세부 연구 내용 ①] 문화 다양성에 기반을 둔 문화교육의 관점 정립

– 문헌 연구

○ 선행 연구 및 연구 보고서 검토를 통해 한국에서 다문화 사회에 대한 논의가 단일 민족 사회 중심의 동화주의에서 다민족 사회 중심의 다문화주의로 이행하고 있음을 확인한다.

○ 현재 운영되는 교육과정(2009 개정/2015 개정 국어과 교육과정, KSL 한국어교육과정)의 문화교육 관련 내용을 문화 다양성 교육의 관점에서 비판적으로 검토하여 문제가 될 수 있는 점들을 확인한다.

○ 문화 다양성을 인정하는 문화교육이 이루어지고 있는 외국의 사례를 문헌 및 현지 조사를 통해 확인하여 한국 사회의 문화교육에 어떠한 시사점을 주는지를 확인한다.

그림 1 다문화 시대 문화교육의 관점 정립

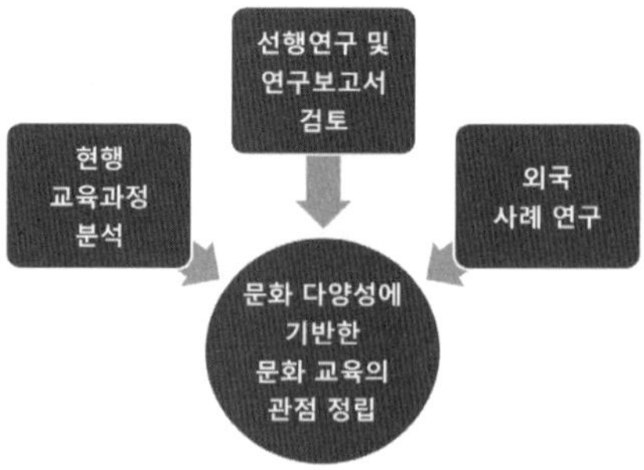

[세부 연구 내용 ②] 문화교육 현장 중심의 실태 조사 – 설문 및 면담 조사

○ 수도권에 위치한 중 · 고등학교의 학생들을 대상으로 리커트 척도(5점)에 근거한 설문조사를 실시하여 교육 현장에서 이루어지는 다문

표 4 설문 문항의 범주

구분		설문 내용	비고
다문화 사회에 대한 인식의 정도		▪ 최근 1년간 외국 이주민을 목격한 경험 유무 ▪ 최근 1년간 외국 이주민과 대화한 경험 유무 ▪ 최근 1년간 외국 이주민과 지속적인 관계를 맺어본 경험 유무 ▪ 외국 이주민에 대한 거리감 ▪ 외국 이주민에 대한 관심 ▪ 다문화 사회에 대한 태도	
다문화 수용성	다양성	▪ 문화 개방성 ▪ 국민 정체성 ▪ 고정관념 및 차별	리커트 척도에 근거한 문항 활용
	관계성	▪ 일방적 동화 기대 ▪ 거부 · 회피 정서 ▪ 교류 행동 의지	리커트 척도에 근거한 문항 활용
	보편성	▪ 이중적 평가 ▪ 세계시민 행동 의지	리커트 척도에 근거한 문항 활용
문화교육 실태 및 요구		▪ 문화교육을 받은 장소 ▪ 문화교육 빈도 ▪ 문화교육 내용 ▪ 문화교육 내용에 대한 만족도 ▪ 문화교육 방법 ▪ 문화교육 방법에 대한 만족도 ▪ 문화교육 효능감	교육 및 활동에 대한 만족도는 리커트 척도에 근거한 문항 활용
		▪ 향후 문화교육 참여 의사 ▪ 중요하다고 생각하는 문화교육의 목표	

화 시대 문화교육의 실태를 조사한다.

○ 학교 단위에서 실시하는 다문화교육 관련 문화교육의 내용과 방법은 해당 학교의 현직 교사 면담을 통해 확인한다.

○ 설문조사 대상: 중 · 고등학교 학생 963명

○ 설문 문항의 범주(학생용) - 실제 설문 내용은 부록으로 첨부

○ 조사 결과를 바탕으로 현행 문화교육에서 보완 및 개선이 필요한 부분을 구체적으로 확인하고, 그 원인을 탐색함으로써 향후 해결 방안을 모색한다.

[세부 연구 내용 ③] 다문화 시대 문화교육에 대한 사회적 요구 분석
– 심층 면담

○ 실태 조사 분석 결과를 바탕으로 전문가 심층 면담을 실시하여 다문화 시대 문화교육에 대한 사회적 요구를 구체화한다. 심층 면담 대상 전문가 집단의 구성은 표 5와 같다.

○ 면담 조사 결과를 바탕으로 문화교육에 대한 사회 각계의 다면적인

표 5 심층 면담 대상 전문가 집단 구성

구분		인원
언어교육 전문가 집단	국어교육 전공	3명
	한국어교육 전공	3명
다문화교육 경력 교사		2명
다문화교육지원 센터 실무자		1명
계		9명

요구를 분석하여 문화교육 커리큘럼 개발 및 교수-학습 설계의 방향을 제시한다.

[세부 연구 내용 ④] 문화교육 커리큘럼의 설계

○ Banks의 다문화교육과정 개혁 모형에 근거하여 사회적 요구를 만족시킬 수 있는 문화교육 커리큘럼에 접근한다.

그림 2 Banks의 다문화교육과정 개혁 모형

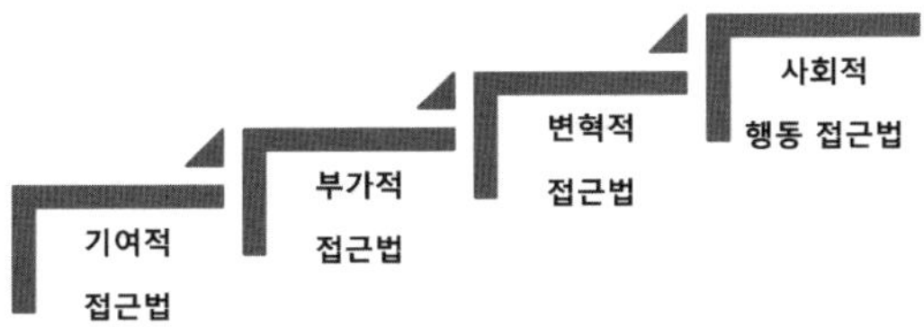

○ 현재의 접근법이 기여적 접근법과 부가적 접근법에 머무르고 있음을 문헌 조사 및 전문가 면접 조사 결과를 통해 확인하여 변혁적 접근법 및 사회적 행동 접근법으로의 이행이 필요하다는 점을 증명한다.

○ 변혁적 접근법은 Banks의 다문화교육과정 개혁 모형 중 3단계에 해당하는 것으로, 학생들의 다양한 민족 집단 및 문화 집단의 관점에서 개념, 이슈, 사건, 주제를 바라볼 수 있도록 교육과정의 구조를 변화시키는 것을 의미하며, 사회적 행동 접근법은 Banks의 다문화교육과정 개혁 모형 중 4단계에 해당하는 것으로 3단계의 요소에 더하여, 학생들의 의사결정 실천과 행동이 강조되는 단계이다.

○ 이러한 접근법들은 다문화 문식성을 구성하는 세부 요소 가운데 문

화적 문식성, 비판적 문식성과 긴밀하게 관련되어 기능적 문식성에 치중하는 현행 문화교육의 대안으로 유의미하다.

○ 나아가 사실적 지식 전달에 치중하고 있는 현행 문학교육의 한계를 넘어, 실천 중심의 교수-학습 활동을 설계하는 것에도 이론적 배경을 제공할 수 있다.

3. 선행 연구 검토

여기에서는 관련 연구 동향을 한국어 문화교육, 다문화교육, 교육과정 개발에 대한 것으로 나누어 살폈다.

초기 한국어 문화교육은 주로 문화에 대한 개념적 지식을 습득하는 데 그치는 경우가 많았다. 윤여탁(2011)은 기존의 문화교육이 학습자의 구체적인 실천을 이끌어 내기에는 부족함이 많다고 보고, 방법적 지식, 나아가 경험으로 체득되어 실천으로 구현될 수 있는 수준으로까지 나아가야 한다고 주장하였다. 이는 실천 위주의 문화교육을 표방하는 본 연구의 기본적인 입장과 일치한다.

고정희(2012)는 고전문학교육 연구자의 입장에서 한국 전통문화교육의 목적을 '한국어를 문화적 맥락에 맞게 구사하는 것'과 '한국 전통문화의 특수성을 배우고 문화적 다양성에 대처하는 유연한 태도를 갖추는 것'으로 나누고, 이러한 목적을 구현하기에 적합한 전통문화의 개념 및 영역, 필요충분조건 등을 논의하였다. 한국 전통문화의 특수성에 주목하면서도, 한편으로는 '문화적 다양성', '유연한 태도' 등을 강조하여 다양한 문화에 열린 자세를 취한다는 점에서 가치 있는 논의라 할 수 있다.

이 시기를 전후하여 문화교육을 전면에 내세운 연구들이 한국어교육 전공의 학위논문으로 여러 차례 발표되었다는 점에도 주목할 필요가 있다. 이 타찌야나(2012)는 러시아권 학습자를 대상으로 한 비즈니스 맥락의 간문화적 의사소통을 연구하였으며, 황티장(2013)은 간문화적 관점에서 베트남인 학습자를 대상으로 한 한국어 소설교육의 내용과 방법을 연구하였다. 주선자(2013), 황라영(2014)은 중국인 학습자를 대상으로 한국어 문화교육과 상호문화교육의 내용 및 방법을 연구하였다. 이 시기까지의 연구는 교육의 제재로 한국문학작품을 활용하는 경우가 많았다. 그러나 비교적 최근 연구에 속하는 최혜령(2015)에서는 문학작품이 아닌 광고 텍스트를 제재로 하여 한국어 문화교육 연구의 저변이 점차 넓어지고 있음을 확인할 수 있다. 여기 나열한 연구들은 대체로 한국어교육을 전공으로 하는 유학생들에 의해 이루어졌는데, 각기 다른 언어권에 대응하는 한국어 문화교육의 실천 방안을 모국의 언어 및 문화와의 상호 관련 속에서 깊이 있게 탐구하였다는 점에서 나름의 가치를 평가해 볼 수 있을 것이다.

한국어 문화교육이 2010년대 이후로 활발하게 진행되면서, 산발적으로 이루어지고 있는 한국어 문화교육의 다양한 논의를 체계적으로 정리할 필요가 있다는 요구가 제기되었다. 윤대석(2014)은 한국어 문화교육에 대한 여러 논자의 견해를 종합하고 체계화하는 것을 목적으로, 한국어 문화교육의 개념을 정의하고 그 전제와 원리를 탐구하였다. 이어 한국어 문화교육의 내용을 지식, 수행, 태도의 측면에서 각기 살핀 뒤, 문화교육을 위한 문학 텍스트 활용 방안을 구체적인 방법으로 제시하였다. 이 논의는 앞선 요구에 부응하는 동시에 후속 연구의 초석으로 기능할 수 있다는 점에서 그 활용도가 높다고 할 수 있다.

다음으로 다문화교육에 대한 연구를 다시 다문화교육 일반, 다문화 배경 학습자를 대상으로 한 한국어교육, 언어교육 연구 외에서 이루어진 다문화교육에 대한 것으로 나누어 검토하였다.

다문화교육 연구의 초기 단계에서 장영희(1997)는 "문화적 다양성을 가치 있는 자원으로서 지원하고 확장하는 교육"으로 다문화교육을 정의하고 "서로의 차이점을 뛰어넘어 서로의 가치를 존중하고 공정하게 대할 수 있는 교육"이라는 설명을 덧붙여 다양성의 가치를 인정하는 한편, 차이를 그 자체로 존중하는 것이 다문화교육의 핵심이라는 점을 분명하게 하였다. 이후 박성연(2001) 등의 연구에서도 세부적인 차이는 있지만 '다름에 대한 이해와 존중'이 다문화교육의 지향이라는 점은 공통적으로 확인된다. 비교적 최근의 연구인 최충옥 외(2010)에서는 다문화교육을 "사회 정의의 원리를 추구함으로써 학교와 사회의 모든 종류의 불평등에 도전하며 모든 학생들의 지적, 개인적, 사회적 잠재력을 최대한 실현하는 교육"이라 정의하고 있다는 점에서 사회적 정의 및 평등의 문제를 강조하는 방향 등으로 다문화교육의 의미망을 넓히려는 시도가 이어지고 있음을 알 수 있다.

다문화교육을 다룬 해외 연구로는 미국 다문화교육의 역사와 발달을 포괄적으로 살핀 Sultanova(2016)와 대화주의에 입각하여 다문화교육의 문제를 논의한 Abd Elkader(2015)에 주목할 수 있다. Sultanova(2016)는 다문화교육의 기원을 19-20세기 아프리카-아메리카 이주에서 찾는 Banks의 입장을 수용하며, 1960-70년대 미국의 복합적인 사회 · 문화적 변동과 인종차별금지정책으로부터 다문화교육의 필요성이 증대되었다고 말한다. 다문화교육은 서로 다른 문화적 배경과 경험을 지닌 사람들의 생각, 인지, 가치의 개별성을 이해하려는 노력에서 비롯되며 이것을 각각의 문화적 영역에 적용할 때 다문화교육의 전문성이 요구된다. 미국에서 다문화교육을 활발하게 연구하는 학자와 교육자로는 Banks, Grant, Nieto, Sleeter 등이 있으며, 문화 간 상호작용이 증대되는 현대 사회에서 다문화교육은 교육학적 이론과 실천의 새로운 지점으로 역할을 해낼 것이다. 본격적인 다문화교육이 시작된 곳이자 사회 · 문화적 맥락으로 인해 다문화교육이 활성화된 국가라는 점에서 미국 다문화교육의 기원과 진화 과정을 살피는 것은 국내 다문화교육의 실행을 점검하고 앞으로의 방향을 조정하는 데 도움이 될 것이다.

다문화교육에 대한 접근 방식의 하나로 Bakhtin의 대화주의에 바탕을 둔 대화적 교육학을 제시한 Abd Elkader(2015)는 민주주의의 기본 교의인 표현의 자유에 주목하여 문화적 배경이 다른 학습자들이 서로의 권리를 침해하지 않고 배움의 기회를 보장받기 위해서는 대화적 방법이 중요하다고 말하였다. 학습자는 자신의 주관성, 역사, 과거의 교육 경험을 통해 학급의 담론(대화)에 기여할 수 있으며, 동료 학습자와의 대화의 본질을 이루는 관계성은 대화를 강화시키거나 혹은 방해할 수도 있지만 결과적으로 대화는 다문화교육에서 학습으로 이어지는 발판이 된다. 이 연구는 타인과의 관계와 소통이 중요한 다문화교육에서 대화적 접근의 가능성을 모색하고 이론적 토대를 검토했다는 점에서 의의를 지닌다.

한편 해외의 다문화교육 연구에서 특징적인 점은 다문화교육에 참여하는 교사에 관한 연구가 활발하게 진행 중이라는 것이다. 다문화교육의 변화를 위한 교사 토론 그룹 활용을 제안한 De La Mare(2014), 예비 교사교육에서 동료와의 협력 활동을 강조한 Abendroth(2015), 다문화교육과 교사의 특성을 논의한 Salgür & Gursoy(2015) 등이 있다. Salgür & Gursoy(2015)에서는 다문화교육의 실행에서 교사가 가져야 하는 사회 · 문화적 의식으로 학습자의 다양한 문화적 배경에 대한 긍정적 태도, 학습자를 변화시키는 지원자로서의 헌신과 기술, 구성주의적 교육관, 학습자에 대한 배움의 자세, 문화적 대응을 위한 지속적인 교사 훈련을 들어 참고할 만하다. 국내의 다문화교육 연구는 주로 교육방법 및 학습자의 활동, 교과교육과의 연관성에 중점을 두고 진행되고 있는데 다문화교육이 보다 활성화되고 다양한 측면의 요구가 높아짐에 따라 교사교육을 다루는 논의 또한 증가할 것으로 보인다.

다문화 학습자를 대상으로 한 한국어교육의 연구 동향은 이영희(2011)와 심상민(2014)에 요약적으로 정리된 것을 참고하여 볼 수 있다. 이영희(2011)는 2003년부터 2010년까지의 다문화가정을 대상으로 한 한국어교육 연구 학위 논문 70편, 학술지 논문 82편을 검토하여 연도별 연구 동향을 분석하였다. 분석 결과에 따르면 다문화가정 대상 한국어교육은 2009년을 기점으로 급증하였으며, 주제로는 교수-학습 분야에 대한 연구가 가장 선호되었다. 특히 결론에서 다문화가정 자녀를 위한 한국어교육의

"시스템 구축과 교육과정 개선, 완충 프로그램의 강화" 등을 향후 과제로 제시한 점은 본 연구와 관련하여 주목할 만하다. 다음으로 심상민(2014)은 다문화 학습자 대상의 국어교육, 한국어교육과 관련 있는 189편의 학위논문을 연도별, 연구 주제별, 연구 유형별로 나누어 동향을 분석하였다. 그 결과로 (한)국어교육 내용학의 영역에서 읽기, 쓰기 등의 문어능력과 어휘 영역 등 특정 주제에 대한 논의가 다수를 차지하였다는 점에 주목하여, 보다 다양한 연구 주제에 대한 논의가 필요하다는 점을 지적하였는데 문화교육 및 교육과정 관련 논의를 전개하려는 본 연구는 이러한 요구에 어느 정도 부응할 수 있을 것이다.

한편으로 윤여탁(2013ㄱ)은 '문식성'이라는 개념을 통해 다문화 학습자를 대상으로 하는 한국어교육 연구에 새로운 관점을 제안하였다. 이 연구는 다문화 사회에서 문식성 신장을 위한 한국어교육의 전략을 문학교육에 초점을 맞추어 논의하였다. 다문화 문식성 신장을 위해서 기능적인 능력뿐 아니라 언어나 문학 관련 지식, 사회 · 문화적 능력 등이 중요함을 밝힌 데 이 연구의 특징이 있다. 특히 다문화 사회의 한국어 문식성 신장은 언어를 넘어 문화를 지향하는 비판적 능력이어야 한다는 점을 강조하였다. 이는 궁극적으로 서로 다른 문화 간의 차이를 인정하고 존중하는 능력을 지향한다는 점에서 참고할 만한 가치가 있다.

언어교육 연구 외에 다른 교과교육 영역에서 다문화교육의 문제에 접근하는 경우도 적지 않았다. 대표적으로 사회교육 연구에서의 성과를 들 수 있다. 하경수(2015)는 한국 다문화교육에서 사회과교육의 역할과 한계를 다양한 측면에서 검토하였다. 이 연구는 다문화교육의 이론과 실제에 대한 사회과 교육의 방대한 연구 성과를 다섯 가지 범주로 분류하여 제시하였다. "첫째, 다문화 사회의 이해에 기본이 되는 용어와 개념의 의미를 정확히 정립하고 이를 되짚어보는 기회를 제공한다. 둘째, 타 인종, 타 민족을 배제하고 차별하는 현실에 대한 진단과 반성에 필요한 논리적 근거를 마련하였다. 셋째, 다문화교육의 토대가 되는 다문화주의의 의미와 특성에 대한 조명에서부터, 다문화교육의 기본 전제와 교육 내용 분석에 이르기까지 다문화교육의 이정표를 설정하는 토대가 된다. 넷째, 학교 다문화교육에 직접적인 영향을 주는 다문화교육정책과 프로그램 분석을 시도하며, 교실 수업에서 활용할 수 있는 학습 프로그램의 방향 설정과 구체적인 수업 모형을 제시한다. 다섯째, 다문화 이해와 교육을 바라보는 다양한 시각을 제공하기 위해 외국의 사례에 대한 병렬적 비교연구를 시도한다"(하경수, 2015, p.55). 이 중 본 연구와 관련하여 가장 밀접한 관련을 가지는 것은 다문화교육정책과 프로그램을 다루는 네 번째 범주일 것이다. 특히 문미숙 외(2009), 박재의 외(2009), 조영달 외(2009), 조영달 외(2010)는 교육과정의 맥락에서 다문화교육 프로그램의 개발을 다룬 연구 성과들로서 본 연구를 진행하는 과정에서 보다 체계적인 검토가 필요하다. 또 비교적 최근에 발표된 박선웅 외(2015)는 '다문화 시민성'의 함양을 교육 목표로 설정하여, 전문가들의 타당성 검토를 받은 4개의 대단원, 12개의 소단원으로 구성된 고등학교 다문화교육 프로그램을 제시하였다는 점에서 본 연구에 많은 시사점을 주었다.

도덕(윤리)과 교육에서도 다문화교육의 문제는 중요하게 다루고 있었다. 대표적으로 이정렬(2015)은 그동안의 다문화교육이 타문화의 음식,

옷, 유적지 등의 문화를 단순히 소개하는 '관광식 교육과정(Tourist Curriculum)'에 머무르는 경우가 많았음을 지적하고, 도덕과 교육과정은 다문화 사회에서 제기되는 근본적인 윤리적 문제에 주목할 필요가 있다고 주장하였다. 본 연구는 기존의 다문화교육 프로그램이 '관광식 교육과정'에 머무르고 있다는 비판과 문제의식에 깊이 공감하면서, 이러한 문제가 다문화교육의 목표, 내용, 방법에 대한 체계화, 즉 커리큘럼 개발을 통해 해결될 필요가 있다는 입장을 취하려 한다.

마지막으로 교육과정에 대한 논의를 핵심역량 교육과정과 다문화 배경 학습자 대상 교육과정에 대한 것으로 나누어 확인하였다.

본 연구에서는 문화교육 커리큘럼 개발을 위해 최근 한국의 국가 단위 교육과정에서 강조되는 핵심역량 교육과정 개발과 관련된 논의들을 상세히 검토할 필요가 있다고 보았다. OECD의 DeSeCo 프로젝트에서 시작된 핵심역량 교육과정의 구체적인 논의들은 II장에서 상술할 예정이므로 이 자리에서는 국어과 교육 영역에서 수행된 기존 연구의 성과들을 요약적으로 언급하는 선에서 그치려 한다.

국어교육의 관점에서 핵심역량에 주목하는 연구들은 2011년 이후로 계속해서 이루어지고 있다. 이순영(2011)은 미국의 "공통 핵심 기준"을 분석적으로 검토하여 국어과 교육과정을 핵심역량 중심으로 개정해야 한다는 상대적으로 선구적인 논의를 펼쳤다. 서혁 외(2013)는 스마트교육 환경이라는 맥락에 초점을 맞추어 핵심역량 기반 국어과 교육과정의 가능성을 살폈다. 가은아(2014)는 앞선 논의를 종합하고 핵심역량 기반 국어과 교육과정의 실체를 보다 구체화하기 위한 논의에서 핵심역량 요소를 중심으로 교육과정의 내용을 재구조하는 방안을 제시하였다. 이들 논의는 범교과 핵심역량 또는 외국의 사례를 참고하여 보았을 때, 국어과의 핵심역량은 어떻게 설정할 수 있는지, 그리고 그것을 교육과정에 어떻게 반영할 것인지 대해 이루어지는 경우가 대부분이었다. 이를 문화교육 커리큘럼 개발이라는 목적에 비추어 생각해본다면, 문화교육의 핵심역량은 무엇인지, 그리고 그것을 어떻게 체계화하여 교육과정의 형태로 만들어 낼지에 대한 논의가 우선적인 과제로 부각됨을 알 수 있다.

2012년에 다문화 배경을 가진 학습자가 한국 사회의 일원으로서 주체적인 삶을 영위하는 데 필요한 소양을 갖추게 하는 것을 목적으로 하는 KSL 한국어교육과정이 개발되었다. 먼저 KSL 한국어교육과정 개발의 기초 연구에 해당하는 것으로 전은주(2008), 원진숙 외(2012) 등의 논의를 살펴볼 필요가 있을 것이다. KSL 한국어교육과정이 현장에 도입된 후 아직 많은 시간이 지나지 않았기 때문에 운영의 결과를 논하기에는 이르게 보이지만, 보다 발전적인 KSL 한국어교육과정 개발을 위한 논의로 김윤주(2013), 원진숙(2013), 김영란(2014)이 확인되는 등 다문화 배경 학습자가 대상인 교육과정에 대한 논의는 비교적 활발하게 이어지고 있다. 이 밖에 현행 KSL 한국어교육과정의 운영 방안을 논하는 박형민 외(2014)의 연구보고서 역시 검토를 필요로 하는 것이었다.

II. 다문화 시대 문화교육 커리큘럼의 이론적 배경과 해외 사례

Ⅱ. 다문화 시대 문화교육 커리큘럼의 이론적 배경과 해외 사례

1. 다문화 시대와 문화 다양성 교육

한국의 다문화교육은 사회 전체의 과제로서 장기적인 안목을 갖추지 못한 채 결혼이주자와 그 자녀를 위한 지원 차원의 교육에 치중해 있다. 최근 들어 변화의 움직임이 있지만 여전히 다문화교육의 내용은 타문화 구성원을 한국 문화로 동화시키는 것에 기울어져 있다. 이와 같이 진행되는 다문화교육은 다양한 구성원이 공존하는 현대 사회에서 복합적인 문화 상황을 수용하고 이해하는 데 한계를 지닌다.

본 연구는 현재의 다문화교육이 지닌 한계를 극복하고자 문화 다양성을 강조하는 시각에서 다문화교육에 접근하려고 한다. 문화 다양성은 일견 세계화 시대, 이주가 활발히 이루어지는 시대가 도래하면서 부각된 개념이라고 여겨지지만 사실 다양성이란 개인들로 이루어진 인간 집단의 본질적 특성이기도 하다(한건수 · 한경구, 2011, p.14). 따라서 다양한 문화적 배경을 지닌 구성원이 함께 살아가는 사회에서 보편적 가치로서의 인권과 평등의 증진, 사회적 결합과 포용, 사회적 정의 실현 및 민주시민성의 함양을 위해서는 문화 다양성이 무엇보다 중요하게 다루어질 필요가 있다(Jakubowicz, 2009: 이동성 외, 2013에서 재인용).

문화 다양성은 민족성, 계급, 젠더, 종교, 장애 등에 기초한 구조적 차별과 사회경제적 구분 짓기를 줄이려는 접근으로 "집단이나 사회의 문화가 표현되는 다양한 방식"이라는 정의(2005.10. 제33차 유네스코 총회)가 널리 인정되고 있다. '다양함'을 뜻하는 라틴어 '디베르수스(diversus)'는 '대립되는', '불일치하는', '모순되는' 등의 뜻을 지닌다는 점에서 보다 적극적인 의미에서의 '상이함'을 나타낸다. 즉 고정된 결과나 상태, 그리고 신사적이고 온화한 합의보다는 자연에 대한 투쟁, 다른 한편으로는 다른 문화 형태에 대한 투쟁 속에서 그 의미가 형성되었다고 할 수 있다(François de Bernard, 2005, pp.17-19). 따라서 문화 다양성 개념은 별개의 정체성에 국한하기보다는 문화적 특수성을 인정하고 보호하며 존중하는 동시에 문화적 특수성에서 비롯된 다양한 가치들을 긍정하는 과정으로 열어두어야 할 것이다(이동성 외, 2013, p.55).

Kymlicka(1995)와 Rosaldo(1997)는 민주 사회에서 민족 집단들과 이민자 집단들이 국가의 시민문화에 참여할 권리뿐만 아니라 자기 고유의 문화와 언어를 유지할 수 있는 권리를 가져야 한다고 말하며 다양성에 대한 이론을 구축하였다. 세계 대부분의 국가에는 문화, 인종, 언어, 종교의 다양성이 존재한다. 대부분의 국민 국가에 주어진 과제 중 하나는 다양한 집단을 구조적으로 포용하는 동시에 그들이 고유의 문화를 보존할 수 있도록 기회를 보장하는 일일 것이다. 따라서 통일성(unity)과 다양성(diversity) 간에 정교한 균형을 이루는 것은 민주 사회에서 이루어지는 문화교육의 핵심 목표가 되어야 한다(Banks, 2014, pp.49-50).

본 연구에서는 다문화 시대의 문화교육 커리큘럼 개발을 위한 토대로 문화 다양성의 관점을 상정하였으며, 이와 관련하여 이루어진 선행연구는 다음과 같다. 다문화교육 및 문화 다양성 교육에서의 다양성 개념에 주목하여 그 의미를 밝히고 문화 다양성 교육의 시론을 제시한 연구로는 이동성 외(2013), 이종일(2010), 김다원(2011), 김영환(2010), 문시연(2005), 박동준(2010), 박병도 외(2009), 이경한(2014), 한건수 · 한경구(2011) 등이 있다. 이종일(2010)에서는 1960년대 인종 · 성 · 빈부 등의 불평등 문제에서 타자에 대한 상호 인정과 법적 차원의 평등을 요구하는 소극적 의미의 다양성과 실질적인 평등성을 현실적으로 보장하는 데 필요한 '소수자 우대정책'을 고려하는 적극적 의미의 다양성을 함께 다루고 있어 참고할 만하다. 또한 국제이해교육의 관점에서 문화 다양성 교육을 탐색하는 이경한(2014)의 연구는 그간의 다문화교육, 상호문화교육, 이문화교육이 국내외에서 문화 차이를 이해하고 존중하려는 시도를 해오고 있지만 국가 간, 민족 간의 문화 차이를 이해하는 데 다소 부족함을 보이고 있다고 지적하며 '국가 간'의 측면을 강조하여 다양한 문화 사이의 차이를 가져오는 원인과 대책에 관심을 갖는 국제이해교육의 방향성을 강조하여 다문화교육으로 포괄되는 여러 층위의 문화교육이 지닌 실상과 한계를 되돌아보고 본 연구의 지향점을 보다 면밀하게 고찰할 수 있었다.

한편 문화 다양성을 수업 실천과 프로그램의 관점에서 다룬 연구는 전희옥 · 권혁일(2014), 강인애 · 김현미(2013), 김다원 · 허신혜(2012), 박윤경 외(2008), 정민수 · 장성민(2014) 등을 살펴볼 수 있다. 문화적 다양성 개념이 수업 설계에서 구체화되는 지점을 탐색하거나 문화 다양성 수업 실천 사례를 분석하고 특정 전략을 제시하는 이들 연구는 본 연구에서 실질적인 프로그램을 구안할 때 중요한 참조점으로 삼을 수 있겠다. 또한 문화 다양성과 다문화가정 학생에 대한 교사의 태도를 다룬 박윤경 외(2008)는 본 연구의 교사 심층면담 준비 과정에서 참고가 되었다. 그 밖에 가정과, 예술 분야, 사회과 등 타 교과에서 문화 다양성 교육을 논의한 이은희(2014), 임철일 외(2014), 전희옥(2013)의 연구는 교과교육적 접근이라는 점에서 교육과정 설계에 참고할 수 있다.

문화 다양성 개념과 더불어 본 연구에서 궁극적으로 도달하려는 다문화시대 구성원의 정체성은 세계시민성에 기초한다. 세계시민은 개인을 둘러싼 직접적인 사회나 문화를 비롯하여 보다 폭넓은 지구적 상황과 현실을 인지하는 주체로 다원주의를 바탕에 둔다는 점에서 문화 다양성의 지향점과도 맞닿아 있다(권경미, 2014). 세계시민의 개념에서는 Habermas(1998)를 참고할 수 있는데, Habermas는 핵의 위협, 유전공학 기술의 급격한 발전 및 자본의 세계화 현상 등의 문제가 개인이나 개별 국가 단위로는 해명할 수 없는 단계에 이르렀다고 하며 이와 같은 문제 상황에서 인류 전체를 하나의 기본 단위로 하는 철학 및 규범을 구성할 필요성을 역설하였다. 이를 위해 의사소통 능력을 갖춘 자율적이며 합리적인 시민들("세계시민(Weltbürger)")로 구성된 세계시민사회와 그들의 연대를 상정한 것이다. Habermas는 국가의 영역을 초월하여 나타나는 세계화가 국민 주권과 민주주의에 기반을 둔 민족국가의 존립을 위태롭게 하였다고 진단하며 "민족국가 이후의 지형(postnationale Konstellation)"으로 존립 가능한 체제가 필요하다고 말하였다. 여기에서 세계시민은 정체성과 자아의식을 지니며 연대적 사회를 구성한다. Nussbaum에 따르면 공동체는 개인이 타자들과 긴밀한 유대의식을 지닐 때만 건강하게 유지될 수 있다(박민수, 2016, p.82).

타인과의 연대를 강조하는 세계시민으로서의 자질은 스토아학파의 논의에서 비롯되는데 그들은 세계시민이 자신과 다른 사람들에 대해 동감의 이해를 갖추어야 한다고 요청한다. 동감은 타자의 목소리를 상상하는 것이자 타자의 권리를 존중하며 이들이 행위 능력과 복잡성을 지닌, 결코 이익과 만족을 수동적으로 받아들이는 단순한 대상이 아니라는 점을 환기하는 것이다(Nussbaum, 1997, 황은덕 역, 2010, pp.41-43). 이는 '입장전환의 사고(positional thinking)'와 결합하여 누군가를 돕는 행동과 연결된다(최성환, 2015, p.118).

일찍이 Kant는 타인에 대한 인간애와 관심을 '세계시민적 신조'로 꼽았다. Kant는 「세계시민적 관점에서 본 보편사의 이념」에서 "인류의 완전한 시민적 통합을 목표로 하는 자연의 계획에 따라서 보편적 세계사를 편찬하려는 철학적 시도는 가능한 것으로서, 또 이런 자연의 의도에 공헌하는 것으로서 간주되어야만 한다(Kant, 1784, 이한구 편역, 1992, p.40)"라고 말하며 세계시민론을 폈다. '인류의 완전한 시민적 통합'을 위해 Kant는 청소년이 자기 스스로에 대한 관심, 우리와 함께 성장한 타인에 대한 관심, 세계 최선에 대한 관심을 환기해야 한다고 말하였다. 이와 관련한 교육 방법으로 지식과 기능을 도야하는 문화화, 사회화를 돕는 시민화, 도덕적 인간이 되는 도덕화를 제시하였는데, 이 중 도덕화를 통해 "인간은 마침내 전체 인류에 대한 가치를 얻게" 되어 세계시민으로 거듭날 수 있다. 도덕화의 핵심은 자신에 대한 의무와 타인에 대한 의무로 나뉘며,

전자는 자신의 내면에 있는 존엄성의 인정을, 후자는 인간의 권리에 대한 존경을 의미한다(정용수, 2016, pp.32-38). 도덕적 주체의 형성을 중심으로 하는 Kant의 세계시민론은 이질적인 문화 배경의 타인을 통합 · 관리의 차원에서 대하는 것을 넘어서서 타문화에 대한 존중으로부터 새로운 문화를 창조하는 다문화교육의 핵심 가치와 맞닿아 있다.

같은 맥락에서 타자 이해와 다양성 존중에 주목하여 세계시민주의를 주장하는 Nussbaum은 국가가 배양해야 하는 시민의 능력과 자질을 일곱 가지로 제시하였다.[1)] 이때 핵심은 타인의 삶에 대한 관심과 상상, 그리고 개인을 넘어선 전체의 입장에 대한 고려이다. Nussbaum의 논의에서 시민은 건강한 민주주의 체제의 구성원으로서 상호의존성이 강화된 시대를 살아가는 '세계시민'의 근간을 이룬다. 그는 시민 양성을 위한 교육에

---

1) ① 전통에도 권위에도 판단을 맡기지 않으며 국가 전체에 영향을 미치는 정치적 이슈에 대해 제대로 생각할 수 있는 능력, 즉 검토 · 성찰 · 주장 · 논쟁할 수 있는 능력.
② 인종 · 종교 · 젠더 · 섹슈얼리티가 다르더라도 동료 시민을 동등한 권리를 가진 자로서 인정할 수 있는 능력, 즉 그들을 존중하며 한 사람 · 조직의 고유한 이익을 위해 조작되어야 마땅한 도구로서가 아니라 목적으로서 바라볼 줄 아는 능력.
③ 타인의 삶에 관심을 기울일 수 있는 능력, 즉 특정 종류의 많은 정책이 동료 시민의 기회나 경험에 무엇을 의미하는지, 그러한 정책들이 자신이 살고 있는 국가 밖의 타인들에게 무엇을 의미하는지 파악할 수 있는 능력.
④ 한 인간의 삶의 서사에 영향을 미치는 다양하고 복잡한 이슈들을 제대로 상상할 줄 아는 능력, 즉 그저 합계 데이터에 의존함으로써만이 아니라 인간에 관한 다채로운 이야기에 귀 기울임으로써 어린 시절, 청소년 시절, 가족 관계, 병, 죽음, 그 외 많은 것들을 생각할 줄 아는 능력.
⑤ 정치 지도자들에게 허용되는 가능성을 보는 현실적이고 지적인 감각과 더불어 그들을 비판적으로 판단할 수 있는 능력.
⑥ 자신의 지역 집단에게 이로운 것만이 아니라, 전체로서의 국가에 이로운 것을 생각할 수 있는 능력.
⑦ 반대로 자신의 조국을 복잡한 세계 질서의 일부로 인식할 수 있는 능력(Nussbaum, 2010, pp.57-58).

대해서도 구체적으로 논의했는데 타인의 관점에서 세계를 보는 능력의 계발, 인간의 허약함이 부정적인 것이 아니며 협동과 상호 호혜의 기회가 됨을 인식, 다양한 종류의 소수자 집단에 대한 혐오감 약화, 학습자의 책임감 증진, 비판적 사유의 활성화 등이 주된 내용이다. 이를 세계시민교육과 연결한다면 국제 경제의 작동 원리 이해, 다양한 문화 전통과 종교의 이해 등 역사, 지리, 문화, 법률사, 정치 체제사, 종교 연구 분야를 다층적으로 교육할 수 있는 것이다(Nussbaum, 2010, 우석영 역, 2011, pp.89-90; 139-159). Nussbaum의 논의는 세계시민성 함양을 위한 교육에서 중요한 참조점이 되며, 다문화교육을 받는 학습자가 다양한 문화를 이해하고 자신과 타자가 공존하는 사태 안에서 소통 지향적인 정체성을 지니며 추구하게 될 문화 능력의 구성 요소와 밀접한 관련을 지닌다.

2. 핵심역량 중심 교육과정

이상에서 살펴본 문화 다양성, 세계시민성의 함양을 교육의 장에서 구체적으로 논의하기 위해서는 학습자가 도달하고 성취해야 하는 지점을 설정해야 한다. 본 연구에서는 그것을 문화적 역량[2]이라고 칭하고 이에

---

2) 본 연구에서 '문화적 역량'과 함께 쓰이는 용어는 '문화 능력'이다. 두 용어는 'Cultural Competence'의 번역어로 동일한 의미를 지니나 학계에서는 주로 '문화 능력'이라는 용어를 사용하고 교육과정 논의에서는 '문화적 역량'이라고 표현하고 있다. 본 연구에서는 학습자가 도달해야 하는 성취 목표로 '문화적 역량'을 설정하고 있으나 경우에 따

대해서는 2.3.에서 다루도록 하겠다. 여기서는 문화적 역량을 중심에 두는 교육을 설계하는 데 방법론적인 바탕이 되는 역량 중심 교육과정을 논의하고자 한다.

다문화 시대 문화교육의 중점을 문화 다양성의 가치 인정과 이를 위해 필요한 문화적 역량의 함양에 둘 때 역량 기반 교육의 성격을 살펴볼 필요가 있다. 학교교육에서 역량의 개념은 역동적으로 변화하는 미래 사회에서 새로운 문제 상황에 능동적 · 창의적으로 대처하는 능력을 키워 주려는 필요성에서 부각되기 시작하였다. 기존의 지식 전달식 교육의 대안으로 제시된 역량 중심 교육은 학습자가 사회 공동체 구성원으로 삶을 영위하는 과정에서 자신의 역할을 성공적으로 수행하기 위해 필수로 갖추어야 할 보편적인 능력의 함양을 목표로 한다(서영진, 2015, p.275).

미래 사회에서 요구되는 핵심역량으로는 OECD DeSeCo(Definition and Selection of Competencies) 프로젝트에서 제시한 다섯 가지 능력이 일반적으로 통용된다. 첫째, 의사소통하기(Communicating), 둘째, 함께 살아가기(Being able to live together), 셋째, 비판적으로 사고하기(Critical thinking), 넷째, 변화에 적응하기(Being able to change), 다섯째, 창의력 갖기(Creativity)이다(OECD, 2002). 이 다섯 가지 핵심역량은 개인적 차원을 넘어서 사회적 수행에서의 공동체적 차원을 포괄한다. 특히 '의사소통하기'와 '함께 살아가기'는 본 연구가 지향하는 다양한 문화 구성원 간의 상호 문화에 대한 이해 및 문화 다양성의 존중과도 관련이 깊다. '의사

라 '문화 능력'을 함께 쓰도록 하겠다.

소통'은 개인과 공동체가 서로를 이해하는 수단이며 가족, 지역사회 등의 배경이 서로 다른 사람들이 각자의 정체성과 하는 일, 신념에 대해 알 수 있는 도구가 된다. 의사소통은 또한 협상과 협력을 포함한다는 점에서 공동체적 가치를 존중한다. 다음으로 '함께 살기'는 타인에 대한 이해를 확장하고 다원주의, 상호 이해, 평화의 가치에 대한 감사를 심화할 수 있는 능력이다. 다른 사람들과 접촉하며 함께 살아가는 경험은 타인과의 관계에서 발생할 수 있는 경쟁, 불평등, 갈등의 상태를 맞닥뜨리게 하는데 이는 공동의 목표를 설정하여 서로 공유하고 협력함으로써 해결할 수 있는 기회 역시 마련해 준다는 점에서 의미 있다. 이는 잠재적인 충돌을 예방하는 효과적인 방법이 될 수 있는 것이다. 또한 함께 생활한다는 것은 동등한 관계로 대화할 수 있는 준비가 되어 있다는 뜻이다. 대화는 문제 해결의 기술로, 대화 과정에서 사람들은 공동체 의식을 함양할 수 있다. 신념이 다양한 개인이나 공동체가 함께 생활할 때에는 갈등이 발생할 수 있는데 그 원인을 파악하고 부조화를 극복하기 위해서는 관용과 유연성이 필요하다. 함께 살기를 통해 관용과 유연성을 기름으로써 서로 다른 사람들이 다양한 견해를 이해할 수 있게 된다. 함께 살기는 문화적 · 민족적 · 언어적 다양성(cultural, ethnic and linguistic diversity) 안에서 긍정성과 존엄성을 지니고 살 수 있도록 한다는 점에서 중요한 문화적 역량으로 참고할 수 있다.

핵심역량의 개발에 적합하도록 학교교육과정을 재조정하려는 움직임은 우리나라에만 국한된 것이 아니다. 공식적인 교육과정 문서에서 핵심역량을 언급하는 국가나 주(洲)의 숫자가 빠르게 늘어나고 있다(홍원표 · 이근호, 2011). 핵심역량에 대한 관심의 증가는 시대적 요청과도 무관하지 않다. 국가 혹은 주 단위로 미리 선정된 교과목의 내용 지식을 전달하는 것이 근대 학교교육과정의 전형적인 모습이었다면, 탈산업화 · 글로벌화되는 현대 사회는 교육과정에 대한 새로운 접근을 요구하고 있기 때문이다(Parsons & Beauchamp, 2012). 국가교육과정의 구속력과 범위를 약화시키는 반면, 지역이나 단위 학교의 자율성과 융통성을 강화함으로써 학교교육과정을 다양화하려는 최근의 움직임은 모두 이러한 시대적 요청과 무관하지 않다고 볼 수 있다(한국교육과정평가원, 2013). 창의력과 사고력, 문제해결력처럼 현대 사회가 요구하는 고등 역량을 길러주기 위해서는 지금까지 학교교육과정을 지배해 왔던 획일화된 교육과정과 교사 중심의 수업 방법을 극복할 필요가 있기 때문이다. 이 점에서 보면, 역량 기반 교육과정은 현대 사회가 요청하는 학교교육과정의 새로운 방향으로, 앞으로도 상당 기간 주목받을 가능성이 높다(홍원표 · 이근호, 2011, pp.68-69).

3. 문화 다양성 교육의 핵심역량

본 연구는 역량 중심 교육과정 구성의 연장선상에서 문화적 역량을 구성하는 핵심 개념을 설정하고 핵심 개념을 중심으로 성취기준을 마련하여 문화교육 커리큘럼을 구안하고자 한다. 이를 위해 문화적 역량에 대한 앞선 논의들을 살펴보도록 하겠다.

미국 조지타운 대학의 부속 기관으로 설립한 국립문화역량센터(National Center for Cultural Competence, NCCC)에서는 문화적 역량을 조직하는 요건으로 다음의 내용을 들고 있다. 첫째, 효과적인 상호문화적 작용을 가능하게 하는 행동, 태도, 정책, 구조를 명시하고 가치와 원칙을 규정한다. 둘째, 문화적 역량을 갖는다는 것은 ① 다양성의 가치화, ② 자기 평가의 실시, ③ 차이의 역동성 관리, ④ 문화적 지식의 습득과 제도화, ⑤ 자신이 속한 공동체의 문화적 맥락과 다양성에의 적응을 실천한다는 것을 뜻한다. 셋째, 정책 결정, 행정, 실행과 서비스 제공의 모든 측면에서 소비자와 가족과 지역사회를 체계적으로 포함하여 첫째와 둘째의 내용을 통합한다. 이 중에서 문화적 역량의 구성 요소를 다섯 가지로 설명한 부분은 본 연구에서 문화적 역량을 구성하는 핵심 개념을 마련할 때 참고가 되었다.

Keast(2006)가 펴낸『종교적 다양성과 상호문화교육(*Religious diversity and intercultural education: A reference book for schools*)』에서는 문화적 역량이 다음의 특정 역량들을 전제로 이루어진다고 말한다. ① 인간적 다양성의 근원이 되는 문화적 · 종교적 다양성에 대한 민감성, ② 타인과 의사소통하고 대화에 참여하는 능력, ③ 함께 살아가기 위해 배워야 하는 팀워크, 협동 학습, 공감적 상호작용, 평화적 갈등 해결, 신뢰감 형성과 같은 기술, ④ 신념, 실천, 상징, 의식(rituals)을 탐구하고 및 민감하고 논쟁적인 이슈를 다루는 능력, ⑤ 비판적 사고와 개인적 성찰이 그것이다. 이 책은 인권 존중의 정신을 기반으로 문화적 · 종교적 다양성 이슈를 다루는 정책 결정자, 교사, 실무자, 교육 실천가를 위해 구성되었으며 서로 다른 사회적 · 문화적 · 종교적 배경을 지닌 학생들의 상호문화적 역량을 발달시키는 것을 목적으로 하고 있어 본 연구의 지향점과 맞닿아 있다.

문화적 역량을 문화 간 의사소통의 관점에서 논의한 Klopf(2001)는 크게 세 측면에서 문화적 역량을 파악하여 인지적 능력(cognitive competence), 정의적 능력(affective competence), 행위적 능력(behavioral competence)을 말하였다. 인지적 능력은 목표 문화 사람들과 상호작용하는 데 영향을 주는 목표 문화에 대한 지식을 말한다. 여기에는 문화 간 의사소통에 필요한 요구, 가치, 믿음, 태도, 언어적 · 비언어적 행위, 사회 제도, 관계 등을 이해하는 데 필요한 지식(배경지식)이 속한다. 정의적 능력은 감정적 조절 능력이며, 행위적 능력은 의사소통 행위에 대한 기술적 사용 능력을 가리킨다. 이에 따르면 '문화 능력'은 문화적 지식에 대한 인식, 이해로부터 정의적 측면에서의 감정이입에 걸쳐 이를 언어 수행에까지 적용하는 기술까지를 포함하는 것으로 볼 수 있다(오지혜, 2013, pp.76-77).

문화 능력을 세 측면으로 보는 관점은 Sercu(2004)에서도 이어진다. Sercu는 문화 간 소통 능력의 중요성을 강조하면서 그 능력을 측정할 수 있는 개념틀로 지식(knowledge), 기술/행동(skills, behavior), 태도/자질(attitudes, traits)을 제시하였다(Sercu, 2004, p.75). 지식의 영역에는 특수한 문화 지식과 일반적 문화 지식, 자기 문화와 다른 문화에 대한 지식, 개인과 사회의 상호 작용, 문화가 언어와 의사소통에 영향을 주는 것을 아는 통찰력이 포함된다. 기술/행동의 영역은 실제의 의사소통 및 상호작용 상황에서 새로운 지식을 적용할 수 있는 능력, 자신과 다른 문화를 평가하고 해석할 수 있는 능력과 관련된다. 마지막으로 태도/자질의 영역에서는 다른 문화의 가치를 존중하는 태도와 학습에 대한 긍정적 성향을 다룬다(김혜진 · 김종철, 2015, p.99). 본 연구에서도 인지적 · 정의적 · 행동적 또는 지식 · 태도 · 기능이라는 전통적인 접근법에서 크게 벗어나지 않으며 문화 능력을 논구할 것이다. 다만 문화 다양성 교육에서 요구되는 상호작용의 측면, 주체와 타자의 관계 등에 대한 보다 세심한 접근이 필요하기에 본 연구의 목적에 맞게 다소 조정하여 적용하고자 한다.

문화교육에서의 능력에 대한 또 다른 논의로 Quellet(1991, p.29)은 문화 상호적 교육에서 다수 집단과 소수 집단 구성원 모두에게 다음의 능력을 개발해야 한다고 말하였다. 첫째, 현대 사회의 문화 상황에 대한 최선의 이해, 둘째, 타 문화권의 사람들과 의사소통할 수 있는 능력, 셋째, 특정 사회의 심리 · 사회적 메카니즘과 사회 · 정치적 요인들을 잘 이해하여 그 사회의 다양한 집단의 맥락에 잘 적응하는 자세, 넷째, 정체성과 보편적 인간성을 창조하는 사회적 상호 작용에 참여할 수 있는 능력이다. 이 정의를 바탕으로 문화 상호적 교육의 단계를 이해 → 의사소통 → 행동(comportement)으로 도식화하였다(이근님, 2004, p.552). 여기에서 두 번째 범주인 '의사소통 능력'과 세 번째 제시한 '적응하는 자세', 네 번째 범주인 '사회적 상호 작용에의 참여 능력'은 전통적 분류법에 따르면 태도 및 기능(행위) 영역에 속한다고 할 수 있지만 문화교육의 특수성을 반영한 능력의 설정이라는 점에서 본 연구에 참고할 수 있겠다.

의사소통 능력의 요소를 언어학적, 사회 · 언어학적-사회 · 문화적, 담화적, 전략적 능력으로 구분한 논의도 있다. Lussier(1992, p.53)는 이 네 가지 분류에 따라 각 능력의 평가 하위 요소를 제시하였다. 그는 문화적 요소를 별도의 평가 요소로 보지 않고 사회 · 언어학적–사회 · 문화적 요소로 통합하여 제시하였다. 이들 하위 평가 요소를 의사소통 기능으로 보고 측정 지표로 "의사소통 목적에 따른 정보의 타당성, 메시지의 정확성, 목표, 대화자 그리고 상황에 맞는 담화의 명료성"을 제시하였다. 이처럼 문화 요소를 별도의 평가 항목으로 취급하지 않고 언어와 사회학적인 면과 통합하여 제시하는 것은 다른 나라의 문화를 언어나 사회학적 맥락과 분리하여 독립적 요소로 평가하기 어려움을 말한다. 즉 언어와 사회, 문화는 불가분의 관계임을 확인할 수 있다(이근님, 2004, p.554).

Byram(1989)은 상호 문화적 능력을 타인에 대한 지식을 쌓고, 다른 문화를 해석하고, 다른 문화의 가치와 믿음을 존중하면서 자신의 문화를 상대화할 수 있는 능력이라고 정의한다. 그리하여 상호 문화적 능력의 구성 요소를 태도(attitudes), 지식(knowledge), 해석 기술(skills of interpreting), 발견과 상호작용 기술(skills of discovery and interaction), 비판적 문화 인식(critical cultural awareness)의 다섯 가지로 규정하였다(Byram, 1989, pp.57–73). 이 다섯 가지는 서로 유기적 · 체계적으로 결합되어 있는데 단계가 올라갈수록 고도의 문화 능력을 요구한다(김혜진 · 김종철, 2015). Byram의 논의에서 주목할 만한 점은 해석 기술, 발견과 상호작용 기술, 비판적 문화 인식 능력을 설정하였다는 점이다. 이는 태도, 지식의 범주로 포괄할 수 없는 상호 문화적 능력이며 위계화되어 제시되었다는 점에서도 의의가 있다.

표 6 문화능력의 구성 요소

문화능력을 구성하는 핵심 개념 / 선행연구	다문화적 정체성	문화 다양성	문화적 편견과 차별	문화 간 상호작용	문화 개방성
NAME, 전미다문화교육협회(2001)[1]	• 자기 인식 –자신의 문화적 · 민족적 정체성 조사 –자기 문화와 민족 정체성에 대한 비판적 이해와 평가 –정체성의 복합성, 역동성, 변화 가능성 이해	• 포괄성 –다문화적 경험이 지식 기반, 가치 체계, 교과 내 사고방식에 공헌하는 방식 인식 –예외적인 것에 참여함으로써 다양성과 복잡성 속에서 인간 경험에 대한 통합된 이해 제공 • 다양한 관점들 –다양한 관점들이 사람들의 문화적, 역사적 경험에 근거하고 있음을 인식 • 대안적 인식론/지식의 사회적 구성주의 수용 –대안적인 문화적 구성들이 특유의 사고방식을 수반함을 인식	• 사회 정의 –다문화 사회 구성원의 권리와 책임 –개인과 집단의 의사결정이 타 집단에 미치는 영향에 대한 비판적 이해 개발 –참여적, 적극적, 책임 있는 시민을 만드는 사회적 행위 촉진	• 포괄성 –집단 간의 상호의존성에 대한 이해 증진	
Lynch(1983)[2]	• 자기 문화에 대한 인식과 자부심	• 한 사회 대표 문화의 풍부함과 다양성에 대한 지식 • 다양한 문화 집단과의 의사소통 능력 • 문화적 민감성 실천	• 인종 및 문화 차별의 원인에 대한 지식 • 차별 및 편견의 원인에 대한 인식 및 대응 능력 • 사회 변화를 위한 참여		• 문화 다양성에 대한 존중과지지 • 타문화와 삶의 양식 존중
Byram(1989)	• 비판적 문화 인식: 분명한 기준과 관점을 지니고 자신의 문화와 다른 문화를 평가할 수 있는 능력	• 지식: 다른 문화권 사람들의 산물과 지식을 아는 것 • 해석 기술: 다른 문화를 해석할 수 있는 능력	• 태도: 호기심과 개방성을 지니고 다른 문화를 기꺼이 받아들일 수 있는 자세	• 발견과 상호작용 기술: 새로운 문화의 지식과 문화적 실제를 획득하여 실제적 의사소통의 상황에서 자신이 습득한 지식을 적용할 수 있는 능력	
Keast(2006)	• 비판적 사고와 개인적 성찰	• 문화적 · 종교적 다양성에 대한 민감성	• 신념, 실천, 상징, 의식(rituals)을 탐구하고 및 민감하고 논쟁적인 이슈를 다	• 타인과 의사소통하고 대화에 참여하는 능력	

선행연구 \ 문화능력을 구성하는 핵심 개념	다문화적 정체성	문화 다양성	문화적 편견과 차별	문화 간 상호작용	문화 개방성
			루는 능력	• 함께 살아가기 위해 배워야 하는 팀워크, 협동 학습, 공감적 상호작용, 평화적 갈등 해결, 신뢰감 형성 등의 기술	
Bennett(2007)	• 다양한 역사적 관점 이해 • 문화적 의식(cultural consciousness)의 개발	• 다양한 역사적 관점 이해 • 문화적 의식(cultural consciousness)의 개발 • 간문화적 역량(intercultural competence)의 개발	• 인종차별주의, 성차별주의, 편견 및 차별과의 투쟁	• 지구 및 지구적 역동 상태의 인식 향상 • 사회행동 기술의 개발	
Banks(2014)	• 다른 문화의 관점을 통해 자신의 문화를 바라봄으로써 자기 이해 증진	• 문화, 민족, 언어의 다양성 인식	• 소수 인종, 민족 집단이 그들의 인종적, 신체적, 문화적 특성 때문에 겪는 고통과 차별 감소		• 자문화, 주류 문화, 타문화가 공존하는 사회에서 살아가는 데 요구되는 지식, 기능, 태도의 습득
NCCC(National Center for Cultural Competence, 미국 국립문화역량센터)		• 문화적 지식의 습득과 제도화 • 다양성의 가치화 • 자신이 속한 공동체의 문화적 맥락과 다양성에의 적응	• (문화적) 자기 평가의 실시	• 차이의 역동성 관리	
Klorf(2001)	• 정의적 능력(감정적 조절 능력)	• 인지적 능력(목표 문화에 대한 지식-문화간 의사소통에 필요한 요구, 가치, 믿음, 태도, 언어적 · 비언어적 행위, 사회 제도, 관계 등을 이해하는 필요한 지식)		• 행위적 능력(의사소통 행위에 대한 기술적 사용 능력)	
Lussier(1997)[3]	• 문화 학습 자질(선험적 소양 및 적성)	• 문화 이해력(문화 지식에 대한 인식 및 이해 능력) • 문화 적용력			• 문화 적응력(타문화에 관대함을 갖고 적응하는 능력-이타적 태도, 문화상호적 개성 신장)

주 1) NAME(2001), pp.1-3, 조영달 외(2009), pp.13-14에서 재인용.
2) Lynch(1983), 임철일 외(2014), p.31에서 재인용.
3) Lussier(1997), 이근님(2004), pp.553-554에서 재인용.

이상에서 문화 능력의 구성 요소를 검토한 결과 공통되는 요인을 중심으로 다섯 개 개념(다문화적 정체성, 문화 다양성, 문화적 편견과 차별, 문화 간 상호작용, 문화 개방성)으로 범주화하였으며 표 6은 선행 논의에서 다룬 문화능력의 구성 요소를 정리한 것이다.

표 6의 내용은 다문화 시대의 문화교육 커리큘럼의 내용체계를 구성하는 핵심 개념 선정의 토대를 이루며, 이를 바탕으로 본 연구의 목적에 맞게 선정한 핵심 개념 9개는 아래와 같다. 이 개념들은 다음 항에서 교육과정을 분석할 때 활용된다. 이는 교육과정 검토와 실태 및 요구 조사를 실시한 결과 본 연구에 적합한 핵심 개념의 체계화 기준을 마련할 필요가 있다고 판단하여 기준을 새롭게 설계한 결과이다.

표 7 핵심 개념 체계

다문화 소통능력		
문화적 다양성에 대한 민감성 (Banks, 2014; Keast, 2006)	타문화 구성원에 대한 포용과 배려(Lynch, 1983)	타문화 구성원과의 공감적 상호작용(Keast, 2006)
타문화 구성원의 문화에 대한 지식(Byram, 1989)	편견과 차별에 대한 대응 (Bennett, 2007)	타문화 구성원과의 갈등 관리 및 해결(Keast, 2006)
타문화 배경 언어 및 행위의 해석(Byram, 1989)	자문화 · 타문화에 대한 비판적 태도(Byram, 1989)	타문화 구성원과의 협력적 상호작용(Keast, 2006)

4. 해외 사례 - 문화교육 커리큘럼을 중심으로

1) 캐나다

캐나다 교육과정의 사례는 역량 기반 교육과정을 중심에 둔 점에서 참고할 수 있다. 퀘벡에서 2004년 발표된 중등교육과정은 역량 기반 접근(competency-based approach)을 특징으로 한다. 실제 교육과정 문서에서 중요하게 다루어지는 요소는 범교과적 역량(Cross-curricular competencies)과 포괄적 학습 영역(Broad areas of learning), 교과 영역(Subject areas) 세 가지이다. 세 요소는 상호작용하면서 퀘백 교육과정의 목표인 학습자의 자아 정체성 형성(Construction of identity), 독립심(Empowerment), 세계관 형성(Construction of World-view)에 기여한다. 범교과적 역량은 9가지로 구성되는데 인지적(Intellectual) 역량, 방법론적(Methodological) 역량, 개인적 · 사회적(Personal and Social) 역량, 의사소통 관련(Communication-related) 역량[3]이 그 내용이다. 포괄적 학습 영역은 학생들의 전인적 발달을 추구하는 퀘벡 교육과정의 이념을 보여 주며 건강과 행복, 생애 및 진로 계획, 환경 의식 및 소비자 권리와 책임 의식, 미디어 문해력, 시민성과 공동체적 삶으로 구성된다. 이 요소들의 통합과 연계를 강조하면서 교과교육과정을 제시하였다(홍원표 · 이근호, 2011, pp.71-72).

---

3) http://www1.education.gouv.qc.ca/sections/programmeFormation/secondaire1/pdf/chapter3.pdf. 다음 표는 홍원표 · 이근호(2011), p.72에서 재인용함.

한편 온타리오 주의 교육과정은 역량 중심 교육과정이자 다문화교육의 내용을 담고 있다는 점에서 살펴볼 수 있겠다. 온타리오 주는 다른 주에 비하여 비유럽 인구 분포율이 높으며 특히 흑인들을 중심으로 인종 차별에 대한 불만과 개선 요구가 매우 강하였다. 이와 같은 필요성에 따라 온타리오 주 정부는 1979년부터 다문화교육을 시행하였고, 각 교육청이 다문화교육과정을 새롭게 개발하도록 요청했다. 2009년 온타리오 평등 및 포용 교육 전략을 발표하였으며 '인권교육'의 틀 안에서 다문화교육이 자리 잡기 시작하였다. 온타리오 주의 교육과정은 크게 Elementary (Grade 1-8)와 Secondary(Grade 9-12)로 구분되는데 Elementary 단계에서 다문화 관련 내용은 주로 캐나다의 역사 및 국가 정체성과 관련하여 언급된다.

	하위 범주	
범교과적 역량	인지적 역량	정보활용력 문제해결력 비판적 판단력 창의력
	방법론적 역량	효과적인 방법 활용 정보통신기술 활용
	개인적 · 사회적 역량	자아 정체성 형성 타인과의 협동
	의사소통 관련 역량	적절한 의사소통 능력

Elementary - Grade 6

○ 종합 목표

A1. 적용: 캐나다 지역 사회의 다양한 그룹과 특성을 통해 형성된 캐나다인의 정체성에 대한 기여를 평가한다.

○ 세부 목표

A1.1. 공동체를 특징짓는 다양한 특성이 어떻게 국가의 정체성과 이미지에 기여할 수 있는지 설명한다.

A1.2. 다양한 민족이나 종교 단체가 캐나다인의 정체성을 형성하는 데 어떤 기여를 하는지 평가한다.

A1.3. 다양한 공동체가 캐나다의 포용성에 대한 목표에 어떻게 기여하는지 설명한다.[4]

Secondary 단계에서는 사회(Social Sciences and Humanities) 과목에서 다문화(multicultural) 관련 내용을 확인할 수 있다.[5] 사회 과목은 다시 평등학(Equity Studies), 가족학(Family Studies), 일반 사회(General Social Sciences), 철학(Philosophy), 세계 종교(World Religions)로 나뉘는데, 이 가운데 평등학(Equity Studies)과 세계 종교(World Religions), 특히 평등학이 다문화교육과 가장 밀접한 관련을 맺는다. 평등학의 세부 내용은 다음과 같다.

---

4) http://www.edu.gov.on.ca/eng/curriculum/elementary/.

5) http://www.edu.gov.on.ca/eng/curriculum/secondary/index.html.

① 젠더교육(Gender Studies) (Grade 11)

② 평등, 다양성, 사회정의(Equity, Diversity, and Social Justice) (Grade 11)

③ 평등과 사회정의: 이론에서 실천까지(Equity and Social Justice: From Theory to Practice) (Grade 12)

④ 세계 문화(World Cultures) (Grade 12)

이 중에서 ② 평등, 다양성, 사회정의(Equity, Diversity, and Social Justice)의 내용을 살펴보면 다음과 같다.

평등, 다양성, 사회정의(Equity, Diversity, and Social Justice)

B. 예비 과정(기본 과정)

○ 종합 목표

B1. 정체성의 사회적 형성: 정체성이 어떻게 사회적으로 형성되고 내면화되는지 설명하고, 그리고 사회적 규준과 관념의 영향을 설명한다.

B2. 권력 관계: 다양한 사회적 맥락에서 권력 관계의 역동성에 대한 이해를 설명한다.

B3. 사회적 인식과 개인적 행동: 개인적 행동이 평등, 사회정의, 환경적 이슈에 어떻게 영향을 줄 수 있는지 설명한다. 그리고 미디어가 이런 이슈들에 대한 인식을 어떻게 만들 수 있는지에 대한 이해를 설명한다.

○ 세부 목표

B1.1. 정체성의 다양한 측면(예: 성 정체성, 성적 지향, 트랜스 아이덴티티, 인종, 문화, 민족, 능력, 언어, 계급, 신앙, 나이, 신체)이 어떻게 사회적으로 형성되고 내면화되는지(예: 미디어, 부모의 기대, 종교, 대중문화를 통해서) 설명한다.

B1.2. 개인의 다양한 요소(예: 인종, 사회경제적 지위, 성적 지향, 능력)가 어떻게 정체성의 다양한 경험과 사회적 역할을 만들어내는 가운데 교차하는지에 대한 이해를 설명한다.

B1.3. 사회적 규준이 개인에게 영향을 미칠 수 있는 긍정적 부정적 방식을 설명한다(예: 긍정적 영향-긍정적 자신감, 규범을 준수하는 사람에 대한 안전성; 부정적 영향-규범에 맞서는 사람에 대한 배척, 개인적 기준과 사회적 기대 사이의 내적 갈등).

B1.4. 인종 계급, 성별, 성적 지향에 대한 편견과 고정관념이 미디어와 대중문화(예: 뮤직 비디오에 묘사된 성 역할; 영화나 텔레비전쇼의 LGBT[레즈비언, 게이, 양성애자, 트랜스젠더] 캐릭터 묘사; 영화 속 원주민의 정형화된 재현; 인종, 계급, 성에 따라 달라지는 범죄 행위와 피해자에 대한 미디어의 묘사)를 통해 어떻게 전달되고, 개인에게 (편견과 고정관념의) 가능한 영향(예: 행복, 자아 이미지, 타인에 대한 태도와 행동에 대한 영향)을 어떻게 묘사하는지 설명한다.

또한 ③ 평등과 사회정의: 이론에서 실천까지(Equity and Social Justice: From Theory to Practice)의 성취기준 중에서 다음의 내용은 앞서 3.에서 설정한 9개의 개념 중 다문화 사회 구성원에 대한 편견과 차별, 그리고 다양한 문화적 맥락의 인식과 관련된다고 볼 수 있다.

【편견과 차별에 대한 대응】

D2.2. 편견, 고정관념, 선입견, 차별, 학대와 관련된 개인적 경험들을 효과적이면서도 안전하게 말할 수 있는 전략의 적용 방법을 설명할 수 있다.

D2.3. 선입견, 차별, 학대, 괴롭힘, 왕따 등과 관련된 상황을 목격하였을 때, 안전하면서도 효과적으로 반응할 수 있는 방법을 설명할 수 있다.

【다양한 문화적 맥락의 인식】

C1.1. 원주민과 이주민을 포함한 캐나다의 다양한 인종적, 문화적 또는 민족적 소수자 집단이 직면하는 현재 진행형의 과제와 투쟁들을 서술할 수 있다.

C1.2. 개인의 문화적 유산과 캐나다인의 가치, 신념 그리고 실천 사이의 복잡한 관계를 서술할 수 있다.

C1.3. 캐나다 사람들의 삶과 캐나다 사회에 대한, 다양한 인종적, 문화적, 민족적 공동체의 공헌 및 영향을 서술할 수 있다.

C2.1. 캐나다의 불평등과 사회적 불의를 보여 주는 역사적, 동시대적인 다양한 사례를 서술할 수 있다.

D1.3. 다양성 존중을 증진하기 위해 설계된 학교, 직장, 공동체의 다양한 정책을 서술할 수 있다.

2) 호주

호주는 대표적인 다민족 이민 국가로 20세기 전반기에는 백호주의를 강력하게 내세웠다. 그러나 국제사회의 비난과 인구 감소 위기, 아시아와의 경제 교역 필요성 등으로 1960년대 들어 다문화주의로 선회하였으며 1973년 휘트람 노동당 정부가 최초로 국가 차원에서 '공식적 다문화주의(official multiculturalism)'를 천명하였다.[6)]

국가 차원의 다문화주의는 교육에서 시민성 교육을 강조하고 다문화적 실천을 증진하는 방향으로 이어졌다. 2014년 개발된 호주 국가교육과정은 7가지 일반 역량(General capabilities)[7)]을 중심으로 구성되었는데

---

6) 이후 호주의 다문화 정책은 다음과 같이 정리할 수 있다(박진경 · 임동진, 2012, p.137).

연도	정책보고서명	주요원칙	강조점
1978	갈보리 보고서 (Galbally Report)	① 동등한 기회와 평등한 접근권 ② 타문화에 대한 이해와 포용 ③ 이민자 프로그램과 서비스 제공 ④ 수요자 협의 하에 이민자 자립 노력 지원	다문화 사회의 발전은 모든 호주인에게 혜택, 이민자 자립 지원
1989	다문화 호주를 위한 국가 아젠다 (National Agenda for a Multicultural Australia)	① 문화적 정체성 ② 사회적 정의 ③ 경제적 효율성	경제적 합리주의에 입각한 선별적 이민제도화
1996	다문화 호주를 위한 새로운 아젠다 (New Agenda for Multicultural Australia)	① 시민적 의무 ② 문화적 존중 ③ 사회적 공평 ④ 생산적 다양성	호주의 가치와 전통 준수, 영어 사용 원칙, 문화적 다양성 관리 차원의 관용 강조
2003	다문화 호주: 다양성 속의 통합 (Multicultural Australia: United in Diversity)	① 모두의 의무 ② 모두에 대한 존중 ③ 모두에게 공평함 ④ 모두를 위한 이익	사회구성원 간의 관계와 의무를 통한 통합
2011	호주의 사람들-호주 다문화 정책 (The People of Australia-Australia's Multicultural Policy)	① 화합, 민주주의 가치 유지 ② 공평한 기회와 통합적 사회 지향 ③ 경제, 무역, 투자적 다문화 국가 ④ 차별 없는 상호 이해와 수용	문화 다양성에 대한 존중, 통합적 호주 건설, 경제적 효율성 강조

7) ㅇ Literacy: 문식력.
ㅇ Numeracy: 수리력.
ㅇ Information and Communication Technology (ICT) capability: 정보와 의사소통 기술 능력.

이 가운데 '상호문화적 이해'는 문화 다양성 교육과 관련되는 항목으로 문화 인식 및 존중 함양(Recognising culture and developing respect), 타인과의 상호작용 및 공감(Interacting and empathising with others), 상호 경험의 반영과 책임감 갖기(Reflecting on intercultural experiences and taking responsibility)의 세 가지 구성 요소로 조직되었으며 이는 각 교과 내용과 연계성을 갖고 강조되고 있다.

호주 교육과정의 일반 역량은 각 교과교육과정에 제시되어 학년별 내용에 반영된다는 점이 특징적이다. 또한 역량과 관련하여 성취기준을 제시하였는데 그 특징은 다음과 같다. 첫째, 성취기준을 제시하기 위해 '내용 설명'에서 교과의 '지식과 이해', '기능' 영역을 설정하고 각 영역을 구체화한다. 둘째, 교육과정의 '내용 설명'에서 '지식과 이해'와 '기능' 영역이 함께 제시되어 영역 간 내용의 연결성을 제시한다. 성취기준도 '지식과 이해'와 '기능' 영역들과의 관련성 속에서 제시된다. '지식과 이해', '기능' 영역은 영역 내 요소 간, 영역 간 연결되도록 부호로 표시된다. 셋째, 일반 역량이 '지식과 이해', '기능', '구체화', '성취기준'에 반영될 수 있다. '내용 설명'에서 일반 역량과 '지식과 이해'의 관련성 및 일반 역량과 '기능'의 관련성이 그림 기호로 나타나는데, 이러한 제시를 통해 일반 역량과 '지식과 이해', '기능', 성취기준과의 연결성이 나타날 수 있다. 특히 일반 역량과 '지식과 이해'의 연결을 나타내는 것은 단지 지식을 아는 것을

- Critical and creative thinking: 비판적 · 창의적 사고.
- Personal and social capability: 개인적 · 사회적 능력.
- Ethical understanding: 윤리적 이해.
- Intercultural understanding: 상호문화적 이해(http://www.australiancurriculum.edu.au/).

넘어서서 그러한 지식을 아는 것이 어떠한 일반 능력과 연결되는지, 아는 것을 기반으로 무엇을 할 수 있는지를 나타내는 것이다. 넷째, 성취기준은 '○학년이 끝날 때까지 ~을 ~한다'의 형식으로 진술되고 학년 말에 학생이 보여 주어야 할 능력을 나타내며 성취기준에는 'describe, pose questions, suggest solutions' 등의 서술어가 사용된다(백남진, 2014, p.173). 이 같은 성취기준의 제시 방법 및 서술상의 특징은 본 연구에서 핵심 개념을 바탕으로 도출하는 성취기준 제시에 참고할 수 있다.

호주 국가교육과정에서는 각 교과교육과정에 '범교과 원칙(Cross-curriculum priorities)'을 제시해 학년별 내용에 반영하도록 되어 있다. 범교과 원칙의 내용은 '호주 원주민의 역사와 문화', '아시아 및 호주와 아시아의 관계', '지속가능성'의 세 가지로 다문화주의를 내세우는 호주의 정책과 맞닿는다고 볼 수 있다.

캐나다의 사회(Social Sciences and Humanities) 과목과 마찬가지로 호주에서도 사회(Humanities and Social Sciences) 과목에서 시민교육(Civics and Citizenship)의 범주 아래 다문화교육과 관련된 성취기준이 제시되었다. '시민교육'은 크게 '지식과 이해(Knowledge and understanding)'와 '기능(Skills)'으로 나뉘는데, '지식과 이해'에서는 '정부와 민주주의(Government and democracy)', '법과 시민(Laws and citizens)', '시민권, 다양성, 정체성(Citizenship, diversity and identity)'을 다루며, '기능'에서는 '질문과 연구(Questioning and research)', '분석과 통합 및 해석(Analysis, synthesis and interpretation)', '문제해결과 의사결정(Problem-solving and decision-making)', '의사소통 및 성찰(Communication and reflection)'의 내용을 담고 있다. 이 중에서 아래의 내용은 본 연구에서 설정한 9개의 개념 중 문화적 다양성에 대한 민감성, 타문화 구성원의 문화에 대한 지식, 타문화 배경 언어 및 행위에 대한 해석, 타문화 구성원과의 공감적 상호작용, 문화 개방성, 자문화 · 타문화에 대한 비판적 태도와 밀접한 관련이 있다.

【문화적 다양성에 대한 민감성】

[year8-지식과 이해] 기독교, 불교, 이슬람교, 힌두교같이 현대 호주에 존재하는 종교들을 인식한다.

【타문화 구성원의 문화에 대한 지식】

[year7-지식과 이해] 원주민과 토레스 섬 주민들이 어떻게, 그리고 왜 그들의 정체성을 유지하고 발전시키는지 조사한다.

[year8-지식과 이해] 호주 원주민과 토레스 섬 주민의 관습법의 중요성을 고려한다.

【타문화 배경 언어 및 행위에 대한 해석】

[year7-지식과 이해] 전통적(기존의) 영성부터 기독교, 이슬람교 같은 다른 종교의 채택에 이르기까지 원주민과 토레스 섬 지역의 영성의 다양성을 탐구한다.

【타문화 구성원과의 공감적 상호작용】

[year7-지식과 이해] 사람들의 문화적 정체성의 가시적인 측면들(예: 의복, 제스처, 전통/관습, 억양/언어)이 어떻게 그리고 왜 사람들 간의 상

호작용에 영향을 끼칠 수 있는지 조사한다.

【문화 개방성】

[year7-기능] 차이를 중재하기 위해 다양한 관점을 인식하고 전략을 사용한다.

【자문화 · 타문화에 대한 비판적 태도】

[year7-지식과 이해] 호주인에 의해 공유되는 가치를 확인하고 보편적 가치로 간주될 수 있는 것을 결정한다.

[year7-지식과 이해] 아시아 지역에서 호주의 위치가 호주인과 아시아인 사이의 상호작용에 어떻게 영향을 끼치는지 고려한다.

[year8-지식과 이해] 국가 정체성의 해석에 대한 다른 관점을 분석하기 위해 (앤잭데이와 같은) 국가기념일에 그리고 미디어와 대중문화에서 나타나는 호주인의 정체성의 표현을 알아본다.

[year8-지식과 이해] 자연환경, 이민, 아시아와 화해에 대한 원주민과 토레스 섬 주민 그리고 다른 호주인들 사이의 태도와 같이 현대 호주인의 국가 정체성 형성에 영향을 주는 요인을 찾아본다.

한편 본 연구팀은 다문화주의에 기반한 교육이 활발하게 이루어지는 호주를 방문하여 현지의 문화교육 실태를 확인하였다. 현지 조사는 호주의 다문화교육 정책과 프로그램 확인 및 교육 담당자와의 면담을 중심으로 이루어졌다. 주요 방문 기관은 모자익 다문화 센터(MOSAIC Multicultural Centre), 뉴사우스웨일즈 주의 채스우드 공립학교(CHATSWOOD PUBLIC SCHOOL), 뉴사우스웨일즈 대학교였다.

모자익 다문화 센터(MOSAIC Multicultural Centre)에서 운영하는 이주민 지원 프로그램으로는 영어 및 각국 언어 프로그램, 국가별 교민 모임, 각국의 전통무용 수업, 미술 수업, 합창 그룹 프로그램, 요리 시연 등이 있었다. 한 학급당 15명 정도로 구성되며, 한 학기당 8주 운영으로 총 4학기가 진행되고, 2개월 수업 후에는 1개월의 휴식 기간을 두어 교육의 효율성을 높였다.

그림 3 모자익 센터의 2016년 1학기 프로그램 시간표

Term 1, 2016 MOSAIC Multicultural Centre Activities Timetable

Updated on 27 Jan 2016

VENUE	MONDAY	TUESDAY	WEDNESDAY	THURSDAY	FRIDAY
MOSAIC Main Room	10am - 12.20pm (1st & 3rd Mon) **Malaysian/Singaporean Social Group** 10am - 12.20pm (2nd&4th Mon) **MOSAIC Sangam-Indian Social Group** 12.30pm - 2pm **Taiwanese Women's Group (Power Yoga)** 2.10pm - 4.10pm **Tai Chi Advanced Group**	10am - 2pm (except 4th Tue) **ACCA (Hirer)** Australian Chinese Community Association 10am - 11am(4th Tue) **Cooking Demonstration** 2pm - 4.30pm **Chinese Social Group**	9.30am - 2.20pm (except 3rd Wed) **Korean Social Group** 10am - 2.20pm (3rd Wed,Odd mth) 1pm - 2.20pm (3rd Wed, Even mth) **Japanese Social Group** * Volunteer Meeting * **10am - 12pm** **3rd Wed - Feb, Apr, Jun, Aug, Oct** 2.30pm - 4.30pm (Term 1 only) **Taiwanese Dance Group**	9.30am - 12pm **Chinese Seniors Group** 1pm - 3pm **Korean Traditional Dance Group** 3.10pm - 4.40pm **Tai Chi Post Beginners**	10am - 11.50am **Japanese Folk Dance Group** 12noon - 1pm **Taiwanese Women's Group (Line Dance)** 1.30pm - 3.30pm (1st & 3rd Fri) **Origami Class** (in recess) 1.30pm - 3pm (2nd & 4th Fri) **Japanese Singing Session** 3.15pm - 4.45pm (2nd & 4th Fri) **Mandarin Singing Session**
MOSAIC Class Room	10am - 11.20am **English Class for Beginners (Level 1B)** 11.30am - 12.50pm **English Monday Discussion class** 1pm - 2.20pm **Japanese Pre-Intermediate Class** 2.30pm - 3.50pm **Japanese Post Beginners Class**	10am - 11.20am **English Intermediate Tuesday Conversation Class** 11.30am - 12.50pm **Quilting Class** 1pm - 2.20pm **English Intermediate Reading class** 2.30pm - 4.30pm **Flower Making Class**	10am - 11.20am **English Intermediate Wednesday Conversation** (in recess) 11.30am - 12.50pm **Spanish Post Beginners Class** 1.00pm - 3.00pm **Jewellery Making Class** * Advisory Committee Meeting * **3pm - 4.30pm** **4th Wed- March, June, Sep; 2nd Wed- Dec**	10am - 11.20am **French Intermediate Conversation Class** 11.30am - 12.50pm **French Pre-intermediate Class** 1pm - 3pm (2nd Thur) **3D Card Making Class** 3pm - 4.30pm **Drawing Class**	10am - 11.20am **English Writing Class** 11.30am - 12.50pm **English Class for Explorers** 1pm - 2.20pm **Spanish Pre-intermediate Conversation Class** 2.30pm - 3.50pm **Italian Post Beginner Class**
MOSAIC Group Room	10am - 11.20am **Engish Class for Beginners (Level 1A)** 11.30am - 12.50pm **English Ukulele Sing Along Class** 1pm - 2.20pm **English Intermediate Monday Conversation Class** 2.30pm - 3.50pm **Japanese Post Beginners Class**	10am - 11.20am **Mandarin Intermediate Conversation Class** 11.30am - 12.50pm **English Tuesday Discussion Class (in recess)** 1pm - 2.30pm **Chinese Calligraphy Post Beginners Class**	10am - 11.20am **English Class for Beginners (Level 0)** 11.30am - 1pm (1st&4th Wed) **Smart Phone/ Discover Janpanese Taste** 11.30am - 1pm (2nd Wed) **Meditation (Japanese Social Gr)** 1pm-2.20pm **Korean for Post Beginners Class**	10am - 11.20am **English Pre-intermediate Class (Level 2A)** 11.30am - 12.50pm **English Intermediate Thursday Conversation Class** 1.40pm - 3pm **Basic Mandarin for Non-Chinese Beginners**	10am - 12pm **Chinese Painting Class** 12.30pm - 1.50pm **Mandarin Post Beginners Class** 2pm - 3.20pm **Mandarin Pre-intermediate Class**
Chatswood Youth Centre		10.30am - 1pm (Term 1 only) **Italian Social Group**	**MOSAIC MEN** 10am-12noon, Wednesday - Table Tennis at Youth Centre (1st Wednesday) Lunch at Various Places after Table Tennis Cooking Demo & Bushwalking occasionaly		

그림 4 다문화 공동체 활동 프로그램 안내 브로셔

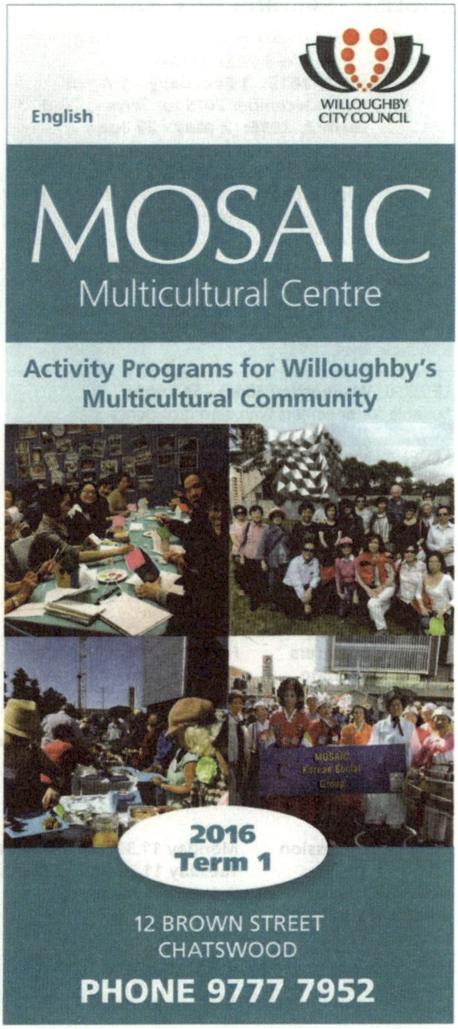

그림 5 지역사회 언어 프로그램

COMMUNITY LANGUAGE PROGRAM

All 8 WEEK TERMS
Term 1, 2016: 1 February - 1 April
Enrol on 7 December 2015 for Term 1, 2016
Term 2, 2016: 2 May - 27 June
Enrol on 29 March for Term 2, 2016
Fee: $18 per term (8 lessons per term)
Concession for seniors: $13 per term
For all enquiries phone 9777 7952

Italian Post Beginners
Lessons focus on basic grammar and pronunciation.
Friday 2.30pm - 3.50pm

French Intermediate (Grammar Focus)
Lessons focus on learning verbs, reading and short dialogues.
Thursday 10am - 11.20am

French Intermediate Conversation
Lessons focus on improving conversation skills.
Thursday 11.30am - 12.50pm

Mandarin Post Beginners
Lessons focus on basic grammar and pronunciation.
Friday 12.30pm - 1.50pm

Mandarin Pre-Intermediate
Lessons focus on basic grammar and pronunciation.
Friday 2pm - 3.20pm

Mandarin Intermediate Conversation
Lessons focus on improving conversation skills.
Tuesday 10am - 11.20am

Japanese Post Beginners
Lessons focus on basic grammar and pronunciation.
Monday 2.30pm - 3.50pm

Japanese Pre-Intermediate Conversation
Lessons focus on improving conversation skills.
Monday 1pm - 2.20pm

Korean Pre-Intermediate Conversation
Lessons focus on basic grammar and pronunciation.
Wednesday 1pm - 2.20pm

Spanish Post Beginners
Lessons focus on basic grammar and pronunciation.
Wednesday 11.30am - 12.50pm

Spanish Pre-Intermediate Conversation
Lessons focus on improving conversation skills.
Friday 1pm - 2.20pm

그림 5의 지역사회 언어 프로그램을 보면 2016년 1학기는 2월 1일부터 4월 1일까지, 2학기는 5월 2일부터 6월 27일까지로 한 학기당 8주간 운영되는 것을 알 수 있다. 8회 수업 수강료는 18달러인데 노령자는 13달러로 차등을 두었다. 여기에서 다루는 프로그램은 이탈리아어 초중급, 프랑스어 중급 문법, 프랑스어 중급 회화, 표준 중국어 초중급, 표준 중국어 예비 중급, 표준 중국어 중급 회화, 일본어 예비 중급 회화, 일본어 초중급, 한국어 초중급, 한국어 중급 회화, 스페인어 초중급, 스페인어 예비 중급 회화의 12개 과정이 있다.

그림 6 프로그램 목록(영어 학습 프로그램, 소수민족별 교민 모임 활동, 여가 활동)

ENGLISH LEARNING PROGRAM

All 8 WEEK TERMS
Term 1, 2016: 1 February - 1 April
Enrol on 7 December 2015 for Term 1, 2016
Term 2, 2016: 2 May - 27 June
Enrol on 29 March for Term 2, 2016
Fee: $18 per term (8 lessons per term)
Concession for seniors: $13 per term
For all enquiries phone 9777 7952

MOSAIC English Classes
If you are interested in joining our English class you need to complete an application and be assessed for a suitable level.

LEVEL 0 Wednesday 10am - 11.20pm
Suitable for beginners with zero proficiency.

LEVEL 1 Monday 10am - 11.20am (for Chinese)
Monday 10am - 11.20am
Suitable for post-beginners with survival proficiency.

LEVEL 2 Thursday 10am - 11.20am
Suitable for pre-intermediate level with minimum social proficiency.

LEVEL 3
Writing — **Friday 10am - 11.20am**
Explorers — **Friday 11.30am - 12.50pm**
Reading — **Tuesday 1pm - 2.20pm**
Conversation — **Monday 1pm - 2.20pm**; **Tuesday 10am - 11.20am**; **Wednesday 10am - 11.20am**; **Thursday 11.30am - 2.50pm**
Suitable for intermediate level with minimum vocational proficiency.

LEVEL 4 Discussion — **Monday 11.30am - 12.50pm**; **Tuesday 11.30am - 12.50pm**
Suitable for upper intermediate/advance level with vocational proficiency.

Learning English is a key to successful settlement in Australia

ETHNIC SOCIAL ACTIVITIES

All meetings are held at MOSAIC Centre unless specified

MOSAIC Malaysian Singaporean Social Group
First and third Monday 10am - 12.20pm
Line dancing, cooking and information talks

MOSAIC Sangam–Indian Social Group
Second and fourth Monday of each month
10am - 12.20pm. Cultural celebrations, cooking and information talks

MOSAIC Italian Social Group
Tuesday 10.30am - 1pm
Chatswood Youth Centre Cnr Albert Ave and Victor St.
(Only in Term 1, back to Beauchamp Park Hall from Term 2). Tai Chi, dancing, cooking and information talks

MOSAIC Chinese Social Group
Tuesday 2pm - 4.30pm
Tai Chi, line dancing, cooking and information talks

MOSAIC Korean Social Group
Wednesday (except third Wed) 9.30am - 2.20pm
Yoga, Line dancing, choir, cooking and information talks

MOSAIC Japanese Social Group
First and fourth Wednesday 11.30am - 1pm
- Smart Phone/Discover Japanese Taste
Second Wednesday 11.30am - 1pm
- Meditation
Third Wednesday 10am - 2.20pm (odd month)
- Cooking/Talks
Third Wednesday 1pm - 2.20pm (even month)
- Gentle exercise

MOSAIC Chinese Seniors Group
Thursday 9.30am - 12pm
Tai Chi, karaoke, games, cooking and information talks

OTHER SOCIAL GROUP

MOSAIC Men
Wednesday 10am - 12pm
Table Tennis at Chatswood Youth Centre
(Cnr Albert Ave and Victor St)
First Wednesday 12 noon - Lunch

LEISURE ACTIVITIES

Term 1, 2016: 27 January - 22 April
Term 2, 2016: 26 April - 15 July
Fee: $18 per term (8-10 sessions per term)
Concession for seniors: $13 per term
Starting date and duration of each activity vary.

MOSAIC Tai Chi Group
Monday 2.10pm - 4.10pm (Advanced)
Thursday 3.10pm - 4.40pm (Post Beginners)

MOSAIC Taiwanese Dance Group
Wednesday 2.30pm - 4.30pm (only in Term 1)

MOSAIC Korean Traditional Dance Group
Thursday 1pm - 3pm (Except third Thursday)

MOSAIC Japanese Folk Dance Group
Friday 10am - 11.50am

MOSAIC Line Dancing (Taiwanese Women's Group)
Monday 12.30pm - 2pm (Beginners)
Friday 12pm-1.20pm (Intermediate)

MOSAIC Flower Making Class
Tuesday 2.30pm - 4.30pm

MOSAIC Chinese Calligraphy Class
Tuesday 1pm - 2.30pm (Post Beginners)

MOSAIC Jewellery Making Class
Wednesday 1pm - 3pm

MOSAIC Chinese Painting Group
Friday 10am - 12pm

MOSAIC Drawing Class
Thursday 3pm - 4.30pm

MOSAIC 3D Card Making Class
Second Thursday of each month 1pm - 3pm, $4/session

MOSAIC Singing in Harmony Group
Second and fourth Friday $2/session
Japanese: 1.30 - 3pm, Mandarin: 3.15pm - 4.45pm

MOSAIC Cooking Demonstration
Fourth Tuesday of each month 10am - 11am, $5/session

그림 7 '다문화 요리 시연' 포스터

그림 8 '하모니데이' 참가 포스터

이 프로그램들의 운영 특징은 대부분 자원봉사자가 수업을 진행한다는 점이었다. 100명 이상의 자원봉사자들이 참여하고 있었으며 전직 교사 등 직업군이 다양하였다. 프로그램 진행 시 정해진 교재는 없고 교사(자원봉사자)들이 자율적으로 개발하여 수업을 이끌었다. 여러 나라의 다양한 연령층이 모인다는 점을 고려하여 노인 그룹, 남성 그룹 등을 나누어 프로그램을 진행함으로써 보다 적극적인 참여를 유도하는 점이 특징적이다. 모자익 다문화 센터는 이 같은 프로그램 운영뿐만 아니라 주민들의 자율적인 커뮤니티를 위한 장소와 기회를 제공하고 시스템을 구축하는 역할을 담당하고 있었다. 프로그램에서 만난 사람들이 서로의 흥미를 공유하면서 지속적인 커뮤니티 구성으로까지 이어지도록 센터가 촉매제 역할을 하는 것이다.

모자익 다문화 센터의 교육에 참여하는 사람들의 82%는 비영어권 국가가 배경국이며 중국, 한국, 인도, 영국, 일본, 뉴질랜드, 필리핀, 네팔, 홍콩, 말레이시아 등 다양한 국가에서 오기 때문에 프로그램 개발 및 운영 시 어느 한 나라에 치중하지 않도록 주의를 기울이고 있었다. 즉 특정 국가의 인원이 소수라고 해서 관련 프로그램 운영을 축소하지 않으며, 센터 직원의 국적에 따라 제공하는 서비스의 질이 달라지지 않도록 엄격히 규칙을 준수하여 오랜 기간 신뢰를 쌓으며 센터를 운영하고 있었다. 다음은 모자익 다문화 센터의 한국인 슈퍼바이저와의 인터뷰 내용이다.

> "제가 이 센터에서 근무한 지 7년 되었거든요. 호주 산 지는 19년째고요. 지금은 여기에서 슈퍼바이저로 일하고 있어요. (중략) '김○○(본인)가 한국인만 편애하더라'라는 말을 듣지 않도록 애쓰고 있어요. 가령 문화 관련 행사를 할 때 '설날'은 한국과 중국 모두와 관련된 것인데 명칭을 어느 나라 것으로 해야 할지 문제가 되거든요. 이번 설날은 한국에서 주도적으로 진행하기로 결정해서 그렇게(명칭을 '설날'로 하기로) 추진했어요."

이같이 균형 있는 관점을 유지하기 위한 노력 덕분에 모자익 다문화 센터를 한 번 이용한 사람들이 계속해서 센터를 찾는 경우가 많았는데 20년까지 이용하고 있는 경우가 있었고, 대부분 10~15년 동안 이용 중이었으며 교사(자원봉사자) 역시 20년 이상의 경력을 지닌 사람들이 많았다. 센터에서 운영하는 프로그램의 주제는 수강생들의 선호도를 중심으로 신속하게 변화를 주며, 프로그램 시행 후 만족도 검사를 통해 피드백을 받고 있었다. 교사(자원봉사자)들을 대상으로 정기적인 컨설팅을 시행하며, 분기별로 수강생을 대상으로 설문조사를 실시해 수합된 의견을 적극 반영하는 방식이었다.

모자익 다문화 센터의 기본 정책은 "접근성과 평등성 정책"으로 '많은 사람이 접근하기 쉬운 서비스'를 목표로 하고 있었다. 또한 프로그램 운영을 자원봉사 위주로 함으로써 센터 이용자들이 다문화 공동체의 형성에 자발적으로 참여한다는 점이 특징적이다. 이상의 내용과 더불어 담당자와의 면담을 통해 다문화교육 프로그램 운영상의 어려움 및 유의점, 프로그램의 계획에서부터 실행과 요구 반영까지 일련의 과정을 파악하였으며 이를 프로그램 개발에 참조점으로 삼을 수 있었다.

모자익 다문화 센터의 사례는 성인 이주민을 대상으로 한다는 점에서 본 연구의 대상 및 범위와 정확히 일치하지는 않지만 중등학교 학생들의 학교 밖 문화교육, 그리고 학생들이 성인이 된 후 평생교육 차원에서 지속적으로 참여할 수 있는 문화교육의 상을 그려보는 데 도움이 되었다. 교수와 학습이 자율적인 분위기에서 이루어진다는 점은 다양성을 존중하고 상호 배려와 공감을 중요시하는 문화교육의 지향과 맞닿아 있을 것이다. 또한 다양한 문화적 배경을 지닌 사람들이 모여 관계 형성을 이어나갈 수 있는 거점이 된다는 점에서 바람직한 다문화교육 센터의 모습을 보여 준다.

다음으로 뉴사우스웨일즈 주의 공립학교인 채스우드 공립학교를 방문하여 연구를 실시하였다. 이 학교는 초등학생이 대상이어서 본 연구의 대상인 중등학교 학생들의 이전 연령대라는 점에서 발달단계상 연계성을 고려하여 선정하였다. 이 학교는 전교생의 80%가 영어를 모어로 쓰지 않는 학생들로 구성되어 있었다. 학교가 위치한 채스우드는 교통이 편리한 지역적 특성과 유학생, 주재원 자녀가 많이 거주하는 점으로 다양한 국적의 학생들이 집중된다고 한다.

채스우드 공립학교는 정부의 정책적 기조인 '친(親)아시아', '21세기 글로벌 시티즌 양성'을 적극적으로 실천하며, 학생들의 흥미에 맞춘 다문화 교육을 실시하고 있었다. 학교 자체적으로 다문화 축제를 개최하고 해마다 호주 연방정부에서 주최하는 하모니데이(Harmony Day)에 참가하여 문화 소통의 장을 마련하고 있었다. 2015년에 열린 용선축제(Dragon Boat Festival)는 중국의 문화 및 역사와 관련된 프로그램으로 이 축제에서 중국과 한국의 춤을 선보였다. 같은 해 열린 달축제(Moon Festival)는 문화 행사의 하이라이트였는데, 다양한 다문화 음식, 게임, 공연을 즐기는 자리였으며 사자 댄스, K-pop 댄스, 중국 고전 악기 연주, 인도 민속춤, 일본 무용, 쿵푸 시범 등이 공연되었고 지역 사회와 함께하는 축제라는 점에서 의미 있었다고 한다. 또한 교사와 학생들이 한국과 중국에 있는 자매결연 학교를 방문하여 채스우드 공립학교의 다문화교육을 활성화하고 있었다. 교과교육 차원에서는 사회과에서 주로 다문화 관련 주제를 다루지만 다른 교과에서도 연계해 다룬다고 하였다.

한국의 경우도 중등학교보다는 초등학교에서 다문화교육이 활발하게 이루어지며, 체험 위주의 교수 · 학습으로 진행되는 비율이 높은데 이는 호주의 사례와 유사하다. 또한 교과 구분에서는 사회과에서 다문화교육의 비중이 높은 점 역시 한국과 비슷하였다. 그러나 호주에서는 사회과뿐만 아니라 다양한 교과에서 다문화 관련 내용을 다루는데 이때 주(州) 교육과정에 명시된 주제를 반영하되 단위 학교와 교사의 재량에 따라 역동적으로 교육내용을 구성한다는 점이 한국과 달랐다. 이는 2015 개정 교육과정에서 추구하는 핵심역량 중심 교육과정의 기본 방침과도 연결되며, 핵심 개념을 중심으로 문화교육 내용을 구성하려는 본 연구가 참고해야 할 지점일 것이다.

채스우드 공립학교에서는 인종차별을 엄격히 금지하는데, 반(反)인종차별 사무소(ARCO: Anti-Racism Contact Office)를 두고 담당 교사를 임명하여 운영하는 점이 특징적이다. 이와 더불어 각국에서 온 학생들의 모국 문화를 존중하는 가운데 다양성의 가치를 추구하고 있었다. 이상의 실천태는 본 연구에서 선정한 핵심 개념 중 '편견과 차별에 대한 대응', '문화적 다양성에 대한 민감성', '타문화 구성원에 대한 개방적 태도' 등과 연관되어 채스우드 공립학교의 교육 사례를 문화 다양성 교육의 귀감으로 삼을 수 있었다.

Ⅲ. 다문화 시대 문화교육의 현황

– 실태 및 요구 조사

Ⅲ. 다문화 시대 문화교육의 현황
- 실태 및 요구 조사

1. 현행 교육과정에서 문화교육 관련 내용 검토

본 연구는 핵심역량을 중심으로 하는 문화교육 커리큘럼 개발이 목표이다. 이를 위해 기존에 개발된 문화교육 커리큘럼을 검토하고자 하나 현행 교육과정에서 문화교육만 특화된 교육과정은 없으며 각 교과에서 부분적으로 관련 내용 영역과 관련하여 다루고 있는 실정이다. '다문화 소통 능력의 함양'을 목표로 하는 본 연구에서는 국어교육 및 한국어교육의 교육과정에 나타난 다문화교육 관련 내용을 살펴 참고하고자 한다. 2015년 개정이 이루어진 국어과 교육과정이 핵심역량 중심의 교육과정이라는 점에서도 검토의 의의가 있다. 교육과정의 비판적 검토를 통해 다문화교육의 실태를 파악하고 내용이 충실하지 못한 부분을 보완하여 문화교육 커리큘럼 개발의 초석을 마련하도록 하겠다.

1) 2015 KSL 한국어교육과정

여러 인종, 민족, 문화가 공존하는 다문화 사회에서 무엇보다 중요한 것은 의사소통 문제이다. 다문화가정 내에서 부모와 자녀의 의사소통뿐만 아니라 사회 구성원으로서의 의사소통이 모두 중요한 문제인데 이를 위해 언어적 소수자에 해당하는 국제결혼 이주자, 외국인 근로자를 비롯한 다양한 문화 배경 구성원과 그들의 자녀를 대상으로 한국어교육이 이루어지고 있다. 한국 사회를 배경으로 성장하고 교육을 받는 이들에게 한국어는 제2언어의 성격을 지니며 학습자의 수준에 맞는 단계적 언어교육의 필요성에 따라 KSL(Korean as a Second Language) 한국어교육과정이 운영되고 있다.

2015 KSL 한국어교육과정은 한국어 기초 지식을 이해하고 일상생활에 필요한 기본적인 의사소통 능력을 함양하고, 한국어로 이루어지는 학교 교실 수업 상황에 능동적인 학습자로 참여할 수 있는 학습 한국어 능력을 기르는 데 주요한 목적이 있지만 이와 더불어 한국 사회 문화에 대한 전반적인 이해와 배경지식을 습득할 수 있는 문화적 문식력을 신장시키는 데에도 중점을 두고 있다. 구체적인 내용을 살펴보면 '성격과 목표'에서 다음과 같이 제시하였다. (밑줄-연구진)

> 한국어 과목은 다양한 언어적 · 문화적 배경을 가진 학생들이 한국 사회의 일원이 되기 전에 획득한 자신의 언어와 문화를 존중하고 인정하면서 원래의 문화와 한국 문화 간의 차이에서 발생하는 어려움을 줄이는 데에 초점을 맞춘다. (중략)
>
> 한국어 과목을 통해 (중략) 한국어 학습자들의 언어적 · 문화적 배경을 함께 존중하는 가운데 한국 언어문화 공동체의 일원으로 갖추어야 할

자질과 태도를 기른다. (중략) 한국 사회와 문화에 적절하게 대응할 수 있는 상호 문화 이해 및 소통 능력, 한국어에 대한 흥미와 자신감을 가지며, 한국 사회의 일원으로서 긍정적인 태도와 정체성을 함양하는 것을 목표로 한다.

세부 목표

다. 한국 사회와 문화에 적절하게 대응할 수 있는 상호 문화 이해 및 소통 능력을 기른다.

라. 한국어에 대한 흥미와 한국어 사용에 대한 자신감을 가지고, 한국 사회의 일원으로서 긍정적인 태도와 정체성을 함양한다.

다양한 언어적 · 문화적 배경을 가진 학생들이 모국의 언어와 문화를 존중하고 인정하는 가운데 한국 언어문화 공동체의 일원으로서 갖춰야 할 자질과 태도, 정체성을 기른다는 내용은 문화교육 커리큘럼의 기본 방향을 설정하고 성격을 구체화하는 데 참고할 수 있다. 또한 여기에서 제시한 '상호 문화 이해 및 소통 능력'은 본 연구에서 핵심적인 문화 능력으로 삼은 '다문화 소통능력'과도 맥을 같이한다.

2015 한국어교육과정은 내용 체계에서도 '언어 기능', '언어 재료'와 더불어 '문화 의식과 태도' 항목을 설정하여 문화 인식 · 이해 · 수용, 그리고 긍정적 자아정체성과 공동체 의식 함양에 중점을 두었음을 알 수 있다.

학습 내용을 구체화하는 단계별 성취기준은 주로 타문화 구성원과의 상호작용 측면을 다루는 내용이었다. 중급 및 고급 단계가 이에 해당되며 이들 성취기준은 다음과 같다.

[중급 3단계] 다른 문화의 사람들과 상호작용하면서 타문화를 인식할 수 있다.

[중급 4단계] 다른 문화의 사람들과 상호작용하면서 자신의 문화와 다른 문화를 대조해 볼 수 있다.

[고급 6단계] 자신에 적합한 다양한 활동을 통해 문화 간 의사소통 기술을 개발하고, 다른 문화에 대해 스스로 학습하는 방법을 터득함으로써 다른 문화를 다원론적 시각에서 수용할 수 있다.

중급에서 고급으로 이행하면서 '타문화 인식 → 자신의 문화와 다른 문화를 대조 → 문화 간 의사소통 기술 개발 및 다원론적 시각 견지'로 위계화되어 문화교육 커리큘럼의 내용 구성 시 위계화에 참조할 수 있겠다.

교수 · 학습의 운용과 관련해서는 '문화 간 비교하기, 문화 간 공통점 및 차이점 찾기'를 제시하고 있으며 '상호문화적 의사소통 능력을 함양', '다른 문화를 다원론적 시각에서 수용' 등으로 교육의 지향점을 밝혀 문화교육 프로그램 설계 시 방향 설정에 참고하고자 한다.

표 8은 2015 KSL 한국어교육과정의 성취기준을 본 연구의 핵심 개념틀에 맞추어 분류한 것이다.[1] 주로 타문화 구성원과의 상호작용과 관련

---

1) 성취기준 전문은 다음과 같다.

된 내용을 다루었으며 타문화 구성원에 대한 포용과 배려, 편견과 차별에 대한 대응, 타문화 구성원과의 갈등 관리 및 해결 차원의 내용은 부족하

표 8 2015 KSL 한국어교육과정 성취기준 분류표

문화적 다양성에 대한 민감성 (Banks, 2014; Keast, 2006)	타문화 구성원에 대한 포용과 배려 (Lynch, 1983)	타문화 구성원과의 공감적 상호작용 (Keast, 2006)
【초급】 2단계		【중급】 3단계 【중급】 4단계
타문화 구성원의 문화에 대한 지식 (Byram, 1989)	편견과 차별에 대한 대응 (Bennett, 2007)	타문화 구성원과의 갈등 관리 및 해결 (Keast, 2006)
타문화 배경 언어 및 행위의 해석 (Byram, 1989)	자문화 · 타문화에 대한 비판적 태도 (Byram, 1989)	타문화 구성원과의 협력적 상호작용 (Keast, 2006)
	【고급】 5단계	【고급】 6단계

【초급】 2단계
구체적인 문화 산물을 접함으로써 자신의 문화 내에서도 다양성이 존재함을 이해할 수 있다.
【중급】 3단계
다른 문화의 사람들과 상호작용하면서 타문화를 인식할 수 있다.
【중급】 4단계
다른 문화의 사람들과 상호작용하면서 자신의 문화와 다른 문화를 대조해 볼 수 있다.
【고급】 5단계
문화 간 차이를 심도 있게 분석하고, 문화 간 감정이입을 경험함으로써 문화적 상대성을 정립할 수 있다.
【고급】 6단계
자신에 적합한 다양한 활동을 통해 문화 간 의사소통 기술을 개발하고, 다른 문화에 대해 스스로 학습하는 방법을 터득함으로써 다른 문화를 다원론적 시각에서 수용할 수 있다.

므로 이를 보완할 필요가 있다.

2) 2009 개정 국어과 교육과정(2012.12. 고시) 및 교과서

본 연구에서 개발하는 문화교육 커리큘럼은 중등 단계(중학교, 고등학교)의 학습자를 대상으로 한다. 2009 개정 국어과 교육과정에서 이러한 단계 설정의 근거를 확인할 수 있는데 교육과정에 제시된 학교 급별 교육목표는 다음과 같다. (굵게 표시-연구진)

표 9 2009 개정 국어과 교육과정 학교 급별 교육목표

초등학교	(3) 우리 문화에 대해 이해하고, 문화를 향유하는 올바른 태도를 기른다. (4) 자신의 경험과 생각을 다양하게 표현하며 타인과 공감하고 협동하는 태도, 배려하는 마음을 기른다.
중학교	(3) 자신을 둘러싼 세계에 대한 경험을 토대로 **다양한 문화와 가치에 대한 이해를 넓힌다.** (4) **타인과 공감하고 소통하는 능력, 배려하는 마음, 민주 시민으로서의 자질과 태도**를 갖춘다.
고등학교	다. 우리의 문화를 향유하고 **다양한 문화의 가치를 수용할 수 있는 자질과 태도**를 갖춘다. 라. 국가 공동체의 발전을 위해 노력하고, 더불어 살아가며 협동하는 **세계시민으로서의 자질과 태도**를 기른다.

초등학교에서 문화에 대한 이해와 태도를 기르는 데 머문다면 중학교에서는 다양한 문화와 가치에 대한 이해를 넓히고, 고등학교에서는 다양한 문화의 가치를 수용하는 자질과 태도를 갖추는 데까지 나아간다. 또한 타인과의 관계에 대해서는 '타인과 공감하고 협동하는 태도, 배려하는

마음 → 타인과 공감하고 소통하는 능력, 민주 시민으로서의 자질과 태도 → 국가 공동체의 발전을 위한 노력, 협동하는 세계시민으로서의 자질과 태도'로 위계를 설정하여 본 연구에서 중점에 두는 문화적 소통 능력과 세계시민으로서의 정체성 함양이라는 목표를 달성하기 위해서는 중등학교 급의 학습자를 대상으로 하는 것이 적합하다.

2009 국어과 교육과정의 학년군별 세부 내용 및 성취기준에서 다문화교육과 관련된 내용을 살펴본 결과 다음의 특징을 확인할 수 있었다. 중학교 1-3학년군에서는 주로 화법 영역에서 의견 조정과 토의, 협상의 중요성 이해 및 협상을 통한 문제 해결, 듣기 · 말하기 문화 성찰 등의 내용이 제시되었다. 동일한 영역(화법)에 국한하여 볼 때 이 같은 내용은 고등학교 단계로 올라가면 대화 방식에 영향을 미치는 자아 인식, 적절한 방식을 활용한 자기 표현, 공감적 듣기 방법의 이해, 상호 작용의 장애 요인 점검 등으로 심화된다. 다문화교육과 관련하여 특기할 만한 점은 '갈등을 유발하는 상호 작용의 장애 요인을 점검하여 원활하게 의사소통한다'와 같은 성취기준으로, 이는 '타문화 구성원과의 갈등 관리 및 해결'의 측면에서 참고할 수 있다. 이 성취기준이 교과서에 구현된 사례를 살펴보면 다음과 같다. 고등학교 화법과 작문 교과서[2]에서는 의사소통에서 드러나는 상호 작용의 장애 요인을 첫째, 의사소통의 구도를 서로 다르게 이해하는 경우, 둘째, 의사소통 방식의 불일치로 인한 경우, 셋째, 부적절한 언어 표현의 경우로 나누어 설명하였다. 그 해결 방안으로는 의사소통의 목

---

2) 이삼형 외(2013). 고등학교 화법과 작문. 지학사.

적과 상황 재점검, 적절하고 분명한 언어 사용, 화자와 청자의 관계 재점검, 상호 이해를 위한 노력, 서로의 의사소통 방식 조절을 들었다. 교과서에서는 의사소통에 어려움을 겪는 대화 상황을 주로 제시하였으며 화자와 청자의 문화적 배경에 대해서는 특별히 강조하지 않았지만 이들은 대부분 사회 · 문화적 관습을 충분히 숙지하지 못해 생기는 문제로서 교과서에서 제시하는 갈등 요인과 해결의 원리는 타문화 구성원과의 관계 형성 차원에서도 깊은 관련성을 갖고 적용할 수 있겠다.

다음으로 고등학교 작문 영역의 성취기준인 '폭력적인 글이 독자에게 미치는 영향을 인식하고, 독자를 존중하고 배려하며 글을 쓴다'는 '타문화 구성원에 대한 포용과 배려'와 밀접한 관련을 지닌다. 교과서[3]에서는 폭력적인 글이 독자에게 미치는 영향을 알아보는 학습활동에서 인터넷 토론방에 올라온 글과 댓글을 제시하고 '위 댓글 가운데 폭력적인 표현을 찾아보고, 그렇게 생각한 이유를 말해 보자', '폭력적인 글에 관한 자신의 경험이나 주변의 사례를 떠올려 보고, 이런 글이 독자에게 미치는 영향이 무엇일지 말해 보자', '글을 쓴 사람의 입장을 배려하여 댓글을 달아 보자' 등의 활동을 안내하였다. 소통 상황에서 다른 사람의 입장을 배려하고 예의를 갖추어야 함을 강조하여 타문화 구성원을 대할 때 지녀야 할 배려 차원의 문화적 역량 요소를 확인할 수 있다.

동일한 교과서에서 다룬 듣기 · 말하기 영역 성취기준인 '부정적 언어 표현의 폐해를 인식하고 바람직한 의사소통 문화를 형성하는 태도를 기

---

3) 박영목 외(2013). 고등학교 국어 Ⅰ. 천재교육.

른다'는 '편견과 차별에 대한 대응'과 관련이 있다. 교과서에서 제시하는 부정적 언어 표현은 '네가 뭘 안다고 그래?', '장님 코끼리 더듬기', '꿀 먹은 벙어리', '남자가 쩨쩨하게…', '여자가 조신하지 못하게…', '머리에 피도 안 마른 녀석이!'이다. 이들은 교육과정에서 말하는 '상대를 비하하는 표현, 성(性) · 장애 · 지역 · 민족 · 인종 등을 차별하여 공동체의 결속을 방해하는 표현'이다. 이 같은 내용은 타문화 구성원과의 관계에서 발생하기 쉬운 편견으로 인한 언어 표현, 차별 인식이 담긴 언어 표현의 상황에서 자신의 태도를 반성하고 타인의 부적절한 표현에 대응하는 자세를 갖추는 교육에서 활용할 수 있다. 또한 교육과정에서 '다양한 사회 구성원을 존중하고 배려하는 태도가 중요'함을 강조하여 다문화교육과 직접적인 관련을 갖는다.

다문화교육과의 관련성은 문학 영역에서 보다 확연히 드러난다. '문학의 수용과 생산 활동을 통해 다양한 가치를 비평적으로 이해하고 실현한다', '문학 활동을 통하여 우리 사회의 다양한 공동체와 문제의식을 공유하고 소통한다'의 성취기준에서 이를 확인할 수 있다. 특히 후자의 성취기준에서 '다양한 공동체'를 언급하였는데 이에 대한 해설에서 직접적으로 '다문화의 문제, 사회적 약자의 문제'라고 제시된다. 이 성취기준은 '문학 활동을 통해 현재 우리 공동체가 직면한 다양한 문제와 그에 대한 다양한 생각을 이해하려는 태도'를 기르는 것을 목표로 한다. 이를 바탕으로 궁극적으로는 '바람직한 공동체 문화를 만들어가는 데 기여'하도록 하고 있다. 해당 성취기준이 다문화교육과 긴밀하게 연관된다고 판단하여 보다 구체적인 실천태를 파악하고자 교육과정을 구현한 교과서를 살펴보겠다.

고등학교 문학 교과서 2종[4]에서는 각각 뮤지컬 〈빨래〉와 청소년소설 〈완득이〉를 작품으로 선정하여 학습 활동을 구성하였다. 먼저 〈빨래〉를 제재로 다룬 교과서는 이주노동자가 서울에 살면서 겪는 어려움을 주로 다루며 '솔롱고와 나영이 저마다 겪는 갈등의 원인과 해결 방법을 이야기해 보자', '우리 사회 공동체가 안고 있는 문제점 중 하나를 찾아, 그에 대한 문제의식을 알리는 노랫말을 '조건'에 맞추어 지어 보자'와 같은 활동을 제시하였다. 후자의 활동에서는 시집살이 노래를 예시로 들고 있어 이주노동자의 현실을 '구박, 설움, 멸시도 받'는 며느리의 처지와 비교하는 시각을 확인할 수 있다.

또 다른 문학 교과서에서는 다문화교육에서 많이 활용되는 작품인 〈완득이〉를 주요 제재로 삼았다. 이 단원에서는 작품을 읽기에 앞서 '감상열기'에서 '작가가 생각하는 바람직한 공동체의 모습은 무엇일지 생각하며 작품을 감상해 보자'라고 하여 작품에 등장하는 결혼이주여성과 그 자녀를 포용하며 그들이 처한 문제에 함께 공감하는 공동체를 '바람직한 공동체'라고 상정하는 교과서의 시각이 드러난다. 이와 같은 관점은 작품의 본문 날개에 삽입된 질문인 '"배울 만큼 배운 사람이다"라는 '아버지'의 말에 담긴 의미는 무엇일까?', '꽃분홍색 술이 달린 낡은 단화'는 '나'와 '그분' 사이에서 어떤 역할을 하는가?', '그분'이 울면서도 활짝 웃은 까닭은 무엇일까?' 등에서도 확인된다. 이 교과서는 단원의 말미에서 〈완득

4) 박종호 외(2013). 고등학교 문학. 창비; 한철우 외(2013). 고등학교 문학. 비상교육.

이〉와 주제의식을 함께하는 다른 작품들도 제시하고 있어[5] 다문화교육에서 활용할 수 있는 다양한 제재로서 참고할 수 있겠다.

이상의 2009 국어과 교육과정 성취기준을 본 연구의 핵심 개념 틀에 적용하면[6] 비교적 고른 분포를 보인다고 할 수 있으나 '타문화 구성원과

---

5)

> + 읽어 보기
> –(매체)– 영화 '완득이': 소설 '완득이'를 원작으로 한 영화. 매체 변화에 따른 표현의 차이점을 비교하며 감상해 보자.
> –(태도)–하종오, '동승': 전철에서 외국인 노동자를 바라보며 이주노동자를 대하는 태도를 성찰한 시. 화자의 태도와 심리를 중심으로 감상해 보자.
> –(소재)–김중미, '거대한 뿌리': 혼혈 문제와 이주노동자 문제를 교차시켜 다문화 사회의 문제점을 그린 소설. 작품에 나타난 사회적 문제를 살피며 감상해 보자.

6) 성취기준 전문은 다음과 같다.

【고–국어–문학–(15)】
문학의 수용과 생산 활동을 통해 다양한 가치를 비평적으로 이해하고 실현한다.
【고–국어–작문–(10)】
폭력적인 글이 독자에게 미치는 영향을 인식하고, 독자를 존중하고 배려하며 글을 쓴다.
【고–국어–듣말–(3)】
부정적 언어 표현의 폐해를 인식하고 바람직한 의사소통 문화를 형성하는 태도를 기른다.
【중–듣말–(13)】
전통적 듣기 · 말하기 문화를 이해하고, 오늘날의 듣기 · 말하기 문화를 성찰한다.
【고–화작–(3)】
언어 공동체의 담화 관습을 이해하고 화법과 작문의 윤리를 인식한다.
【고–화작–(28)】
대화 방식에 영향을 미치는 자아를 인식하고 관계 형성에 적절한 방식으로 자기를 표현한다.
【고–국어–듣말–(2)】
공감적 듣기의 방법을 이해하고 대화와 타협을 통해 문제를 해결한다.
【중–듣말–(5)】
주변에서 일어나는 문제에 대해 의견을 조정하며 토의한다.
【고–문학–(14)】
문학 활동을 통하여 우리 사회의 다양한 공동체와 문제의식을 공유하고 소통한다.
【고–화작–(27)】

의 갈등 관리 및 해결'과 '자문화 · 타문화에 대한 비판적 태도'에 집중되어 다문화교육을 문제해결의 측면에서 바라보는 입장이라고 할 수 있다. 또한 '타문화 구성원의 문화에 대한 지식', '타문화 배경 언어 및 행위의 해석'의 내용은 확인하기 어려운데, 인지적 측면에서 타문화에 대한 지식을 습득하고 타문화 배경 언어와 행위를 구체적으로 학습할 수 있는 내용이 전무한 채 타문화 구성원과의 관계에서 요구되는 태도를 주로 강조하

표 10 2009 개정 국어과 교육과정 성취기준 분류표

문화적 다양성에 대한 민감성 (Banks, 2014; Keast, 2006)	타문화 구성원에 대한 포용과 배려 (Lynch, 1983)	타문화 구성원과의 공감적 상호작용 (Keast, 2006)
고-국어-문학-(15)	고-국어-작문-(10)	고-국어-듣말-(2)
타문화 구성원의 문화에 대한 지식 (Byram, 1989)	편견과 차별에 대한 대응 (Bennett, 2007)	타문화 구성원과의 갈등 관리 및 해결 (Keast, 2006)
	고-국어-듣말-(3)	중-듣말-(5) 고-문학-(14) 고-화작-(27)
타문화 배경 언어 및 행위의 해석 (Byram, 1989)	자문화 · 타문화에 대한 비판적 태도 (Byram, 1989)	타문화 구성원과의 협력적 상호작용 (Keast, 2006)
	중-듣말-(13) 고-화작-(3) 고-화작-(28)	중-듣말-(11)

갈등을 유발하는 상호 작용의 장애 요인을 점검하여 원활하게 의사소통한다.
【중-듣말-(11)】
협상의 중요성을 이해하고, 의견과 주장이 다른 상대와 협상을 통해 문제를 해결한다.

였음이 나타난다. 이 같은 국어과 교육과정의 미비점을 보완하여 문화교육 커리큘럼 개발 시 아홉 가지 핵심 개념을 균형 있게 다루고 성취기준의 진술에 있어서는 보다 긴밀한 관련성을 갖도록 할 것이다.

3) 2015 개정 국어과 교육과정

2015 개정 국어과 교육과정에서는 〈언어와 매체〉 과목이 신설되었는데 이 과목의 '다양한 관점과 가치를 고려하여 매체 자료를 수용한다'라는 성취기준은 문화 다양성 교육과 관련을 지닌다. 고등학교 국어 화법 영역에서도 '개인이나 집단에 따라 듣기와 말하기의 방법이 다양함을 이해'한다는 내용을 구체적으로 명시하여 전반적으로 다양성에 대한 강조가 두드러진다. 이는 다음의 서술에서도 확인된다. 중학교와 고등학교의 공통 과목(〈국어〉)과 선택 과목(〈화법〉, 〈작문〉, 〈문학〉 등)에서 모두 '교수 · 학습 방향' 항목에서 '학습자가 흥미를 느끼고 몰입하여 유의미한 언어 사용 경험을 쌓을 수 있도록 학습자의 수준, 관심과 흥미, 적성과 진로, 언어와 문화 배경 등의 개인차와 학교 및 교실 환경 등의 물리적 조건을 고려하여 '국어' 수업 활동을 계획한다'라고 서술하여 타문화 배경 구성원이 지닌 개인의 언어 및 문화 차이를 세심하게 고려하였다고 볼 수 있다.

2015 개정 국어과 교육과정은 2009 개정 국어과 교육과정에 비해 성취기준을 세분화하여 제시하였다. 따라서 핵심 개념틀을 비교했을 때 다문화교육 관련 내용이 늘어난 것으로 보이지만 전체적인 비율에서는 큰 차이가 없다. 본 연구의 핵심 개념틀에 비추어 내용을 살펴보면 '타문화 구

성원과의 공감적 상호작용' 부분과 관련하여 고등학교 문학의 '문학을 통하여 자아를 성찰하고 타자를 이해하며 상호 소통하는 태도를 지닌다'에 주목할 수 있다. 이 성취기준은 해설에서 '문학 활동을 통해 (중략) 공동체 구성원과 정서적으로 교류하며 상호 존중감과 유대감을 높일 수 있다'고 말하며 '상생과 공존의 문화를 발전시키는 데 적극적으로 참여'할 것을 권한다. 자아 성찰, 타자 이해, 상호 소통이라는 점에서 본 연구의 핵심 개념을 아우르는 내용 구성 원리로 반영할 수 있다.

'편견과 차별에 대한 대응' 부분과 관련하여 2009 개정에서 '부정적 언어 표현의 폐해를 인식하고 바람직한 의사소통 문화를 형성하는 태도를 기른다'라고 제시한 반면 2015 개정에서는 '언어폭력의 문제점을 인식하고 상대를 배려하며 말하는 태도를 지닌다'라고 제시하였다. 언어폭력의 심각성 강조가 중학교 단계로 내려간 것을 확인할 수 있으며 '부정적 언어 표현'을 '언어폭력'으로 직접적으로 표현하여 사회현상의 심각성을 반영하였다고 볼 수 있다. 또한 2009 개정에서는 '바람직한 의사소통 문화 형성'으로 완곡하게 표현하였다면 2015 개정에서는 '상대를 배려하며 말하는 태도'로 표현하여 상대방에 대한 배려를 좀 더 직접적으로 언급하여 구체적으로 서술하였다.

한편 고등학교 〈국어〉에서는 '국어 자료의 예'[7]를 제시하고 있어 문화

---

7) 〈고등학교 1학년 국어 자료의 예〉 (밑줄-연구진)
- 상황, 대상, 목적을 고려한 상호 작용이 활발하게 전개되는 대화.
- <u>다양한 쟁점을 구성할 수 있는 토론.</u>
- 지역 사회 문제나 시사적인 쟁점에 대한 토론, 논설문, 인터넷 게시판이나 사회 관계망 서비스의 글.

교육 프로그램 설계 시 참고할 수 있겠다.

다음은 2015 개정 국어과 교육과정 성취기준을 본 연구의 핵심 개념 틀에 적용한 것이다.[8)]

– 각자의 입장 및 요구의 차이에서 생긴 문제를 해결하기 위한 협상.
– 삶의 방식, 이념, 문화 등의 차이에서 오는 갈등과 해결을 담고 있는 글이나 문학 작품.
– 보편적인 정서와 다양한 경험이 잘 드러난 한국 · 외국 문학 작품.

8) 성취기준 전문은 아래와 같다.
【고–국어–듣말–[10국01–01]】
개인이나 집단에 따라 듣기와 말하기의 방법이 다양함을 이해하고 듣기 · 말하기 활동을 한다.
【고–국어–문학–[10국05–04]】
문학의 수용과 생산 활동을 통해 다양한 사회 · 문화적 가치를 이해하고 평가한다.
【고–언매–[12언매03–02]】
다양한 관점과 가치를 고려하여 매체 자료를 수용한다.
【중–국어–듣말–[9국01–12]】
언어폭력의 문제점을 인식하고 상대를 배려하며 말하는 태도를 지닌다.
【고–국어–듣말–[10국01–06]】
언어 공동체의 담화 관습을 성찰하고 바람직한 의사소통 문화 발전에 기여하는 태도를 지닌다.
【고–화작–[12화작01–02]】
화법과 작문 활동이 자아 성장과 공동체 발전에 기여함을 이해한다.
【고–화작–[12화작02–01]】
대화 방식에 영향을 미치는 자아를 인식하고 관계 형성에 적절한 방법으로 자기를 표현한다.
【중–국어–듣말–[9국01–02]】
상대의 감정에 공감하며 적절하게 반응하는 대화를 나눈다.
【고–국어–듣말–[10국01–02]】
상황과 대상에 맞게 언어 예절을 갖추어 대화한다.
【고–문학–[12문학04–01]】
문학을 통하여 자아를 성찰하고 타자를 이해하며 상호 소통하는 태도를 지닌다.
【중–국어–듣말–[9국01–04]】
토의에서 의견을 교환하여 합리적으로 문제를 해결한다.
【고–국어–듣말–[10국01–04]】
협상에서 서로 만족할 만한 대안을 탐색하여 의사 결정을 한다.
【고–화작–[12화작02–02]】

표 11 2015 개정 국어과 교육과정 성취기준 분류표

문화적 다양성에 대한 민감성 (Banks, 2014; Keast, 2006)	타문화 구성원에 대한 포용과 배려 (Lynch, 1983)	타문화 구성원과의 공감적 상호작용 (Keast, 2006)
고-국어-듣말-[10국01-01] 고-국어-문학-[10국05-04] 고-언매-[12언매03-02]		중-국어-듣말-[9국01-02] 고-국어-듣말-[10국01-02] 고-문학-[12문학04-01]
타문화 구성원의 문화에 대한 지식 (Byram, 1989)	편견과 차별에 대한 대응 (Bennett, 2007)	타문화 구성원과의 갈등 관리 및 해결 (Keast, 2006)
	중-국어-듣말-[9국01-12]	중-국어-듣말-[9국01-04] 고-국어-듣말-[10국01-04] 고-화작-[12화작02-02]
타문화 배경 언어 및 행위의 해석 (Byram, 1989)	자문화 · 타문화에 대한 비판적 태도 (Byram, 1989)	타문화 구성원과의 협력적 상호작용 (Keast, 2006)
	고-국어-듣말-[10국01-06] 고-화작-[12화작01-02] 고-화작-[12화작02-01]	고-화작-[12화작01-03] 고-화작-[12화작02-04] 고-화작-[12화작02-06]

갈등 상황에서 자신의 생각, 감정이나 바라는 바를 진솔하게 표현한다.
【고-화작-[12화작01-03]】
화법과 작문 활동에서 맥락을 고려하는 일이 중요함을 이해한다.
【고-화작-[12화작02-04]】
협상 절차에 따라 상황에 맞는 전략을 사용하여 문제를 해결한다.
【고-화작-[12화작02-06]】
청자의 특성에 맞게 내용을 구성하여 발표한다.

2. 학습자 대상 실태 및 요구 조사-
경기도 지역 다문화 중점 중 · 고교를 중심으로

1) 설문조사

개요

이 부분에서는 수도권의 중 · 고등학생을 대상으로 실시한 설문조사의 결과를 기술한다. 설문조사의 목적은 크게 두 가지로 나누어 볼 수 있다. 첫째, 중 · 고등학생을 대상으로 하는 현재 문화교육의 실태를 다각도로 확인하고 이에 대한 학습자들의 요구를 수집하는 것이다. 둘째, 청소년들의 '다문화 수용성'에 영향을 미치는 요인들을 '문화교육'을 중심으로 다양한 맥락들 속에서 파악하는 것이다. 이를 위해 성별, 다문화 구성원 접촉 유무, 다문화 구성원 관련 매체 경험 유무, 학교 급별, '외국 이주민'과 관련된 문화교육 경험 등을 독립변인으로 설정하여 정보를 수집하고, 이들 각각의 변인과 관련하여 종속변인으로 설정한 학생들의 '다문화 수용성'에 유의미한 차이가 드러나는지를 살펴보았다.

표본 추출 방식은 층화군집표집 방식(stratified cluster sampling)을 사용하였다. 이 표집 방식의 장점으로는 계층으로 분류된 하부집단의 특성을 파악할 수 있다는 점(층화표집), 시간과 경비를 절감할 수 있다는 점(군집표집)을 들 수 있다. 층화표집에 적용한 기준은 학교 급별과 '외국 이주민'과 관련된 문화교육 실시 여부이다. 본 연구에서 상정하는 문화교육의 대상이 제도교육 내의 다수자 학생이라는 점을 고려하여 보았을 때, 이 두 가지 변인은 앞서 제시한 여러 독립변인들 가운데에서도 특별히 중요하게 다루어야 할 필요가 있다. 제도교육 내에서도 이 연구는 중등교육의 학습자가 주된 대상이므로 중학교와 고등학교로 학교 급별의 층위를 나누었다. 다른 하나의 기준인 문화교육 실시 여부는 교육부에서 선정한 '글로벌 선도 학교'와 경기도교육청에서 선정한 '다문화 중점 학교'의 목록을 근거로 삼았다. 최근 그 적용 범위를 넓혀가고 있는 '글로벌 선도 학교' 및 '다문화 중점 학교' 제도는 다문화 인식 제고를 위한 교육 프로그램을 기획 · 운영하는 것을 목적으로 한다. 여기에 선정된 학교에서는 다문화교육과 관련하여, 지역사회 및 교육과정과 연계한 다양한 활동들이 이루어지고 있어 일반학교에 비해 상대적으로 문화교육 경험이 풍부한 학생들이 다수 존재할 것으로 판단하였다. 표집된 결과와 표본 수를 간략히 정리하면 표 12와 같다.

표 12 설문조사 표집 및 표본 수

구분	중학교	고등학교
문화교육 경험 (多)	시화 S중 (178)	파주 B고 (305)
문화교육 경험 (少)	수원 S중 (197)	인천 K고 (283)

군집표집의 단점으로 흔히 지적되는 표본추출 오류에 대해서는, 국민 및 청소년 다문화 수용성과 관련하여 전국 규모의 대단위로 이루어진 선행 연구의 분석 결과(안상수 외, 2012; 민무숙 외, 2012)를 참조하는 방식으로 보완하였다.

본 조사에서 종속변인으로 설정한 다문화 수용성은 2012년 여성가족부에서 실시한 「청소년 다문화 수용성 조사 연구」에서 개발된 '청소년 다문화 수용성 진단도구(KMCI-A)'를 활용하여 측정하였다. 이 측정도구는 3개 차원, 8개의 하위 영역별로 이루어졌으며, 전국 17개 특 · 광역시도별 중학교와 고등학교 남녀 학생 총 2,500여 명을 대상으로 이루어진 대단위 조사에서 그 신뢰도와 타당성을 인정받은 도구이다(민무숙 외, 2012). 본 연구에서는 총 34개의 문항 중, 사전 검토 및 예비 조사 등을 통해 조사 대상인 청소년들에게 적절하지 않은 것으로 평가되었던 두 개의 문항[9]을 삭제하고 남은 32개의 문항으로 다문화 수용성을 측정하였다. 전체적인 구성은 그대로 두고, 일부 문항을 삭제하였기 때문에 설문문항의 내적 합치도 및 신뢰도는 여전히 유효하였다. 해당하는 하위 척도의 전후 내적 합치도 수치를 제시하면 표 13과 같다.

표 13 수정 후 하위척도별 내적 합치도(Cronbach α)

	본조사	선행 연구
다문화 수용성(전체)	.93	.92
고정관념 차별	.80	.77
거부 · 회피 정서	.87	.90

동일한 대상에서 추출된 데이터가 아니라는 점에서 선행 연구의 수치는 단순한 참고자료 이상의 의미를 가질 수 없겠지만, 수정된 측정도구

9) 해당 문항은 "국제결혼을 한 사람들은 한국인끼리 결혼한 사람보다 더 심각한 가정 문제를 겪을 것이다"와 "외국인 노동자가 많이 사는 지역에 가야 한다면, 두려운 생각이 클 것이다"이다.

역시 매우 높은 수준의 신뢰도 수준을 보여 준다는 점을 확인할 수 있다. 신뢰도 검사는 SPSS 23.0을 이용하였으며, 이하 모든 통계분석도 동일한 프로그램을 이용하였다.

다문화 수용성 척도는 리커트 5점 척도(전혀 그렇지 않다-1, 그렇지 않다-2, 보통이다-3, 그렇다-4, 매우 그렇다-5)로 구성되었으며, 다문화 수용성은 각 문항에 대한 평균값에 가중치를 곱한 값으로 계산되었다. 계산 과정에서 일부 문항은 역코딩(역부호화)하였다.[10]

다문화 수용성 척도를 포함한 전체 설문지는 구체적으로 4개의 범주, 26개의 문항으로 구성되었다. 첫 번째 범주는 학습자들의 타문화 배경 구성원 인식 수준을 알아보는 것이었고, 두 번째 범주는 학습자들의 다문화 수용성을 측정하는 것이었으며, 세 번째 범주는 학습자들이 경험한 문화 교육의 실태 및 만족도 그리고 요구를 확인하는 것이었다. 네 번째 범주에는 지역, 학년, 성별 등 인구사회학적 요인과 관련된 문항들을 배치하였다. 전체 설문지의 구조와 문항에 대한 구체적인 정보를 표로 제시하면 다음과 같다.

---

10) 역코딩 대상 문항은 문화 개방성 범주의 4번 문항과 국민 정체성, 고정관념 및 차별, 일방적 동화 기대, 거부 · 회피 정서, 이중적 평가 범주의 모든 문항으로, 총 6개 영역 21개 문항이다.

표 14 설문 문항의 구성과 내용

<table>
<tr><th colspan="2">분류</th><th colspan="2">문항</th></tr>
<tr><td rowspan="10">범주 1
학습자들의
타문화 배경 구성원
인식 수준</td><td>종합</td><td>빈도</td><td>1</td></tr>
<tr><td rowspan="2">일상생활</td><td>빈도</td><td>2</td></tr>
<tr><td>관계</td><td>3</td></tr>
<tr><td rowspan="4">매체</td><td>유무</td><td>4</td></tr>
<tr><td>빈도</td><td>5</td></tr>
<tr><td>내용</td><td>6</td></tr>
<tr><td>내용</td><td>7</td></tr>
<tr><td rowspan="3">타문화</td><td>거리감</td><td>8</td></tr>
<tr><td>관심</td><td>9</td></tr>
<tr><td>태도</td><td>10</td></tr>
<tr><td rowspan="3">범주 2
다문화 수용성</td><td>다양성</td><td>문화 개방성
국민 정체성
고정관념 · 차별</td><td rowspan="3">11
(32개 하위문항)</td></tr>
<tr><td>관계성</td><td>일방적 동화 기대
거부 · 회피 정서
상호 교류 행동 의지</td></tr>
<tr><td>보편성</td><td>이중적 평가
세계시민 행동 의지</td></tr>
<tr><td rowspan="11">범주 3
문화교육 실태, 만족도
및 요구</td><td rowspan="8">문화교육
경험</td><td>유무</td><td>12</td></tr>
<tr><td>교육 장소 및 주체</td><td>13</td></tr>
<tr><td>빈도</td><td>14</td></tr>
<tr><td>교육 내용</td><td>15</td></tr>
<tr><td>만족도</td><td>16</td></tr>
<tr><td>교육 방법</td><td>17</td></tr>
<tr><td>만족도</td><td>18</td></tr>
<tr><td>문화교육 효능감</td><td>19</td></tr>
<tr><td rowspan="3">문화교육에
대한 요구</td><td>추가 수강 의사</td><td>20</td></tr>
<tr><td>불참 이유</td><td>21</td></tr>
<tr><td>교육 목표</td><td>22</td></tr>
<tr><td rowspan="4">범주 4
인구사회학적
요인</td><td rowspan="2">지역</td><td>거주 지역</td><td>23</td></tr>
<tr><td>학교 지역</td><td>24</td></tr>
<tr><td>학년</td><td>학년</td><td>25</td></tr>
<tr><td>성별</td><td>성별</td><td>26</td></tr>
</table>

이상의 설문 문항을 바탕으로 예비 조사를 실시하였다. 예비 조사의 목적은 학습자들이 설문 문항을 이해하는 데 어려움이 없는지를 단어 및 문장 차원에서 확인하고, 설문 과정 및 결과에 대한 현장 교사의 의견을 구하는 데 있었다. 예비 조사는 2015년 9월 14일-15일 양일간 수도권에 위치한 중 · 고등학교 각 1개 학급씩을 대상으로 실시하였다. 예비조사에서 학습자들에게는 설문 문항에 답변하는 과정에서 어렵게 느껴지거나 무슨 의미인지 알 수 없는 표현들이 있는지 검토해 줄 것을 요청하였다. 그리고 현장 교사에게는 설문조사 진행에 걸리는 총 소요 시간과 그 과정에서 발생하는 기술적인 문제들을 점검하고, 학습자들의 특성을 고려하였을 때 수정하거나 삭제해야 할 표현 또는 문항들이 없는지 검토를 의뢰하였다. 예비 조사의 결과는 사후 연구진의 회의를 거쳐 본조사 문항 제작에 반영되었다.

본조사는 앞서 표집한 학교들을 대상으로 중 · 고등학교의 중간고사가 끝난 직후인 10월 중순에서부터 11월 초까지 진행되었다. 계획상으로는 중학교에서 200명씩 2개 학교, 고등학교에서 300명씩 2개 학교로, 총 1,000개의 표본을 수집하려 하였으나, 개별 학교의 상황에 따라 다소 차이가 발생하여 최종 수집된 표본 수는 963개가 되었다(회수율 96.3%).[11]

11) 조사 결과 별 총 표본수가 963개에 못 미치는 경우는, 설문 결과 중 일부 문항에서 결측치가 발생하였기 때문이다.

2) 분석 결과

이 부분에서는 설문조사의 결과를 '문화교육' 실태 및 요구에 대한 분석과 '문화교육' 관련 변인들과 '다문화 수용성'의 관련성에 대한 분석으로 나누어 제시하였다. 통계량은 소수점 둘째 자리에서 반올림하여 제시하였다.

ㄱ) '문화교육' 실태 및 요구 분석

(ㄱ) 실태 및 만족도

㉠ 최근 1년간 문화교육 경험 유무 및 빈도

학생들의 문화교육 경험 유무를 파악하기 위해 최근 1년 동안(2014년 10월 1일부터 2015년 9월 30일 사이) 외국 이주민의 문화와 관련된 교육을 받은 적이 있는지를 설문하였다. 일부 결측치를 제외한 전체 및 하부 집단별 응답 결과를 표로 정리하면 다음과 같다.

표 15 최근 1년간 문화교육 경험 유무

구분	전체 (959)		수원 S중 (197)		시화 S중 (175)		인천 K고 (282)		파주 B고 (305)	
문화교육 경험 유무	있음	없음	있음	없음	있음	없음	있음	없음	있음	없음
표본 수	449	510	92	105	69	106	58	224	230	75
비율	47%	53%	47%	53%	39%	61%	21%	79%	75%	25%

학생들 중 최근 1년간 '외국 이주민'과 관련된 문화교육을 받은 경험이 있다고 응답한 학생은 총 449명으로 전체의 47%에 달한다. 단순히 수치

만을 놓고 본다면 학생들 가운데 절반가량이 문화교육 경험이 있는 것처럼 보인다. 그러나 하부집단별 세부 결과를 참고하여 본다면, 이 가운데 51%에 해당하는 230명이 '파주 B고'의 학생임을 알 수 있다. 반면 '파주 B고'의 결과를 제외한 다른 세 학교에서 '외국 이주민'과 관련된 문화교육 경험이 있다고 대답한 학생은 총 219명으로 그 비율은 33%에 불과하다. 다문화 사회로 빠르게 진입하는 한국 사회의 상황을 고려하여 볼 때, 이는 충분하다고 보기에 어려운 수치인 것으로 판단된다.

문화교육 경험이 있다고 대답한 학생들에 대하여, 문화교육 빈도와 관련된 설문을 추가로 실시하였다. 그 결과를 원형 그래프로 정리하면 다음과 같다.

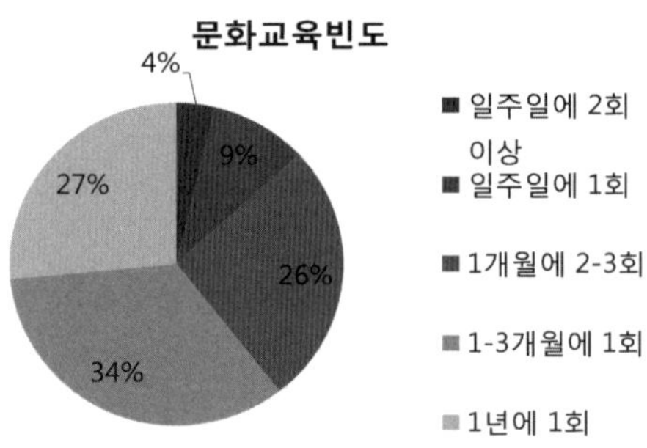

그래프로 확인되는 것은 학생들 가운데 약 60% 이상이 '외국 이주민'과 관련된 문화교육을 분기당 1회 내지는, 1년에 1회 정도만 경험하고 있다는 사실이다. 반면 주당 1회 이상 문화교육을 받고 있다고 응답한 비율은 전체의 13.1%에 불과하다. 이는 현재 시행되는 문화교육 가운데 대부분이 일회적 · 단기적으로 이루어진다는 점을 보여 주는 결과이다. 이러한 학습 빈도의 차이가 학생들에게 어떠한 영향을 미치는지는 이후 '문화교육' 관련 변인과 '다문화 수용성'의 관계를 논하는 부분에서 다시 언급하고자 한다.

㉡ '외국 이주민'과 관련된 문화교육의 내용 및 방법, 만족도

'외국 이주민'과 관련된 문화교육의 내용 중 가장 기억에 남는 것을 묻는 설문의 결과를 그래프로 정리한 것은 다음과 같다.

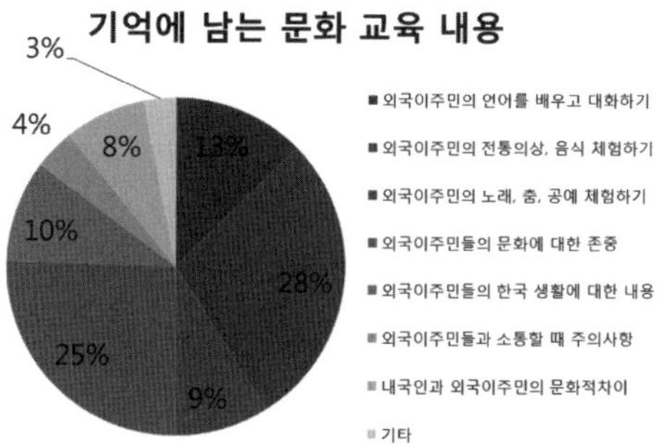

여기에서 다른 내용에 비해 월등히 높은 비중을 차지하는 것은 '외국 이주민의 전통의상, 음식 체험하기'와 '외국 이주민들의 문화에 대한 존중'이다. '외국 이주민의 전통의상, 음식 체험하기'는 일회적이고 단편적인 활동인 것으로 평가받을 수 있으나 학생들의 흥미와 관심을 불러일으킬 수 있다는 점, 학습자들이 직접 체험하는 활동이라는 점에서 교육적 가치를 가진다. '외국 이주민들의 문화에 대한 존중'은 포괄적인 진술의 형태를 띠지만 다문화교육과 관련하여 가장 중요한 비중을 차지하는 내용으로, 학습자들이 이 내용을 '가장 기억에 남는'다고 응답한 결과에 대

해서는 추가적인 검토가 이루어질 필요가 있다. 그러나 한편으로 이 결과들은 보다 조심스럽게 해석되어야 한다. 학습자들에게 '가장 기억에 남는 내용'이 곧 학습자들이 '가장 선호하는 내용'은 아니기 때문이다. 또 학습자들이 '가장 선호하는 내용'이라 해서 그것이 곧 교육적 가치를 가지는 것 역시 아니다.

'외국 이주민'과 관련된 문화교육의 방법 중 가장 기억에 남는 것을 묻는 설문의 결과를 그래프로 정리한 것은 다음과 같다.

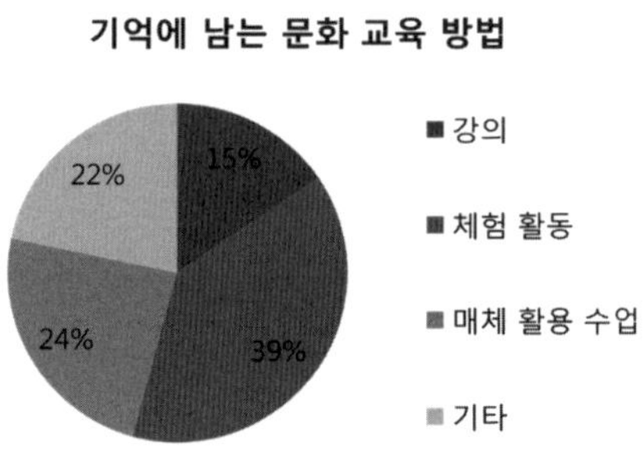

40%에 가까운 학생들이 기억에 남는 '문화교육'의 방법으로 체험 활동을 꼽았다. 김규훈 외(2014, p.331)에서는 협력적으로 체험 활동을 수행하는 힘이 다문화 사회에 적합한 국어 능력의 요소로서 "다양한 문화를 소통하고 그 조화를 꾀하기 위한 '상호문화적 소통의 발현'으로서, 실천적 차원의 요소임을 논한 바 있다. 이러한 논의 등에 근거하여 보았을 때, 체험 활동은 학습자들의 실질적인 문화 소통 능력을 향상시키기에 적합한 방법 가운데 하나일 수 있다. 그러나 교육 방법은 그 자체로 의미와 가치를 가지기보다는 교육 목표 및 내용과의 관계 속에서 평가될 필요가 있는

점 또한 고려하여 보아야 한다.

교육 내용 및 방법의 만족도와 교육 효능감을 묻는 설문에서는 대체로 긍정적인 응답 결과가 확인되었다. 먼저 내용 및 방법의 만족도에 대한 응답을 표로 정리하면 다음과 같다.

표 16 교육 내용 · 방법 만족도

설문 내용	평균	100점 환산 점수	표준편차	부정적 응답 비율	긍정적 응답 비율
교육 내용 흥미	3.6	65	0.9	8.3%	53%
교육 내용 유익	3.5	62.5	0.9	7.7%	48.9%
교육 방법 흥미	3.6	65	0.9	7.3%	51.3%
교육 방법 효과	3.4	60	0.9	9.7%	40.6%

교육 내용의 흥미와 유익, 교육 방법의 흥미와 효과를 묻는 질문에 대한 응답의 평균은 약 3.5점(100점 환산 62.5점) 안팎에서 형성되었다. 이는 상대적으로 교육 내용 및 방법의 만족도에 긍정적인 응답이 많았음을 보여 주는 결과이다. 실제로 각 항목에 부정적인 응답 비율은 7.3~9.7% 사이에 머물렀던 반면, 긍정적 응답 비율은 40.6~53%에 이르는 등 큰 차이를 보였다. 이 결과에서 상대적으로 교육적 가치(유익, 효과) 차원의 만족도에 비해 흥미 차원의 만족도가 더 높게 나타난 점은 확인해 둘 필요가 있다.

문화교육 이후 학생들에게 형성된 교육 효능감에 대해 묻는 설문 문항의 응답을 표로 정리하면 다음과 같다.

표 17 교육 효능감

설문 내용	평균	100점 환산 점수	표준편차	부정적 응답 비율	긍정적 응답 비율
외국 이주민 문화 이해	3.7	67.5	0.7	4.4%	60.6%
외국 이주민 어려움 이해	3.7	67.5	0.7	2.6%	66.9%
외국 이주민 문화 존중	3.8	70.0	0.7	3.1%	68.5%
거부감 · 차별 감소	3.7	67.5	0.7	3.3%	61.5%
일방적 동화 기대 감소	3.7	67.5	0.8	3.1%	63.4%

문화교육 이후 형성된 생각이나 느낌을 묻는 설문의 응답은 평균 3.7점(100점 환산 67.5점) 안팎에서 형성되었다. 이 역시 상대적으로 교육효능감에 긍정적인 응답이 많았음을 보여 주는 결과이다. 이 다섯 가지 문항에 부정적인 응답 비율은 2.6~4.4% 사이에 머물렀던 반면 긍정적인 응답 비율은 60.6~68.5%까지 이르는 등 큰 차이를 보였다. 가장 높은 효능감을 보였던 문항은 "외국 이주민의 문화를 존중하는 마음이 생겼다"였으며, 가장 낮은 효능감을 보였던 문항은 "외국 이주민의 문화를 보다 잘 이해하게 되었다"였다. 각 문항 간의 평균 차이는 크지 않았다.

(ㄴ) 요구

학생들은 향후 외국 이주민의 문화와 관련된 교육을 받을 수 있는 기회가 있다면 참여할 의사가 있는지를 묻는 문항에도 매우 긍정적인 의견을 보였다.

향후 참여 의사

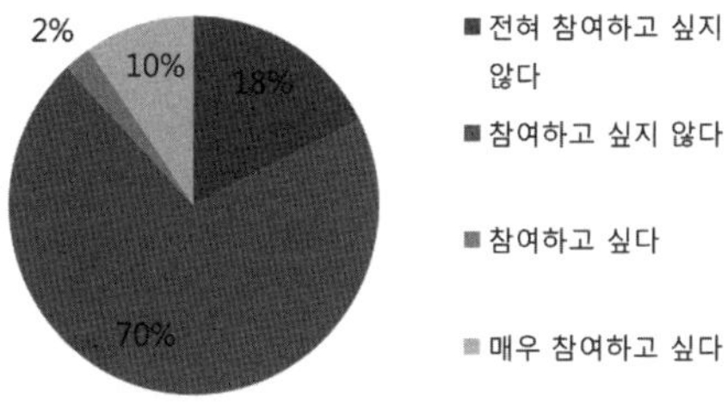

이는 앞서 학생들이 응답한 외국 이주민의 문화와 관련된 교육의 만족도 및 교육 효능감이 비교적 높은 수준에서 형성된 것과 무관하지 않게 보인다. 참여하고 싶지 않다는 의견에 대해 그 이유를 밝혀 달라는 문항에 응답한 학생들은 총 92명이었다. 이 의견들을 유사한 내용으로 범주화하여 각각의 빈도수를 그래프로 정리하면 다음과 같다.

참여하고 싶지 않은 이유

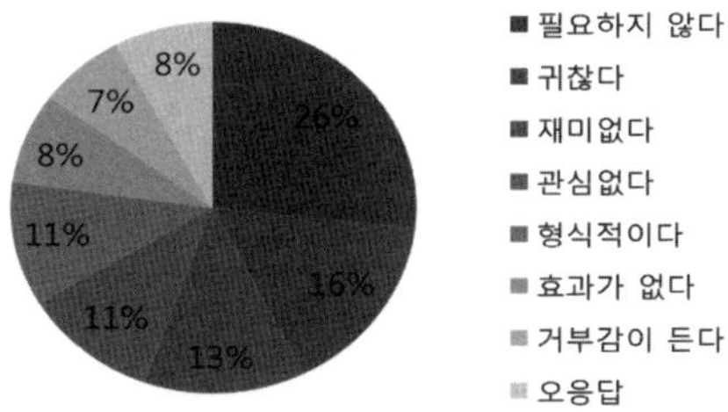

이들 범주는 엄밀하게 구획된 것은 아니다. 예컨대 '효과가 없다'고 생각하기 때문에 '필요하지 않다'고 생각하는 학생들이 있을 수 있고, 문화교육이 '형식적'이기 때문에 '효과가 없다'고 생각하는 학생들이 있을 수

있기 때문이다. 그러나 이 자료들을 종합하여 생각해 본다면, 학생들의 불만은 크게 두 가지 측면에서 해소할 필요가 있는 것으로 보인다. 하나는 '관심이 없다', '귀찮다', '필요하지 않다'라고 응답한 학생들에 초점을 맞추어 외국 이주민의 문화와 관련된 문화교육의 필요성을 설득하는 것이다. 또 다른 하나는 '재미없다', '형식적이다', '효과가 없다'라고 응답한 학생들에 초점을 맞추어, 문화교육의 내용과 방법을 재구성하는 것이다.

이와는 별도로, '다문화 사회가 되는 것이 싫기 때문에', '다문화에 대해 우호적이지 않다', '외국 이주민에 관해 부정적인 생각을 갖고 있기 때문이다' 등 다문화 사회 및 외국 이주민에 대해 거부감을 근거로 문화교육에 참여하고 싶지 않다고 응답한 경우는 비록 그 수는 많지 않지만(6명) 이 연구의 주제와 관련하여 보다 중요하게 다룰 필요가 있어 보인다. 이 밖에 '간접적으로라도 그들의 기분을 느끼고 배려하고 싶다'라고 응답하는 등, 설문 문항의 취지를 오해한 것으로 보이는 응답도 소수(7명) 존재하였다.

마지막으로 다문화 사회에서 필요한 문화교육의 목표를 몇 가지 범주로 나누어 묻는 항목에 대한 학생들의 응답을 표로 정리하면 다음과 같다.

문화교육과 관련된 각각의 목표에 대해 자신이 중요하다고 생각하는

표 18 문화교육의 목표

설문 내용	평균	100점 환산 점수	표준편차	부정적 응답 비율	긍정적 응답 비율
지식	3.7	67.5	0.7	2.6%	64.2%
태도	3.9	72.5	0.7	0.4%	70.1%
기능	3.9	72.5	0.8	1.9%	71.5%
세계시민	3.9	72.5	0.8	1.8%	67.0%

정도를 표시해 달라는 문항들의 응답은 대체로 높은 수준(평균 3.7~3.9점)으로 나타났다. 이 결과에 따르면 학생들은 문화교육의 목표로 진술된 네 가지 항목에 대체로 그 중요성을 인정하는 것으로 판단된다. 다만 다른 세 개의 항목에 비해 '서로 다른 문화적 배경을 가진 사람들의 생각이나 행동을 보다 잘 이해하고 싶다'라는 지식 차원의 목표 진술에 상대적으로 낮은 수준의 결과를 보였다는 점에서는 이후 심층 면담 및 자문을 통해 그 의미를 확인해 볼 필요가 있다.

ㄴ) '문화교육' 관련 변인들과 '다문화 수용성'의 관련성 분석

이 부분에서는 '문화교육' 관련 변인들과 '다문화 수용성'의 관련성을 살펴보고자 한다. 이 연구에서는 '문화교육'과 관련하여 '다문화 수용성'에 영향을 미칠 수 있는 변인으로 성별, 다문화 사회 구성원 접촉 빈도, 다문화 사회 구성원 관련 매체 경험 유무, 학교 급별, 문화교육 유무 등에 주목하였다. 이 가운데 '학교 급별' 및 '문화교육 유무'는 앞서 언급했던 것처럼 본 연구의 주제와 밀접하게 관련되므로 다른 변인들보다 면밀히 분석할 필요가 있다.

여기서 종속변인으로 설정한 '다문화 수용성'의 수치는 민무숙 외(2012)에서 제시한 '청소년 다문화 수용성지수(KMAI-A)' 산출 공식을 활용하여 측정하였다. '청소년 다문화 수용성지수'는 다문화 수용성을 구성하는 하위 영역들의 평균에 구조방정식 측정모형을 통한 가중치를 부여하여 계산되는 것으로 0~100점 사이의 수치로 환산된다. 그 산출 방식을 확인하면 표 19와 같다.

표 19 다문화 수용성지수 산출 공식

$$\text{청소년 다문화 수용성지수(KMAI-A)} = \frac{\sum_{j=1}^{8} w_j \overline{X_j} - \sum_{j=1}^{8} w_j}{(r-1) \times \sum_{j=1}^{8} w_j} \times 100$$

위 공식에서 $\overline{X_j}$는 어떤 개인 또는 집단의 측정변수 X_j의 평균값이고, r은 측정변수의 리커트 척도의 범위로서, 본 연구에서 활용한 진단도구에서는 5점 척도를 활용하였으므로 r값은 5가 된다. w_j는 측정변수 j의 비율로 환산된 가중치이며, 각각의 가중치의 총합은 100이다.

리커트 척도로 측정한 결과를 그대로 제시하지 않고, 위 산출 공식에 따라 지수화하여 제시하는 것은 결과를 직관적으로 이해하기 쉬우며, 다양한 조사의 결과를 상호 비교하는 데에도 효과적이라는 점에서 장점이 있다. 또 구조방정식 측정모형의 표준화 경로 계수를 근거로 설정된 가중치는 각각의 하위 영역이 청소년의 다문화 수용성을 설명하는 데 얼마만큼의 영향을 미치고 있는지를 확인할 수 있다.

각각의 독립변인에 따라 다문화 수용성에 유의미한 차이가 나타나는지를 확인하기 위해서 두 독립표본 t검정을 실시하였다. 각각의 검정에서 유의수준은 .05수준으로 설정하였으며 분석 프로그램은 SPSS 23.0을 사용하였다. 다음은 그 결과를 독립변인별로 정리하여 제시하였다.

(ㄱ) 성별, 다문화 구성원 접촉 유무, 매체 경험 유무

㉠ 성별에 따른 다문화 수용성 차이

다음은 성별에 따른 다문화 수용성지수 및 하위 구성 요소별 지수를 비교한 결과이다. 성별에 따른 평균 및 표준편차, 그리고 t값을 표로 나타내면 다음과 같다.

표 20 성별에 따른 다문화 수용성 차이

구분	성별					전체	
	남성(N=280)		여성(N=665)		t값		
	M	SD	M	SD		M	SD
다문화 수용성	62.6	13.2	65.9	12.9	−3.520***	64.9	13.1
문화 개방성	54.2	19.0	56.4	17.3	−1.695	55.8	17.8
국민 정체성	62.6	19.6	63.4	18.1	−.633	63.1	18.6
고정관념 및 차별	64.4	17.9	68.6	17.4	−3.358***	67.3	17.6
일방적 동화 기대	58.9	17.9	63.5	16.4	−3.878***	62.1	17.0
거부 · 회피 정서	70.8	20.1	70.4	19.6	−.278	70.5	19.8
상호 교류 행동 의지	67.7	18.5	73.0	17.5	−4.210***	71.3	18.0
이중적 평가	56.5	18.9	62.3	18.2	−4.460***	60.5	18.5
세계시민 행동 의지	60.4	17.8	65.0	16.2	−4.635***	63.7	16.8

***p<.001, **p<.01, *p<.05

조사 결과에서 남학생의 다문화 수용성지수는 평균이 62.6, 표준편차가 13.2였으며, 여학생의 다문화 수용성지수는 평균 65.9, 표준편차 12.9로 나타났다. 성별을 독립변인으로 하는 두 독립표본 t검정 결과 t값은

-3.520(등분산을 가정함), 유의확률은 .000으로 유의수준 .05에 크게 못 미쳐 양 집단 간에 통계적으로 유의미한 차이가 있다는 해석이 가능하다.

하위 영역별 결과를 살펴보면 대체로 유의확률이 .000으로 확인된 데 비해, 문화 개방성, 국민 정체성, 거부 · 회피 정서의 3개 영역과 관련하여서는 성별 집단 간의 유의한 차이가 확인되지 않아 추가 검토가 필요하다. 그런데 이러한 현상은 전국 단위 대규모 조사를 실시한 선행연구에서도 동일하게 나타난 것으로, 연구진들은 이를 "낯선 문화, 인종, 종교적 배경을 가진 사람과의 교류 상황에서 안전에 대한 관심과 두려움 등 정서적 요인(민무숙 외, 2012, pp.82-83)"이 남학생들보다 여학생들에게 더 크게 작용한 결과로 해석하였다. 본 연구의 관심은 문화교육 실시 여부에 초점화되었기 때문에 성별 집단 간 다문화 수용성 차이의 원인을 이보다 더 깊이 있게 분석하기는 어렵겠지만, 본 연구에서 표집한 학생들 역시 대단위 조사에서 밝혀낸 모집단의 이러한 경향을 공유하고 있다는 점은 간단히 언급해 둘 만하다.

㉡ 외국 이주민 접촉 빈도에 따른 다문화 수용성 차이

다음은 외국 이주민 접촉 빈도에 따른 다문화 수용성지수 및 하위 구성요소별 지수를 비교한 결과이다. 외국 이주민 접촉 빈도에 따른 각 지수들의 평균 및 표준편차, 그리고 t값을 표로 나타내면 표 21과 같다.

분석 결과, 일상생활에서 '외국 이주민'과 자주 만난다고 응답한 학생들이 그렇지 않다고 응답한 학생들에 비해, 다문화 수용성지수의 평균이 약 1점 정도 높게 나타난 것이 확인되었다. 그러나 이에 대한 두 독립표본 t검정 결과에 따르면, t값은 1.150(등분산을 가정함), 유의확률은 .250

표 21 외국 이주민 접촉 빈도에 따른 다문화 수용성 차이

구분	접촉 빈도					전체	
	자주 만남 (N=412)		자주 만나지 않음 (N=474)		t값		
	M	SD	M	SD		M	SD
다문화 수용성	65.5	13.4	64.5	12.7	1.150	64.9	13.1
문화 개방성	56.4	18.0	55.5	17.6	.711	55.8	17.8
국민 정체성	63.7	19.3	62.7	18.0	.784	63.1	18.6
고정관념 및 차별	68.1	18.0	66.8	17.4	1.057	67.3	17.6
일방적 동화 기대	61.5	17.6	62.9	16.6	−1.232	62.1	17.0
거부 · 회피 정서	71.3	21	70.2	18.7	.832	70.5	19.8
상호 교류 행동 의지	72.6	18.8	70.9	17.3	1.396	71.3	18.0
이중적 평가	60.5	19.5	60.6	17.7	−.051	60.5	18.5
세계시민 행동 의지	65.8	17.5	62.3	15.6	3.048**	63.7	16.8

***p<.001, **p<.01, *p<.05

으로 유의수준 .05 수준에서 두 집단 간에 차이가 없는 것으로 확인되었다. '외국 이주민'을 자주 접하면 접할수록 다문화 수용성이 높은 수준으로 형성될 것이라는 가설은 실제 조사 결과를 검토해 보았을 때 채택하기 어려운 것으로 확인된 것이다. 하위 영역별 결과에서도 통계적으로 유의한 차이를 보이는 것은 '세계시민 행동 의지'의 영역이 유일하며 나머지 하위 영역의 지수들은 집단 간의 차이가 없는 것으로 확인되었다. 좀 더 면밀한 검토를 위해 극단적으로 집단을 나누어 최근 1년간 '외국 이주민'을 목격한 경험이 전혀 없다고 응답한 집단과 비교해 보아도, 다문화 수용성지수와 관련하여 유의한 차이는 확인되지 않았다(t값: -1.117, 유의

확률: .264). 이는 학생들이 '외국 이주민'과의 직접적인 접촉 빈도가 늘어나도 그 자체만으로 다문화 수용성의 차이가 발생하는 것은 아님을 방증한다.

ⓒ 외국 이주민 관련 매체 경험 유무에 따른 다문화 수용성 차이

다음은 외국 이주민 관련 매체 경험 유무에 따른 다문화 수용성지수 및 하위 구성요소별 지수를 비교한 결과이다. 외국 이주민 관련 매체 경험 유무에 따른 각 지수들의 평균 및 표준편차, 그리고 t값을 표로 나타내면 표 22와 같다.

표 22 매체 경험에 따른 다문화 수용성 차이

구분	매체 경험					전체	
	매체 경험 있음 (N=471)		매체 경험 없음 (N=454)		t값		
	M	SD	M	SD		M	SD
다문화 수용성	66.5	13.8	63.5	12.2	3.476**	64.9	13.1
문화 개방성	56.7	18.7	55.0	16.9	1.503	55.8	17.8
국민 정체성	64.5	19.0	62.1	18.1	2.003*	63.1	18.6
고정관념 및 차별	69.1	18.2	66.0	17.0	2.684**	67.3	17.6
일방적 동화 기대	64.0	17.2	61.0	16.6	2.708**	62.1	17.0
거부 · 회피 정서	71.2	20.8	70.2	18.9	.788	70.5	19.8
상호 교류 행동 의지	73.9	18.1	68.9	17.7	4.257***	71.3	18.0
이중적 평가	62.1	19.8	59.5	17.0	2.099*	60.5	18.5
세계시민 행동 의지	66.7	17.2	60.6	15.8	5.586***	63.7	16.8

***$p<.001$, **$p<.01$, *$p<.05$

분석 결과, 매체 경험 유무는 다문화 수용성지수에 유의미한 차이를 만들어 내는 것으로 나타났다. 매체 경험이 있다고 응답한 학생들의 평균은 66.5, 표준편차는 13.8이었으며 매체 경험이 없다고 응답한 학생들의 평균은 63.5, 표준편차는 12.2였다. 이를 토대로 도출한 t값은 3.476(등분산을 가정하지 않음)이고, 이때의 유의확률은 .001이므로 유의수준 .05 수준에서 차이가 있다고 보기에 충분하다.

하위 영역은 대체로 유의한 차이를 보였는데, 그 수준은 각기 달랐다. 가장 많은 차이를 보이는 것은 상호 교류 행동 의지와 세계시민 행동 의지였으며, 고정관념 및 차별, 일방적 동화 기대가 그 뒤를 따랐다. 국민 정체성 및 이중적 평가는 비교적 낮은 수준의 차이를 보였으며, 문화 개방성 및 거부 · 회피 정서는 유의한 차이를 보이지 않았다.

학습자들이 매체에서 '외국 이주민'과 관련된 내용을 자주 접한다고 보기는 어려웠다. 1주일에 2회 이상 또는 1주일에 1회 정도 본다고 응답한 학습자는 매체 경험이 있다고 응답한 학습자 중 55.5% 정도로 절반 이상이었다. 그러나 전체 학습자의 범주에서 생각해 보았을 때, 이 수치는 약 20%를 조금 넘는 수준에 불과하다. 관련하여 조사 결과에 포함되지 못한 절반 정도의 학습자들은 매체에서 외국 이주민과 관련된 내용을 전혀 보지 못했다고 응답한 점을 염두에 둘 필요가 있다.[12)]

12) 이는 실제로 매체에서 외국 이주민과 관련된 내용이 충분히 다루어지지 않기 때문일 수도 있으며, 또 한편으로 학습자들이 매체에서 다루어지는 외국 이주민과 관련된 내용을 충분히 인식하지 못하고 있기 때문일 수도 있다. 그 원인을 분명하게 밝히기 위해서는 학습자와의 심층 면담 등의 조사가 이어져야 할 것이다.

(ㄴ) 학교 급별에 따른 다문화 수용성 차이

다음은 학교 급별에 따른 다문화 수용성지수 및 하위 구성요소별 지수를 비교한 결과이다. 학교 급별에 따른 각 지수들의 평균 및 표준편차, 그리고 t값을 표로 나타내면 다음과 같다.

표 23 학교 급별에 따른 다문화 수용성 차이

구분	학교 급별					전체	
	중학교 (N=375)		고등학교 (N=588)		t값		
	M	SD	M	SD		M	SD
다문화 수용성	63.1	12.8	66.0	13.1	−3.374**	64.9	13.1
문화 개방성	56.1	18.2	55.6	17.5	.446	55.8	17.8
국민 정체성	64.2	18.4	62.56	18.7	1.359	63.1	18.6
고정관념 및 차별	65.8	18.2	68.3	17.2	−2.131*	67.3	17.6
일방적 동화 기대	60.9	17.5	62.9	16.7	−1.756	62.1	17.0
거부 · 회피 정서	66.8	19.7	72.9	19.5	−4.744***	70.5	19.8
상호 교류 행동 의지	68.0	18.2	73.4	17.6	−4.577***	71.3	18.0
이중적 평가	57.6	17.5	62.4	18.9	−4.003***	60.5	18.5
세계시민 행동 의지	61.3	16.9	65.2	16.6	−3.540***	63.7	16.8

***p<.001, **p<.01, *p<.05

분석 결과, 표집된 중학교와 고등학교 사이의 다문화 수용성지수는 유의미한 차이를 보였다. 중학교 학습자들의 평균은 63.1, 표준편차는 12.8이었으며 고등학교 학습자들의 평균은 66.0, 표준편차는 13.1이었다. 이를 토대로 두 독립표본 t검정을 수행한 결과 t값은 −3.374(등분산을 가정

함)이고, 이때의 유의확률은 .001으로 유의수준 .05수준에서 차이가 있다고 판단하기에 충분하다.

하위 영역 역시 큰 차이를 보이는 영역이 많았다. 가장 큰 차이를 보인 것은 거부 · 회피 정서 영역이었으며 상호 교류 행동 의지, 이중적 평가, 세계시민 행동 의지, 고정관념 및 차별 영역의 순으로 유의한 차이가 확인되었다. 그러나 일방적 동화 기대는 유의한 차이를 보이지 않았으며, 문화 개방성 및 국민 정체성은 고등학교 학습자에게서 더 낮게 나타나는 결과를 보여 주기도 하였다. 요컨대 학교 급간이 올라갈수록 다문화 구성원에 대한 거부감 및 고정관념 등은 감소하는 경향을 보였지만, 주류 집단으로서의 국민 정체성과 관련된 변인들은 오히려 강화되는 것이 확인되었다.

(ㄷ) 문화교육 경험 유무

다음은 문화교육 경험 유무에 따른 다문화 수용성지수 및 하위 구성요소별 지수를 비교한 결과이다. 문화교육 경험 유무에 따른 각 지수들의 평균 및 표준편차, 그리고 t값을 표로 나타내면 표 24와 같다.

분석 결과, 문화교육 경험 유무는 다문화 수용성지수에 따라 유의한 차이를 만들어 내는 것으로 보이나 그 정도는 크지 않았다. 다문화 수용성지수의 평균은 문화교육 경험이 있다고 응답한 집단이 65.8, 문화교육 경험이 없다고 응답한 집단이 64.1로 약 1.7 정도의 차이를 보였으며 t값은 1.971, 유의확률은 .049(등분산을 가정함)으로 유의수준 .05로 나뉘는 경계에 가까운 결과를 보여 주었다. 하위 영역별 결과에서도 세계 시민

표 24 문화교육 경험 유무에 따른 다문화 수용성 차이

구분	문화교육 경험 유무					전체	
	있음 (N=375)		없음 (N=588)		t값		
	M	SD	M	SD		M	SD
다문화 수용성	65.8	13.6	64.1	12.5	1.971*	64.9	13.1
문화 개방성	57.0	18.3	54.9	17.2	1.834	55.8	17.8
국민 정체성	63.8	19.4	56.6	17.8	1.006	63.1	18.6
고정관념 및 차별	68.3	17.8	66.6	17.4	1.500	67.3	17.6
일방적 동화 기대	62.8	17.6	61.6	16.5	1.016	62.1	17.0
거부 · 회피 정서	71.9	20.5	69.4	19.0	1.932	70.5	19.8
상호 교류 행동 의지	72.4	17.9	70.4	18.0	1.668	71.3	18.0
이중적 평가	61.0	18.4	60.2	18.7	.674	60.5	18.5
세계시민 행동 의지	65.3	17.1	62.2	16.5	2.827**	63.7	16.8

***p<.001, **p<.01, *p<.05

행동 의지를 제외한 나머지 영역에서는 유의한 차이가 드러나지 않았다. 이 결과만 놓고 본다면 '문화교육 경험이 다문화 수용성을 높일 것'이라는 가설은 매우 허약한 토대 위에 놓인 것이다.

이 점을 좀 더 면밀히 확인하기 위해, 표집 대상을 일반 학교 집단과 다문화 중점 학교 집단으로 나누어 문화교육 경험 유무와 그에 따른 다문화 수용성지수를 다시 살펴보았다. 그 결과를 표로 정리하면 표 25와 같다.

표집한 대상 중, 결측치를 제외한 일반 학교 집단의 표본 수는 479명, 다문화 중점 학교 집단의 표본 수는 480명으로 거의 비슷하였으나, 문화교육 경험이 있다고 응답한 수와 그 비율은 크게 달랐다. 일반 학교 집단

표 25 문화교육 경험 유무에 따른 다문화 수용성(일반 학교)

구분	문화교육 경험 유무 – 일반학교 (수원 S중, 인천 K고)					전체	
	있음 (N=150)		없음 (N=329)		t값		
	M	SD	M	SD		M	SD
다문화 수용성	66.0	15.3	66.2	12.7	−.153	64.9	13.1
문화 개방성	58.6	19.2	56.0	17.3	1.467	55.8	17.8
국민 정체성	65.9	19.7	64.0	17.9	1.064	63.1	18.6
고정관념 및 차별	68.5	18.1	68.9	17.0	−.213	67.3	17.6
일방적 동화 기대	63.5	18.2	63.7	16.0	−.093	62.1	17.0
거부 · 회피 정서	68.6	23.0	71.6	19.1	−1.380	70.5	19.8
상호 교류 행동 의지	72.8	19.2	74.0	17.3	−.683	71.3	18.0
이중적 평가	60.9	18.5	62.7	19.2	−.945	60.5	18.5
세계시민 행동 의지	66.8	18.4	64.2	16.3	1.568	63.7	16.8

***p〈.001, **p〈.01, *p〈.05

에서는 약 31%의 학생만이 문화교육 경험이 있다고 응답한 데 비해 다문화 중점 학교 집단에서는 약 62%의 학생이 문화교육 경험이 있다고 응답하여 거의 두 배 정도의 차이를 보였다. 이는 다문화 중점 학교라는 제도가 어느 정도의 실효성을 가진 점을 보여 주는 증거가 될 수 있다.

이들 집단 각각에서 문화교육 경험 유무가 다문화 수용성 및 하위 영역 지수에 미치는 결과를 분석하였다. 먼저 일반 학교 집단에서 문화교육 경험 유무는 다문화 수용성 및 하위 영역 전체에서 유의한 차이를 만들어 내지 못하는 것으로 확인되었다(유의확률 .870). 반면에 다문화 중점 학

표 26 문화교육 경험 유무에 따른 다문화 수용성(다문화 중점 학교)

구분	문화교육 경험 유무 다문화 중점 학교 - 시화 S중, 파주 B고					전체	
	있음 (N=299)		없음 (N=181)		t값		
	M	SD	M	SD		M	SD
다문화 수용성	65.7	12.7	60.3	11.1	4.711***	64.9	13.1
문화 개방성	56.2	17.8	52.9	16.9	2.021*	55.8	17.8
국민 정체성	62.8	19.3	60.2	17.3	1.547	63.1	18.6
고정관념 및 차별	68.2	17.7	62.4	17.4	3.474**	67.3	17.6
일방적 동화 기대	62.4	17.3	57.9	16.7	2.780**	62.1	17.0
거부 · 회피 정서	73.6	19.0	65.6	18.3	4.525***	70.5	19.8
상호 교류 행동 의지	72.1	17.3	64.0	17.6	4.976***	71.3	18.0
이중적 평가	64.1	18.3	55.6	16.9	3.215**	60.5	18.5
세계시민 행동 의지	64.5	16.4	58.6	16.2	3.838***	63.7	16.8

***p<.001, **p<.01, *p<.05

교로 선정된 학교에서 문화교육 경험 유무는 다문화 수용성지수는 물론 '국민 정체성'을 제외한 모든 하위 영역에서 매우 높은 수준으로 유의한 차이를 만들어 내는 것으로 확인되었다. 요컨대 일반 학교 집단과는 달리, 다문화 중점 학교 집단에서의 문화교육은 학습자들의 다문화 수용성에 유의한 차이를 만들어 낸다는 결론이 가능해진다.

이러한 차이가 만들어진 데에는 다양한 원인이 작용하였겠으나, 본 연구에서는 그 가운데에서도 특히 문화교육의 빈도에 주목하였다. 일반 학교 집단과 다문화 중점 학교 집단의 문화교육 빈도를 표로 정리하면 표 27과 같다.

표 27 일반 학교 집단 및 다문화 중점 학교 집단의 문화교육 빈도

구분	일반 학교 집단		다문화 중점 학교 집단	
	빈도	비율(%)	빈도	비율(%)
일주일에 2회 이상	7	4.6	10	3.3
일주일에 1회 정도	8	5.2	35	11.5
1개월에 2-3회 정도	18	11.8	102	33.6
1-3개월에 1회 정도	55	35.9	101	33.2
1년에 1회 정도	65	42.5	56	18.4
계	153	100	304	100

표에서는 문화교육 경험 유무만을 묻는 문항에서는 드러나지 않는 양 집단의 차이가 확인된다. 일반 학교 집단에서는 거의 과반수에 가까운 학생들이 1년에 1회 정도만 문화교육을 경험하고 있다고 응답하였다. 반면 다문화 중점 학교 집단에서는 1개월에 2-3회 정도의 문화교육을 경험한다고 응답한 학생들이 가장 많았다. 이 두 집단에서 두 번째로 빈도수가 많았던 1-3개월에 1회 정도라고 응답한 학생들의 비율이 거의 유사하다는 점(일반 학교 집단: 35.9%, 다문화 중점 학교 집단: 33.6%)을 고려한다면, 두 집단의 차이는 결과적으로 1개월에 2-3회 정도 꾸준히 문화교육을 받아온 학생들과 1년에 1회 정도 문화교육을 받아 온 학생들의 차이에서 기인하는 것이라고 볼 수 있다.

이상의 내용에 근거하여 보았을 때, 중등교육의 학습자들을 대상으로 하는 문화교육은 학습자들의 다문화 수용성에 어느 정도 유의한 차이를 만들어 내는 것으로 보인다. 다만 그 차이가 발현되기 위해서는 문화교육

이 단지 1회적인 활동이나 프로그램의 형태에 그치는 것이 아니라, 학습자들에게 효과를 나타내기에 충분한 빈도를 충족하는 정기적이고 지속적인 활동 또는 프로그램의 형태로 이루어져야 한다는 점을 확인해 둘 필요가 있다.

3. 전문가 대상 실태 및 요구 조사

1) 조사 개요

학습자 설문조사와 더불어 국내 조사의 일환으로 전문가 아홉 명을 대상으로 다문화 시대 문화교육의 실태와 요구에 대한 의견을 수집하였다. 조사는 2016년 3월부터 약 2개월간 서면 응답으로 실시하였으며, 전문가

표 28 전문가 요구 조사 참여자 정보

구분	전문가 정보
국어교육 전문가	전문가 A (국어교육학 박사) 전문가 B (한국교육과정평가원 연구위원) 전문가 C (대학교수, 국어교육학 박사)
한국어교육 전문가	전문가 D (대학교수, 한국어교육학 박사) 전문가 E (서울대 언어교육원 강사) 전문가 F (대학교수, 한국어교육학 박사)
교사	전문가 G (중학교 교사) 전문가 H (중학교(다문화 중점학교) 교사)
기관 실무자	전문가 I (다문화가정 자녀 위탁교육기관 교사)

구성은 표 28과 같다.

표 28에 정리한 전문가를 대상으로 다수자 대상 문화교육 커리큘럼의 필요성, 현재 다수자 대상 다문화교육이 지닌 문제점, 연구진이 구안한 다수자 대상 다문화교육 내용의 적절성, 다수자 대상 다문화교육 프로그램의 운영 방안, 중등학교교육에서 다수자 대상 문화교육 프로그램 개발 시 고려할 점에 동의 정도를 표시하거나 의견을 기술하는 방식으로 조사를 진행하였다. 구체적인 조사 내용은 다음과 같으며 실제 조사지는 부록으로 첨부하였다.

표 29 전문가 요구 조사 문항 구성

문항1. (다문화 시대의) 다수자 대상 문화교육 커리큘럼의 필요성
문항2. 현재 (다수자 대상) 다문화교육이 지닌 문제에 대한 지적
① 다수자를 대상으로 하는 다문화교육이 본격적으로 이루어지지 않고 있다.
② 다문화교육에서 다루는 소재/주제가 한정적이다(음식, 의복, 축제 등).
③ 타문화 구성원의 문화를 소개하거나 편견 · 차별의 지양을 당위적으로 강조하는 내용 위주로 구성되어, 문화에 대한 이해를 단편적인 차원에서 접근하고 있다.
④ 다문화교육 프로그램이 일회성에 그친다.
⑤ 자문화 및 타문화 구성원과의 상호작용을 다루는 프로그램이 부족하다.
기타 의견
문항3. 다수자 대상 다문화교육 내용의 적절성
① 문화적 다양성에 대한 민감성
② 타문화 구성원의 문화에 대한 지식
③ 타문화 배경 언어 및 행위의 해석
④ 타문화 구성원에 대한 포용과 배려
⑤ 편견과 차별에 대한 대응
⑥ 자문화 · 타문화에 대한 비판적 태도
⑦ 타문화 구성원과의 공감적 상호작용
⑧ 타문화 구성원과의 갈등 관리 및 해결
⑨ 타문화 구성원과의 협력적 상호작용
기타 의견
문항4. 다수자 대상 다문화교육 프로그램의 운영 방향
① 정규 교육과정 내에 교육과정의 형태로 제시해야 한다('다문화교육과정'이 다른 교과교육과정과 대등한 위치로 신설됨).
➡ '다문화교육과정'이 신설된다면 교육 기간(예: 한 학기, 1년 등), 대상 학년(예: 중1-2, 고1 등), 차시 구성 방안 등에 대한 의견
② 교과교육과정 내에서 관련 단원을 중심으로 제시해야 한다.
③ 방과 후 활동 및 기타 학교 밖 활동을 중심으로 제시해야 한다.
기타 의견
문항5. 중등학교교육에서 다수자를 대상으로 이루어지는 문화교육 프로그램 개발 시 고려 사항

2) 분석 결과

(다수자 대상) 문화교육 커리큘럼의 필요성에 대체로 강하게 동의하고 있었으며 현재 다문화교육이 지닌 문제점으로는 다문화 중점 학교 등의 경우를 제외하고는 다수자 대상의 다문화교육이 본격적으로 이루어지지 않고 있다는 점, 교육 주제가 음식, 의복, 축제 등의 내용으로 한정적이며 수년째 비슷한 소재를 다루고 있다는 점, 다문화교육 프로그램이 일회성에 그친다는 점을 꼽았다. 대부분의 학교교육과정에서 '다문화교육의 이해'라는 주제로 연간 2회 정도 교육을 실시하는 것이 현실이며 상시적인 생활 속 다문화교육이 필요하다는 의견이 제기되었다. 또한 장기적인 수업 진행을 위한 지원 부족의 어려움도 확인할 수 있었다. 이는 청소년 대상의 프로그램이 전무하다는 것과도 관련되는데 기존의 다문화교육 프로그램이 주로 성인을 대상으로 하였기에 발달단계와 발달과업을 고려하여 청소년의 수준, 관심, 흥미에 부합하는 프로그램 개발이 필요하다는 주장이 있었다. 또한 현재의 교육이 추상적이고 당위적이라는 지적과 소수자 배려의 차원에 머무른다는 지적은 대체로 결혼이주여성의 한국 가족(시부모, 남편 등)을 대상으로 하는 교육이 일반적인 현실에서 유효하다고 본다. 청소년을 위한 다문화교육은 국제 이해교육, 소통교육과 연관성을 갖고 이루어져야 할 것이다.

한편 연구진이 개발한 커리큘럼의 핵심 개념에 대한 적절성 평가에서도 다양한 의견이 제시되어 최종안 결정에 반영하였다. 이에 대한 수정 방향은 IV장 1절의 '1) 문화교육 핵심 개념의 구성'에서 제시하였다. 연구진이 제시한 핵심 개념 외에 다수자 대상 다문화교육에서 다루어야 할 교육내용(목표)에 대한 질문에서는 다음과 같은 답변이 제출되어 관련되는 핵심 개념이 다룰 성취기준의 내용을 마련하는 데 참고하였다.

· 다른 사람에 대한 차별이나 편견을 금지하는 기본적인 인권교육 강화
· 지역별, 성별, 이주 형태 등을 담은 구체적인 통계 자료 제공을 통해 우리나라 다문화 상황에 대한 정확한 이해 강화
· 다른 나라의 다문화 정책 성공 및 실패 사례(역사)에 대한 이해를 통해 성공적인 다문화 사회 정착 방안 모색
· 자국의 문화에 대한 효율적 표현
· 타문화와 관련한 청소년의 자기 성찰

다수자 대상 다문화교육 프로그램의 운영에서는 정규 교육과정 내 별도의 교육과정 형태로 제시하는 방안에 대다수 부정적인 의견을 보였으며 교과교육과정과의 연계를 통한 운영에 대체로 동의하였다. 종합 의견으로는 청소년의 발달단계에 적합한 교육내용 개발, 다문화교육 실행 주체와 운영 과정의 명확화, 다양한 교육 구성원(학교 관리자, 학부모, 지역사회 등)의 문화교육에 대한 공감대 형성 등의 의견이 제시되었다. 이상의 다면적인 요구를 분석하여 문화교육 커리큘럼 및 프로그램 개발에 반영하였다.

4. 지향점 도출

(1) 역량 중심 교육과정 지향

본 연구는 문화교육 교육과정이 역동적으로 변화하는 미래 사회에서 새로운 문제 상황에 능동적 · 창의적으로 대처하는 능력의 신장을 추구한다는 점에서 역량 중심 교육과정을 지향한다. 문화교육 교육과정에서 상정하는 문화적 역량은 다문화적 정체성, 문화 다양성, 문화적 편견과 차별, 문화 간 상호작용, 문화 개방성의 요소로 구성되며 이를 바탕으로 교육과정의 내용 체계를 이루는 핵심 개념을 이하 아홉 가지, 문화적 다양성에 대한 민감성, 타문화 구성원의 문화에 대한 지식, 타문화 배경 언어 및 행위의 해석, 타문화 구성원에 대한 포용과 배려, 편견과 차별에 대한 대응, 자문화 · 타문화에 대한 비판적 태도, 타문화 구성원과의 공감적 상호작용, 타문화 구성원과의 갈등 관리 및 해결, 타문화 구성원과의 협력적 상호작용으로 설정하였다. 본 연구에서는 아홉 가지의 핵심 개념을 중심으로 하는 역량 중심 교육과정을 구안하면서 각 핵심 개념에 해당하는 성취기준을 도출할 것이다.

(2) 체계성 · 위계성을 갖춘 교육과정 지향

본 연구는 문화교육 교육과정 구성 시 중등단계 학습자의 수준에 적합하도록 내용을 체계적으로 제시하고 핵심 개념을 위계화할 것이다. 2015 KSL 한국어교육과정 및 2009 개정 국어과 교육과정과 2015 개정 국어과 교육과정을 검토한 결과를 토대로 타문화 구성원의 문화에 대한 이해를 비롯하여 타문화 구성원을 편견과 차별 없이 대하는 태도를 함양하고 타문화 구성원과 공감적 · 협력적인 상호작용을 실행하는 것까지 전 영역을 균형 있게 다루며 교육목표에 맞게 핵심 개념 간의 관계를 긴밀히 설정하고자 한다.

(3) 학습자의 문화교육 실태와 요구를 반영한 교육과정 지향

본 연구는 중등교육의 다수자 학습자를 대상으로 한 문화교육 과정 개발을 목표로 한다. 이를 위해 설문조사 결과를 바탕으로 현재 시행되는 문화교육에 대한 중등교육 학생들의 인식과 요구를 파악하는 한편, 학생들의 다문화 수용성에 영향을 미치는 다양한 요인의 관계를 확인하였다. 전반적으로 문화교육에 대한 만족도가 높았던 반면, 한편에는 문화교육의 필요성에 의문을 가지는 학생들이 다수 존재하였다는 점은, 실제 활동이 이루어지기 이전에 그 필요성에 대한 학습이 충분히 선행될 필요가 있음을 시사한다. 추후 이러한 시사점들에 대한 전문가들의 의견을 구하여 학생들에게 실질적인 변화를 이끌어낼 수 있는 교육과정을 개발할 것이다.

(4) 문화 다양성 가치를 내면화할 수 있는 교육과정 지향

본 연구는 다문화 시대의 문화교육 교육과정 개발을 위한 토대로 문화 다양성 교육을 상정하며 서로 다른 가치와 입장을 존중하는 교육을 지향한다. 문화 다양성 교육을 통해 다양한 문화적 배경을 지닌 구성원이 함께 살아가는 사회에서 보편적 가치로서의 인권과 평등을 증진하고 사회적 결합과 포용을 실천하며, 사회적 정의를 실현하고 세계시민으로서의 정체성을 함양할 수 있을 것이다.

(5) 실천적 교수 · 학습으로 연계될 수 있는 교육과정 지향

본 연구에서 개발하는 문화교육 교육과정은 구체적인 프로그램 설계로 연결하여 실천적 교수 · 학습의 구현을 지향한다. 현장에서 실현되지 못하는 교육과정은 공허한 선언에 그칠 것이다. 그렇기에 문화교육의 중요성에 공감하며 시작한 본 연구는 문화교육이 소기의 목적을 달성하기 위해 무엇보다 실질적인 실천이 필요하다고 생각하여 학습자의 흥미와 수준에 부합하는 교수 · 학습과의 긴밀한 연관을 중점에 둘 것이다.

이와 관련하여 프로그램의 지속적인 운영을 위해서는 다문화교육을 정규 교과의 형태로 추가하는 것이 바람직하겠으나 현실적인 교육 현장의 어려움과 더불어, 장기적인 관점에서 문화적 역량은 '인성' 같이 특정 교과로 습득되기보다는 전 영역, 전 생애에 걸쳐 발달되어야 하는 것이다. 그러므로 현재의 교육 제도 아래에서 실효성을 지니고 프로그램이 운영될 수 있도록 본 연구에서는 단위 학교 차원에서 실시할 수 있는 프로그램을 제시하고 문화적 역량의 핵심 개념을 중심으로 하는 운영 방식을 제시하고자 한다.

Ⅳ. 다문화 시대 문화교육 커리큘럼 개발

Ⅳ. 다문화 시대 문화교육 커리큘럼 개발

1. 문화교육 핵심 개념 체계 개발

1) 문화교육 핵심 개념의 구성

앞서 II장에서 문화능력의 구성 요소를 검토하여 공통되는 요인을 중심으로 다섯 개의 개념(다문화적 정체성, 문화 다양성, 문화적 편견과 차별, 문화 간 상호작용, 문화 개방성)으로 범주화하였으며, 이를 바탕으로 다문화 시대의 문화교육 커리큘럼을 구안하기 위해 다음과 같이 핵심 개념 9개를 선정하였다.

표 30 핵심 개념 체계

다문화 소통능력		
문화적 다양성에 대한 민감성 (Banks, 2014; Keast, 2006)	타문화 구성원에 대한 포용과 배려(Lynch, 1983)	타문화 구성원과의 공감적 상호작용(Keast, 2006)
타문화 구성원의 문화에 대한 지식(Byram, 1989)	편견과 차별에 대한 대응 (Bennett, 2007)	타문화 구성원과의 갈등 관리 및 해결(Keast, 2006)
타문화 배경 언어 및 행위의 해석(Byram, 1989)	자문화 · 타문화에 대한 비판적 태도(Byram, 1989)	타문화 구성원과의 협력적 상호작용(Keast, 2006)

표 30의 내용을 이론적 검토와 다방면에서 이루어진 실태 조사를 토대로 수정하여 최종적으로 8개의 개념을 선정하였는데 이는 '문화적 다양

성에 대한 민감성', '타문화 구성원의 문화에 대한 이해(지식과 해석)', '타문화 구성원에 대한 개방적 태도', '편견과 차별에 대한 인식과 대응', '문화 현상에 대한 반성적 · 비판적 태도', '타문화 구성원과의 공감적 상호작용', '타문화 구성원과의 갈등 관리 및 해결', '타문화 구성원과의 협력적 상호작용'이다. 이 개념들은 지식(A) · 태도(B) · 기능(C)이라는 전통적인 접근법을 바탕에 두되 문화 다양성 교육에서 요구되는 상호작용의 측면을 강조하고자 주체와 타자, 그리고 그들 간의 상호 관계 형성에 중점을 두고 분류하여 그림 9와 같은 틀로 제시할 수 있다.

그림 9 다문화 시대 문화 다양성 교육 핵심 개념 체계

<table>
<tr><th rowspan="2"></th><th colspan="3">다문화 소통능력</th></tr>
<tr><th>타자에 대한 지식</th><th>타자에 대한 인식 주체의 태도</th><th>주체와 타자의 관계 형성</th></tr>
<tr><td rowspan="3">핵심개념</td><td>문화적 다양성에 대한 민감성
(Banks, 2014; Keast, 2006)
(A1)</td><td>타문화 구성원에 대한
개방적 태도
(B1)</td><td>타문화 구성원과의 공감적 상호작용(Keast, 2006)
(C1)</td></tr>
<tr><td rowspan="2">타문화 구성원의 문화에
대한 이해(지식과 해석)
(Byram, 1989)
(A2)</td><td>편견과 차별에 대한
인식과 대응
(B2)</td><td>타문화 구성원과의 갈등 관리 및 해결(Keast, 2006)
(C2)</td></tr>
<tr><td>문화 현상에 대한
반성적 · 비판적 태도
(B3)</td><td>타문화 구성원과의
협력적 상호작용
(Keast, 2006)
(C3)</td></tr>
</table>

↓

다문화 수용성을 갖춘 주체

- 문화 개방성(A+B)
- 상호 교류 행동 의지(B+C)
- 세계시민으로서의 정체성(A+B+C)

수정된 부분을 중심으로 보면, 우선 '타문화 구성원의 문화에 대한 지식'과 '타문화 배경 언어 및 행위의 해석'은 두 개념의 구분이 모호하고 서로 중복되는 내용이 있다는 판단에서 '타문화 구성원의 문화에 대한 이해(지식과 해석)'로 통합하였다. '배경 언어 및 행위'는 '문화'에 포함될 수 있으며, '지식'과 '해석'의 구분을 '이해'라는 용어로 포괄하여 나타냈다. 다음으로 전문가 요구 조사에서 나온 지적을 반영하여 '타문화 구성원에 대한 포용과 배려'를 '타문화 구성원에 대한 개방적 태도'로 수정하였다. '포용과 배려'라는 표현에서 시혜적 차원의 다문화교육이라는 인상을 받을 수 있기에 보다 객관적이고 타자 지향적인 용어로 '개방적 태도'를 선택하였다. '편견과 차별에 대한 대응'은 의미가 모호하다는 지적이 있어 '편견과 차별에 대한 인식과 대응'으로 바꾸어 자신이 겪는 편견과 차별을 인식하고 이에 대응하는 것, 그리고 자신이 타인에게 행할 수 있는 편견과 차별을 인식하고 이를 개선하는 것 모두를 함의하도록 하였다. B항의 세 번째 핵심 개념인 '자문화 · 타문화에 대한 비판적 태도'는 '자문화 · 타문화'라는 용어가 지나치게 배타적으로 느껴진다는 의견을 수용하여 '문화 현상에 대한 반성적 · 비판적 태도'로 수정하였다. '반성적'이라는 용어에 '자문화에 대한 비판적 태도'가 함축되었다고 할 수 있다.

'다문화 소통능력'을 궁극적으로 성취해야 하는 능력으로 보았을 때 중요한 것은 '주체'와 '타자'의 관계에서 비롯되는 '상호작용'이다. 따라서 '타자에 대한 지식', '타자에 대한 인식 주체의 태도', '주체와 타자의 관계 형성'이라는 구도를 상정하고 전자의 두 범주에서 핵심이 되는 '문화 다양성'을 획득하기 위해 '지식' 측면에서 '문화적 다양성에 대한 민감성'과

'타문화 구성원의 문화에 대한 이해(지식과 해석)'가, '태도' 측면에서 '타문화 구성원에 대한 개방적 태도', '편견과 차별에 대한 인식과 대응', '문화 현상에 대한 반성적 · 비판적 태도'가 요구된다고 설정하였다. '문화적 다양성에 대한 민감성'은 Keast(2006)가 제시한 문화적 역량의 구성 요소 중 하나로 이 연구에서는 문화적 다양성이라는 개념을 이해하고, 일상의 삶 속에서 문화적 다양성을 인식할 수 있는 능력을 의미한다. 이는 Banks (2014)가 강조한 문화, 민족, 언어의 다양성 인식과도 맞닿는다. '타문화 구성원의 문화에 대한 이해(지식과 해석)'는 다른 문화에 대한 지식(의식주 등 물질성을 가진 것, 상대적으로 객관적인 성격)과 해석(언어, 상징 등 물질성을 가지고 있지 않은 것, 상대적으로 주관적인 성격)을 가리킨다. 이는 Byram(1989)이 상호 문화적 능력의 구성 요소로 언급한 '지식: 다른 문화권 사람들의 산물과 지식을 아는 것'과 '해석 기술: 다른 문화를 해석할 수 있는 능력'을 참고로 설정한 개념이다.

'문화 다양성' 획득을 위해 타자와의 관계에서 필요한 '태도'와 관련된 세 가지 개념은 '청소년 다문화 수용성 조사 연구'에서 다문화 수용성을 측정하기 위해 다양성 차원의 하위 영역으로 선정한 문화 개방성, 국민 정체성, 고정관념 및 차별, 그리고 관계성 차원의 하위 영역 중 하나인 거부 · 회피 정서를 참고하여 설정하였다. '타문화 구성원에 대한 개방적 태도'는 인종, 종교, 문화가 서로 다른 구성원과의 공존을 자연스럽게 받아들이려는 태도이다. '편견과 차별에 대한 인식과 대응'은 집단 소속이 다르다는 이유로 갖게 되는 부정적 감정에 대하여 자신의 행위가 편견과 차별이 될 수 있다는 인식과 더불어 편견과 차별의 상황을 마주하였을 때 민감하게 반응하고 대응하려는 태도를 의미한다. '문화 현상에 대한 반성적 · 비판적 태도'는 특정 문화에 대한 무조건적인 승인이 아닌 나름의 기준으로 가치 판단을 시도하는 태도와 관련된다.

다음으로 '주체와 타자의 관계 형성' 범주에서는 '문화 간 상호 작용'이 중요하다고 보고, Keast(2006)가 문화적 역량의 구성 요소로 강조한 상호작용적 대화, 팀워크, 협력적 학습, 공감적 의사소통, 평화로운 갈등 해결의 내용을 바탕으로 세 가지 개념을 설정하였다. '타문화 구성원과의 공감적 상호작용'은 타문화 구성원과의 관계에서 상대적으로 정의적인 반응이 중심이 되는 상호작용이다. '타문화 구성원과의 갈등 관리 및 해결'은 문화적 차이로 인해 발생하는 갈등 상황을 인식하고 해결하는 능력과 관련된다. '타문화 구성원과의 협력적 상호작용'은 공동의 목표를 달성하기 위하여 사회 구성원이 집단적으로 수행하는 일련의 활동 가운데 필요한 협동 능력이다. 이들 '기능' 측면의 핵심 개념을 익혀서 실천하는 것은 주체와 타자의 관계 형성의 토대를 이룰 것이다. 본 연구는 이상의 8가지 핵심 개념을 통해 '문화 개방성(A+B)', '상호 교류 행동 의지(B+C)', '세계 시민으로서의 정체성(A+B+C)'을 갖춘 주체를 형성하는 것을 문화교육의 목표로 삼는다.

2) 문화교육 핵심 개념의 체계화

(1) 목표

가. 다문화 시대의 특징을 이해하고 다문화 시대에 나타나는 여러 가

지 사회적 양상을 이론적 · 경험적으로 파악한다.

나. 문화가 다양하다는 사실을 인식하고 다양한 문화에 대한 지식을 구성하며 다른 문화를 적극적으로 해석하는 능력을 기른다.

다. 문화가 서로 다른 구성원에 대해 개방적 태도를 가지며 집단 소속이 다르다는 이유로 행해지는 편견과 차별에 대해 민감하게 인식하고 대응한다.

라. 자신의 문화와 타자의 문화에 대해 반성적 태도와 비판적 자세를 가진다.

마. 다른 문화 구성원과의 관계에서 문화적 차이로 인해 발생하는 갈등 상황을 능동적으로 해결한다.

바. 다른 문화 구성원과 공감적이고 협력적으로 상호작용하려는 의지를 가진다.

사. 세계시민으로서 자신과 타자의 문화가 공존하는 양상에 관심을 갖고 수용적인 자세로 다른 문화와 소통하는 능력을 기른다.

(2) 내용 – 핵심 개념 및 성취기준

(1) 문화적 다양성에 대한 민감성
[성취기준] ① 문화적 다양성의 개념을 알고 의미를 설명한다. ② 문화적 다양성이 나타난 현상을 자신의 일상 생활과 주변의 삶에서 파악한다. ③ 문화적 다양성을 인식할 수 있는 방법을 탐색한다.

[학습요소]

문화, 문화 간 차이, 문화적 다양성, 문화적 상대성 등

[교수학습 방법 및 유의사항]

-개인과 집단에 따라 문화가 다를 수 있다는 사실을 사례를 통해 이해할 수 있도록 한다.

-자신이 속한 여러 집단이나 조직에서 문화적 다양성이 드러나는 사례를 직접 찾아보도록 지도한다.

-문화적 다양성의 개념을 이해하고 문화적 다양성을 인식하는 태도가 중요하며, 다양한 문화를 무조건 수용하는 것이 목표가 되지 않도록 유의한다.

(2) 타문화 구성원의 문화에 대한 이해(지식과 해석)

[성취기준]

① 다른 문화의 산물에 대한 지식을 갖춘다.

② 다른 문화에서 통용되는 언어와 행위를 해석하는 능력을 기른다.

③ 자신의 문화와 다른 문화를 비교하며 다양한 관점에서 이해하려는 태도를 가진다.

[학습요소]

언어, 문화적 상징, 소통 방식, 생활 양식, 문화에 대한 관점 등

[교수학습 방법 및 유의사항]

-다양한 문화의 양상을 사례를 통해 풍부하게 제시하고, 학습자가 직접 다른 문화의 사례를 조사하여 발표해보도록 한다.

-문화를 이루는 구성 요소를 상대적으로 객관적인 것(의식주 등 물질성을 가진 것)과 상대적으로 주관적인 것(언어, 행위, 상징 등)으로 나누어 설명한다.

-문화의 양상을 학습할 때 사진이나 영상 자료를 활용하여 학습 동기와 흥미를 유발한다.

-이질적인 문화를 접했을 때 낯설게 느끼는 것이 자연스러운 현상임을 주지시키고, 다른 문화에 대한 관심과 알고자 하는 적극적인 태도를 가지며 지식을 갖추어 나가는 것이 다문화 소통능력을 기르는 출발점이 된다는 사실을 유의시킨다.

(3) 타문화 구성원에 대한 개방적 태도

[성취기준]

① 문화에 대한 이해를 바탕으로 인종, 종교, 문화가 서로 다른 구성원과의 공존을 자연스럽게 받아들이려는 태도를 가진다.

② 다른 문화 구성원에 대하여 개방적 태도를 가져야 하는 이유를 설명한다.

③ 다른 문화 구성원에 대한 개방적 태도를 갖기 위해 필요한 것은 무엇인지 탐구한다.

[학습요소]

문화적 개방성, 개방적 태도, 타인에 대한 존중, 타문화 구성원과의 공존 등

[교수학습 방법 및 유의사항]

-다른 문화 구성원을 접해 본 경험을 발표하며 자신의 태도에 대해 성찰해 보도록 한다.

-인종, 종교, 문화가 서로 다른 구성원에 대해 개방적 태도를 가져야 하는 이유를 설명할 때, 도덕적 당위에 그치지 않도록 유의한다.

-다른 문화 구성원에 대해 개방적 태도를 갖기 어렵다면 그 이유가 무엇인지 설명하고, 개방적 태도의 구체적인 실현 양상을 생각해 보도록 지도한다.

(4) 편견과 차별에 대한 인식과 대응

[성취기준]

① 편견과 차별의 의미를 이해한다.

② 다른 문화 구성원에 대하여 자신과 다르다는 이유로 부정적 감정을 갖고 하는 행위가 편견과 차별로 작용할 수 있다는 점을 인식하는 태도를 가진다.

③ 자신이나 타인에게 편견과 차별의 상황이 발생했을 때 민감하게 반응하고 대응하는 태도를 가진다.

④ 다른 문화 구성원에 대한 편견과 차별의 문제를 해결하는 방안에 대해 탐구한다.

[학습요소]

편견, 선입견, 차별, 공정성 등

[교수학습 방법 및 유의사항]

-편견과 차별과 관련된 경험은 상처를 드러내는 민감한 부분이 될 수 있으므로 공개적인 자리에서 발표하는 활동은 유의하도록 한다.

-다른 문화 구성원에 대한 편견과 차별 상황을 대중매체(TV, 영화, 광고 등)에서 찾아보는 활동을 통해 평소에 인식하지 못하는 편견과 차별 상황을 깨닫도록 한다.

-역할극 학습 모형을 활용하여 편견과 차별에 대한 감정이입과 공감을 유도하고 해결 방안을 적극적으로 모색하도록 한다.

(5) 문화 현상에 대한 반성적 · 비판적 태도

[성취기준]

① 자문화와 타문화에 대해 반성적 태도를 가진다.

② 자문화와 타문화에 대해 무조건적인 승인이 아닌 나름의 기준으로 가치 판단을 시도하는 비판적 관점을 가진다.

③ 다양한 문화 현상을 비판적으로 바라보는 것이 다문화 시대에 필요한 관점임을 이해한다.

[학습요소]

자문화, 타문화, 문화 현상, 반성적 태도, 비판적 태도, 문화에 대한 관점 형성 등

[교수학습 방법 및 유의사항]

-자문화를 무조건적으로 승인하거나 타인에게 강요하였던 경험을 떠올려 발표하도록 하며 그 과정에서 반성적 태도가 함양되도록 한다.

-자문화를 비판적 관점으로 바라보고 그 결과를 모둠 토의 등을 활용하여 공유하도록 한다.

-타문화를 무조건적으로 승인하거나 배척하였던 경험이 있다면 그 이유를 함께 설명하여 반성적 · 비판적 태도 형성에 도움이 되도록 한다.

-학습자에게 토론 기회를 충분하게 제공하여 다양한 문화에 대한 비교 · 분석을 통해 반성적 · 비판적 태도를 자연스럽게 가지도록 한다.

(6) 타문화 구성원과의 공감적 상호작용

[성취기준]

① 타문화 구성원과의 관계에서 정의적 반응 중심의 상호작용 개념을 이해한다.

② 타문화 구성원과 상호 공존하는 상황에서 공감의 역할을 이해하고 공감적 상호작용을 실천한다.

[학습요소]

타문화 구성원과의 상호작용, 공감, 정서 표현 등

[교수학습 방법 및 유의사항]

-공감적 상호작용이 나타날 수 있는 다양한 문화 현상 관련 주제 및 구체적 사례를 활용하고 활동 기회를 충분하게 제공한다.

-타문화 구성원에 대한 공감과 이해가 일방적인 방향으로 강요되지 않도록 유의한다.

(7) 타문화 구성원과의 갈등 관리 및 해결

[성취기준]

① 문화적 차이로 인해 발생하는 갈등 상황을 인식한다.

② 문화적 차이로 인한 갈등을 해결하는 방안을 탐구한다.

③ 주변에서 문화적 차이로 인한 갈등 해결 사례를 찾아 분석한다.

[학습요소]

문화적 갈등, 문화 갈등에 대한 합리적 해결, 문화 간 의사소통 등

[교수학습 방법 및 유의사항]

-인종, 종교 등 문화적 차이로 인해 발생할 수 있는 갈등의 사례를 미디어를 활용하여 탐색하도록 한다.

-소집단 학습모형, 협동 학습모형을 통해 문화적 갈등과 해결의 과정에 능동적으로 참여하도록 한다.

-문화적 갈등의 유형을 개인적 차원에서 국제 사회적 차원까지 폭넓게 살펴보도록 한다.

(8) 타문화 구성원과의 협력적 상호작용

[성취기준]

① 타문화 구성원과의 협력의 의미를 이해한다.

② 다양한 문화의 구성원이 공동의 목표를 달성하기 위한 활동에 참여하여 협동 능력을 기른다.

[학습요소]

협력적 상호작용, 공동 목표 달성, 세계시민 등

[교수학습 방법 및 유의사항]

-다양한 문화의 구성원에게 유효한 공동 목표의 주제를 설정하는 과정에 학습자가 주도적으로 참여하도록 한다.

-역할극 학습모형을 활용하여 실제적인 협력 활동의 과정을 체험하도록 한다.

-협력 활동 진행 시 활동일지를 기록하여 구체적인 상호작용 양상을 파악하도록 한다.

(3) 교수 · 학습의 방향

(1) 학습자가 다문화 시대의 소통 현상에 흥미를 가지고 기본 개념과 원리를 이해하여 이를 실생활에 적용할 수 있도록 수업을 전개한다.

(2) 다문화 시대의 다양한 갈등과 소통 현상을 이해하기 위해 관련 학문이나 관점을 폭넓게 활용한다.

(3) 다문화 시대의 소통과 관련한 구체적 사례로부터 일반화로 나아가는 탐구 과정을 제시한다.

(4) 학습자의 생애 역사와 경험을 인정하고 문화적 · 사회적 · 경제적 맥락을 존중하며 이에 기초하여 교수 · 학습 계획을 수립한다.

(5) 민주주의, 평등, 사회정의가 교실에서부터 실현되도록 교수 · 학습 안팎의 상황을 상호 연계시킨다.

(6) 학습자의 다문화 소통 능력과 문화 다양성 인식 능력, 문화 개방적 태도, 상호 교류 행동 의지 등을 신장할 수 있도록 학습자를 중심으로 다양한 주제와 교수 · 학습 방법을 활용한다.

(7) 다문화 시대에 발생할 수 있는 여러 가지 갈등이나 쟁점에 대해 반성적 · 비판적 분석 및 합리적 해결 능력, 공감 능력, 성찰 능력 등을 신장할 수 있도록 체험 중심의 교수 · 학습을 실행한다.

(8) 다문화 수용성을 함양함에 있어서 창의성과 인성의 통합적인 발달을 고려하는 교수 · 학습 방법을 활용한다.

(9) 다문화 시대에 요청되는 정보 처리 및 구성 능력의 신장을 위해 다양한 매체 자료를 선택하여 활용한다.

(10) 학습자의 가정과 지역사회에서 문화교육이 지속될 수 있도록 교

육 관련 당사자들과 협력 관계를 구축하여 교수 · 학습 운영에 반영한다.

2. 문화교육 프로그램 개발

1) 기존 프로그램 분석

앞서 제시한 핵심 개념 체계의 구성 요소들은 이후 개발할 문화교육 커리큘럼의 성취기준으로 기능한다. 여기서는 성취기준의 달성과 관련하여, 구체적인 프로그램의 개발에 대해 논의하고자 한다. 다양한 프로그램들을 하나의 커리큘럼으로 엮어 내기 위해서는 핵심 개념 체계의 구성 요소들이 고르게 반영되었는지, 커리큘럼이 전제한 교육 목표에 어긋남이 없는지 등을 충분히 검토하여 보아야 한다.

여기서는 다문화교육과 관련하여 개발된 기존의 프로그램들을 핵심 개념 체계의 구성 요소 범주에 따라 분류한 뒤 목록화하였다. 각각의 프로그램에 대한 간략한 설명 뒤, 문화교육 커리큘럼에서 활용할 경우에 고려해야 할 사항들을 덧붙였다.

프로그램명	〈A1-1〉 다다다(多) 문화공작 워크숍	적용 대상	대안학교 청소년
출처	국경없는마을(2007), 다문화체험 교실지원사업 결과보고서, 문화관광부.	관련 핵심 개념 구성 요소 범주	A1
구성 요소 범주 분류의 근거	지역에 소속된 문화적 소수자가 자신의 문화를 다양한 형태로 생산, 향유하게 함으로써 공동체 내에서 '문화적 다양성'을 인식할 수 있도록 하는 프로그램.		
프로그램 내용	활동 목표: 문화적 소수자의 문화 생산과 향유를 매개함. 활동의 세부 내용: ① 스스로의 미션 찾기: 지역과 내가 만날 수 있는 스스로의 미션을 만들고 그 미션을 문화 예술적 행위를 통해 접근하기 ② 몸과 오브제: 일상의 재료들의 재발견과 실험을 연극놀이라는 적절한 규모를 통해 실행해 보기 ③ 멀티미디어 쇼: 워크숍 과정을 통해 구성원 각자의 강점을 파악하고 스스로가 고안한 시각적 청각적 기계장치를 제작하여, 그것들의 조합으로 새로운 다문화적 미학을 만들어 가기		
특징 및 장점	다양한 활동(연극놀이, 기계장치 제작 등)이 도드라짐.		

○ 문화교육 커리큘럼에 활용할 경우 고려할 세부 내용:

- 활동 설명에서 추상적 개념어(예: 오브제 등)들이 많아, 이를 일상적인 어휘로 재진술할 필요가 있을 것으로 보인다.
- 프로그램상에서 강사들은 무대미술, 사운드 아티스트, 공연기획의 전문가로 설정되어 있는데, 모든 교육현장에서 이와 같은 전문가를 섭외하는 것은 불가능에 가깝다. 개별 교육 상황에 맞게 재구성이 필요하다.
- 프로그램 진행에 2개월 이상이 소요되어, 표준 커리큘럼에서는 소화하기 어렵다. 선택-집중형으로 운영하거나, 별도의 프로젝트로 진행하여야 한다.
- 다문화를 표방하나, 다문화와 직접적인 연관이 드러나지 않는다. 이를 보다 전경화할 수 있는 절차들이 필요하다.
- 단일한 프로그램이라기보다는 여러 프로그램이 종합된 형태를 취하였다. 반드시 제시된 방식을 따르지 않더라도 여러 조합이 가능해 보인다.

프로그램명	〈A1-2〉 꿈꾸는 카메라	적용 대상	코시안 청소년
출처	국경없는마을(2007), 다문화체험교실 지원사업 결과보고서, 문화관광부.	관련 핵심 개념 구성 요소 범주	A1
구성 요소 범주 분류의 근거	학습자가 일상과 주변에 있는 다문화적 요소를 다양한 매체를 활용하여 포착하게 함으로써, 일상 속에 존재하는 '문화적 다양성'의 요소를 인식하도록 하는 프로그램.		
프로그램 내용	활동 목표: 일상과 주변에 있는 다문화적 요소를 인식 및 발견함. 활동의 세부 내용: ① 미디어를 통해 나의 관심사 말하기: 지금 현재 내가 흥미로워 하는 것들, 관심 가지고 있는 것들을 서로에게 소개하며 그 안에서 미디어적인 특성들을 발견하기 ② 우리들의 시각을 통해 동네 보기: 디지털카메라를 이용해 동네 풍경들을 직접 촬영하며 답사하기 ③ 이미지텔링을 통한 동네 이야기: 촬영한 내용을 스토리텔링을 통해 발표함. 시간 순서, 장소의 이동 순서 등 흐름을 가지고 자신이 왜 그 대상을 촬영하였는지, 그 이미지가 주는 느낌과 연상되는 생각들이 어떤 것이 있는지 서로 이야기해 보기 ④ 움직이는 사진 영상 만들기: 촬영된 사진을 이용해 영상을 제작하고 스토리를 만들어 보기 ⑤ 우리들의 일상 기록하기: 일상을 기록하고, 다른 친구들이 촬영한 내용과 비교하기 ⑥ 뮤직비디오 제작하기: 외국 뮤직 비디오를 재구성하기 ⑦ 영상 발표회: 제작한 뮤직비디오를 공유하기		
특징 및 장점	소수자 학습자의 관점에서 스스로의 이야기를 전파하는 주체적인 활동을 수행함으로써, 자긍심을 느낄 수 있게 함. 매체 활용으로 학습자의 흥미 유발.		

○ 문화교육 커리큘럼에 활용할 경우 고려할 세부 내용:

- 소수 학습자의 경험이 다수 학습자에게로 전이 · 확산될 수 있는 방안을 모색할 필요가 있다. 프로그램에서 경험한 것이 그들만의 활동이나 이야기에서 그치지 않고, 공동체 내에서 보다 유의미한 경험으로 소통될 수 있도록 하는 장치가 추가되어야 한다.
- 전반부의 활동에 비해 후반부의 '뮤직비디오' 제작 활동이 다소 동떨어진 느낌을 준다. 해당 활동을 별개의 활동으로 재구성하거나, 활동 간의 긴밀한 관련성을 확보할 수 있는 방향으로의 재구성이 이루어져야 한다.
- 전반부의 활동은 외부에서 자율적으로 하는 것으로 구성되었으므로, 활동이 늘어지거나 학습 목표와 무관한 방향으로 진행되는 것을 방지할 수 있는 교육적 고려가 필요하다.
- 학습자들이 미디어 활용에 어느 정도 능숙하여야 하며, 각종 장비 등 미디어교육 환경이 잘 갖추어져 있어야 가능한 활동임을 고려하여 사전 준비를 철저히 하여야 한다.

프로그램명	〈A1-3〉 달라도 다 함께	적용 대상	이주민 가정 자녀
출처	대전광역시교육청(2010), 다름이 함께하는 세상, 대전광역시교육청	관련 핵심 개념 구성 요소 범주	A1
구성 요소 범주 분류의 근거	다수자 청소년을 대상으로 이주민 가정의 이해를 증진시키는 다양한 활동을 전개하는 프로그램.		
프로그램 내용	활동 목표: 이주민 가정의 문화와 역사를 존중 및 이해하는 사회 환경을 조성함. 활동의 세부 내용: ① '피부색' 시청 후 다문화가정의 이해 제고를 위한 토론 및 활동지 작성하기 ② 국민권익위원회 제작 '별별이야기'의 '샤방샤방 샤랄라' 동영상 시청하기		
특징 및 장점	기성 매체 자료를 적극적으로 활용.		

○ 문화교육 커리큘럼에 활용할 경우 고려할 세부 내용:

• 매체 자료를 풍부하게 활용할 경우 당장의 흥미와 관심을 모으는 데는 효과적이다. 다만 단순히 매체를 보는 것만으로 생성된 지식들은 휘발되기 쉬운 점을 경계하여야 한다. 다른 활동과의 연계를 고려하는 것이 좋다.

• "다문화가정 학생들이 가지는 이중 언어, 문화적 배경에 대한 이해 · 활용을 통해 우리 사회의 창의적 인재로 양성"하는 것이 필요하다고 하였는데, 이러한 목표와 실제 교수학습 내용이 쉽게 맞물리지 않는다. 이주민 가정 자녀의 특수성을 고려하여야 한다.

<table>
<tr><td>프로그램명</td><td>〈A1-4〉
다문화 이해 너머 다문화 사회 글로벌 리더로</td><td>적용 대상</td><td>중학교
학습자</td></tr>
<tr><td>출처</td><td>교육과학기술부(2011), 다문화교육 우수사례공모전 수상작품집 Ⅱ-다문화이해교육부문, 교육과학기술부</td><td>관련 핵심 개념
구성 요소 범주</td><td>A1</td></tr>
<tr><td>구성 요소 범주
분류의 근거</td><td colspan="3">'다문화'의 개념과 '다문화 사회'에서 나타나는 '문화적 다양성'의 양상을 독서, 신문 읽기, 역할극, 세미나, 기사 쓰기 활동 등을 통해 인식할 수 있도록 하는 프로그램.</td></tr>
<tr><td rowspan="2">프로그램
내용</td><td colspan="3">활동 목표: 다문화의 의미를 알고, 다문화 사회에 능동적으로 대처하며, 다문화 사회를 이끌 수 있는 인재의 특성을 함양함.</td></tr>
<tr><td colspan="3">〈활동 1〉
① 다문화 관련 독서 10권 선정, 감상문 작성하기
② 다문화 관련 신문 자료 활용하여 다문화 사회를 이해하기
③『커피우유와 소보루 빵』, 샘과 보리스의 아버지 역할극하기
④ 다문화 세미나 개최
⑤ 나는 야! 다문화 사진 작가 및 신문기자: 신문기사나 책 중 한 가지를 모방하여 다문화에 대한 자신의 생각을 드러내는 활동</td></tr>
<tr><td>특징 및 장점</td><td colspan="3">국어교과활동, 창의적 체험 활동 및 방과후 활동과 연계함.
'독후 활동'의 개념을 폭넓게 정의하여 접근함.</td></tr>
</table>

○ 문화교육 커리큘럼에 활용할 경우 고려할 세부 내용:

- 전반적으로 학급 내에서 1, 2차시 정도로 수행할 수 있는 활동들이 대부분이어서 활용이 용이한 편이다.
- 다양한 활동이 포함되어 있고, 그중 일부는 창의적인 활동으로 보이나 활동들 사이의 관련성이 분명히 드러나지는 않는다.

프로그램명	〈A1-5〉 나는 누구일까요?	적용 대상	중학교 학습자
출처	교육과학기술부, 중앙다문화교육센터(2014), 다문화 이해 교육을 위한 교수-학습 지도서(중 · 고등학교 교사용)	관련 핵심 개념 구성 요소 범주	A1
구성 요소 범주 분류의 근거	매체 감상과 활동을 통해 '정체성' 및 '정체성'의 구성을 생각해 보는 기회를 제공하고, 문화적 다양성이 정체성에 영향을 미침을 알게 하는 프로그램.		
프로그램 내용	활동 목표: 한 사람의 정체성이 매우 다양한 요소로 구성되어 있음을 앎. 활동의 세부 내용: ① 지식채널e-'눈의 착각'을 시청하고 학습지를 풀며 자신의 고정관념에 대해 생각하기 ② '하얀 거짓말 찾기' 활동(A4를 가로로 놓고 매직으로 자신을 드러내는 문장을 세 가지 쓰고 두 문장은 참, 한 문장은 거짓을 쓴다. 그리고 다른 친구에게 세 문장 모두 진실인 것처럼 발표하게 하고, 친구들은 어떤 문장이 거짓인지 찾아내도록 한다)을 하며 나를 구성하고 있는 정체성에 대해 생각하기 ③ '나의 별칭 정하기' 활동 후, '사람은 왜 다 다를까'를 읽고 차이와 차별의 의미에 대해 생각해보기		
특징 및 장점	매체와 학습지를 활용하여 학습 동기를 적절하게 유발할 수 있음. '하얀 거짓말 찾기'와 같은 참신한 활동으로 정체성의 문제를 알기 쉽게 풀어감.		

○ 문화교육 커리큘럼에 활용할 경우 고려할 세부 내용:

- '정체성'은 중학교 급에서 저학년 학습자가 이해하기에는 다소 어려운 개념으로 판단된다. 적용 대상을 고등학교 급으로 올리는 것을 고려해 보아야 한다.
- '눈의 착각'은 착시현상을 다루었는데, 도입부임을 고려하더라도 편견의 문제가 착시현상에 비유될 수 있는 것인지 생각해 볼 필요가 있다.
- '하얀 거짓말 찾기' 활동은 실제 자신의 모습과 거리가 있거나 실제 자신의 모습을 부정하는 진술을 한다는 점에서 학습자에게 심리적인 문제를 유발할 수 있음에 유의하여야 한다.
- '별칭 정하기'는 흥미 위주로 흘러갈 위험이 있다. '정체성', '차별'과의 연관 속에서 활동에 임할 수 있도록 지도하여야 한다.
- '별칭 정하기'는 차별적인 편견에 근거하거나 이를 강화하는 결과를 가져올 수 있다. 수업과 같은 공론화된 장에서 차별적인 요소들이 있는지 없는지를 함께 판단하고 공유하는 과정이 반드시 필요해 보인다.

<table>
<tr><td>프로그램명</td><td>〈A1-6〉
우리 안의 다문화 찾기</td><td>적용 대상</td><td>중학교
학습자</td></tr>
<tr><td>출처</td><td>교육과학기술부, 중앙다문화교육센터(2014), 다문화 이해 교육을 위한 교수-학습 지도서(중 · 고등학교 교사용)</td><td>관련 핵심 개념
구성 요소 범주</td><td>A1</td></tr>
<tr><td>구성 요소 범주
분류의 근거</td><td colspan="3">'다문화'의 개념을 이해하고, 다양한 사람들의 기호를 확인하여 학습자들이 문화적 다양성의 개념을 인식할 수 있도록 유도하는 프로그램.</td></tr>
<tr><td rowspan="2">프로그램
내용</td><td colspan="3">활동 목표: 다문화란 우리와 다른 문화가 아니라 우리들이 가지고 있는 다양한 문화임을 이해함.</td></tr>
<tr><td colspan="3">활동의 세부 내용:
① 다문화란 다른 문화가 아니라 다양한 문화임을 설명함.
② 개인별로 활동지에 '자신이 좋아하는 것'을 적고 모둠 친구의 '친구가 좋아하는 것'을 물어 적은 뒤 이 친구들과 한 방에서 함께 살려면 어떤 생활 규칙이 필요할지를 토론하여 정함.</td></tr>
<tr><td>특징 및 장점</td><td colspan="3">실제 생활과 밀접한 관련을 가진 가상의 상황을 상정하여 다문화의 문제를 알기 쉽게 풀어 나감.</td></tr>
</table>

○ 문화교육 커리큘럼에 활용할 경우 고려할 세부 내용:

- '자신이 좋아하는 것'이라는 표현은 다소 모호하게 느껴질 수 있다. 활동지에는 종교, 음식, 여가 시간, 방해받고 싶지 않은 순간, 인정받고 싶은 특성으로 세분화되어 있는데, 이를 참고하여 구체적인 내용을 제시해야 한다.
- 생활 규칙을 정하는 과정에서 상호 존중의 원칙이 지켜질 수 있도록 유의한다.

<table>
<tr><td>프로그램명</td><td>〈A1-7〉
틀림이 아닌 다름 표현하기</td><td>적용 대상</td><td>다문화가정 학습자</td></tr>
<tr><td>출처</td><td>심영옥 외(2015). '모두를 위한' 다문화 미술교육 프로그램 개발 연구. 정보화정책 22(3).</td><td>관련 핵심 개념 구성 요소 범주</td><td>A1</td></tr>
<tr><td>구성 요소 범주 분류의 근거</td><td colspan="3">'시각'의 차이와 '다른' 사람의 이야기들을 활동의 중심에 두고, '틀림'이 아닌 '다름'이라는 문화적 다양성의 핵심 테제를 이해할 수 있게끔 하는 프로그램.</td></tr>
<tr><td rowspan="2">프로그램 내용</td><td colspan="3">활동 목표: 다름을 표현하고 포용할 수 있는 방안을 생각한다.</td></tr>
<tr><td colspan="3">활동의 세부 내용:
① 시각의 차이에 관련한 동영상 시청(일본 공익광고)하기
② 틀림과 다름에 대한 자신의 생각 말하기
③ 다문화에 대한 이해 및 나와 '다른' 사람의 이야기를 통해 다양성을 이해하기
④ 다문화의 의미에 대한 자유 토론 및 학습지 질문 답변 해결하기
⑤ 토론 내용과 학습지의 내용을 토대로 자신의 생각을 구성하기
⑥ 아이디어 스케치 및 채색(그림에 대한 설명을 학습지에 작성)하기
⑦ 개별 발표 및 감상하기
⑧ 활동 후 느낀 점 이야기하기
⑨ 개인별 평가 및 정리</td></tr>
<tr><td>특징 및 장점</td><td colspan="3">도입부에 매체를 사용하고, 집단 토론을 통해 내용을 구상한 뒤 그리기 활동으로 이어짐.
동료평가와 자기평가를 순차적으로 진행.</td></tr>
</table>

○ 문화교육 커리큘럼에 활용할 경우 고려할 세부 내용:

- '틀림'이 아닌 '다름'을 이해하는 것은 문화적 다양성의 문제와 관련하여 매우 중요한 의미를 지닌다. 이를 학습 목표로 삼고 활동으로 구성하는 것은 다문화 시대의 문화교육에서 보다 비중 있게 다루어질 필요가 있다.
- 평가에서 동료 평가와 자기 평가를 순차적으로 진행하는 것도 활동 결과의 공유 및 내면화로 이어지는 데 필요한 과정으로 보인다.
- 활동의 목표에 적합하게 평가의 기준을 제시할 필요가 있다. 평가에서 활동 자체에 초점을 맞출 경우, 교육 목표가 불분명해질 수 있다.
- 활동의 흐름을 살펴보았을 때, 전반부에 '틀림'과 '다름'의 차이를 인식하는 활동과 후반부의 '그리기' 활동의 관계가 필연적으로 보이지 않는다. 이 활동들을 매개하는 역할이 '토론' 활동이라는 것이 다소 부자연스럽다.
- 후반부의 활동을 '그리기' 외에 다양한 활동으로 연결하는 것도 가능해 보인다. 예를 들어 광고 문구 만들기, 짧은 글쓰기, 이야기 만들기 등의 활동들을 떠올릴 수 있다.

<table>
<tr><td>프로그램명</td><td><A2-1>
국경없는 마을 RPG</td><td>적용 대상</td><td>일반고교
RCY학생</td></tr>
<tr><td>출처</td><td>국경없는마을(2007), 다문화체험교실지원 사업 결과보고서, 문화관광부.</td><td>관련 핵심 개념
구성 요소 범주</td><td>A2</td></tr>
<tr><td>구성 요소 범주
분류의 근거</td><td colspan="3">실제 이주민들과 상호작용하는 활동을 통해 이주민들의 모국 문화에 대한 지식을 얻도록 하는 프로그램.</td></tr>
<tr><td rowspan="2">프로그램
내용</td><td colspan="3">활동 목표: 지역 사회와의 교류를 통한 글로벌 사회 시민 자질 함양.</td></tr>
<tr><td colspan="3">활동의 세부 내용:
① 국경없는 마을 RPG I: 지역 내 이주민들을 만나 미션(보물찾기 등)을 수행하며, 그 과정을 통해 각 문화에 대한 지식을 얻음.
② 국경없는 마을 RPG II: RPG과정을 통해 만난 동네에 대해 생각해 보고, 우리 동네를 발전시킬 방향에 대해 생각해 봄.
③ 다문화 골든벨: RPG 과정을 통해 얻은 다문화 지식을 골든벨을 통해 확인함.</td></tr>
<tr><td>특징 및 장점</td><td colspan="3">학습자와 지역 내 이주민의 직접적인 교류 활동을 장려함.
학습자의 흥미를 불러일으킬 수 있는 RPG(롤플레잉게임)의 형식을 도입, 활동을 통해 자연스럽게 다문화 지식을 획득함.</td></tr>
</table>

○ 문화교육 커리큘럼에 활용할 경우 고려할 세부 내용:

• 소규모 집단을 대상으로 한 단일 활동을 다수의 학습자 대상의 활동으로 전환하는 과정이 필요하다.

• 지역 사회 이주민의 동의를 구하는 등 긴밀한 협조 관계 구축이 요구된다.

프로그램명	〈A2-2〉 테마박물관 다문화 체험	적용 대상	중학생 학습자
출처	국경없는마을(2007), 다문화체험교실지원사업 결과보고서, 문화관광부.	관련 핵심 개념 구성 요소 범주	A2
구성 요소 범주 분류의 근거	박물관 견학을 통하여 다양한 문화들의 존재 양상을 확인하고, 이를 다문화 사회에 대한 지식으로 연결시킬 수 있도록 구성한 프로그램.		
프로그램 내용	활동 목표: 여러 나라, 여러 민족의 문화에 관심을 가진다.		
	활동의 세부 내용: ① 국립중앙박물관 방문: 국립중앙박물관의 국내관, 아시아관을 견학하여 외국과의 문화 교류를 통해 제작된 우리나라 유물을 감상하고 다른 아시아 국가들의 유물을 감상함. ② 이슬람모스크, 불교목아박물관 등 세계 다양한 문화를 주제로 한 박물관을 견학함(총 6회). ③ 다문화 이해에 대한 프레젠테이션: 프로그램 참가 청소년들의 다문화에 대한 의견을 발표하게 함.		
특징 및 장점	프레젠테이션을 통해 관람 이후 학습자들 사이의 공유의 장을 만듦. 다양한 박물관을 견학하여, 다양한 문화의 실제 확인함.		

○ 문화교육 커리큘럼에 활용할 경우 고려할 세부 내용:

- 관람 위주의 활동은 학습자들을 수동적인 역할에 머무르게 하기 쉽다는 점에서 주의를 요한다. 활동 이전에 충분한 준비가 선행되어야 한다.
- 프레젠테이션이 피상적인 수준에 머무르지 않을 수 있도록 적절한 매개 활동을 설정할 필요가 있다.

프로그램명	〈A2-3〉 미술 활동을 통한 다문화 이해	적용 대상	다수자 중학생
출처	대전광역시교육청(2010), 다름이 함께하는 세상, 대전광역시교육청	관련 핵심 개념 구성 요소 범주	A2
구성 요소 범주 분류의 근거	학습자들이 다른 나라의 국기, 전통 의상 등에 관심을 가지고 이에 대한 지식을 습득할 수 있게끔 하는 프로그램.		
프로그램 내용	활동 목표: 문화적 다양성을 인식하고 다른 문화에 대한 친근감과 이해도를 높일 수 있음. 활동의 세부 내용: 미술 수업 시간을 활용하여 다른 나라의 국기를 그림. 미술 수업 시간을 활용하여 다른 나라의 전통의상을 만듦. 조를 나누어 각 조가 자신이 만들고 싶은 나라의 국기와 전통의상 자료를 선택한 후, 준비하여 국기를 그리고 세계 각국의 전통 의상을 만듦.		
특징 및 장점	미술 교과와 연계하여 구성한 활동. 조별 활동으로 설계하여 구성원 간 소통 가능성을 확보.		

○ 문화교육 커리큘럼에 활용할 경우 고려할 세부 내용:

- 중등 학습자들에게 시행하기에는 다소 위계가 낮아 보인다. 국기나 전통의상 외에도, 자신이 주목하거나 자신에게 낯설게 다가온 문화를 묘사하도록 한다면, 보다 활발한 소통으로 이어질 것이다.
- 1회성 행사에 그칠 가능성이 높아 보인다. 연계성을 확보할 필요가 있다.

<table>
<tr><td>프로그램명</td><td>〈A2-4〉
다문화가정 학생이 달라졌어요</td><td>적용 대상</td><td>이주민 가정 학습자</td></tr>
<tr><td>출처</td><td>대전광역시교육청(2010), 다름이 함께하는 세상, 대전광역시교육청</td><td>관련 핵심 개념 구성 요소 범주</td><td>A2</td></tr>
<tr><td>구성 요소 범주 분류의 근거</td><td colspan="3">다양한 장소를 탐방하여 이주민 가정 학생들(소수자)이 한국의 문화에 대한 지식을 넓혀 나갈 수 있도록 하는 프로그램.</td></tr>
<tr><td rowspan="2">프로그램 내용</td><td colspan="3">활동 목표: 이주민 가정 학생들이 한국 문화를 이해하도록 도움.</td></tr>
<tr><td colspan="3">활동의 세부 내용:
① 조상의 숨결: 전주 한옥마을 탐방.
② 나도 도자기 명인!: 공주 도예촌 탐방.
③ 세계대백제전 관람 및 알밤 줍기 체험.
④ 에버랜드 할로윈 체험학습 실시.
⑤ 학생 만족도 조사 실시.</td></tr>
<tr><td>특징 및 장점</td><td colspan="3">다양한 현장 방문으로 프로그램을 구성.</td></tr>
</table>

○ 문화교육 커리큘럼에 활용할 경우 고려할 세부 내용:

• 1회적인 현장 방문 중심 프로그램으로 학습자들의 변화를 이끌어 내기는 어려워 보인다. 프로그램명 역시 일방적인 동화 기대를 반영하는 것으로 오해할 여지가 있다.

<table>
<tr><td>프로그램명</td><td>〈A2-5〉
방학 중 다문화 체험 학습</td><td>적용 대상</td><td>다수자
중학생</td></tr>
<tr><td>출처</td><td>대전광역시교육청(2010), 다름이 함께하는 세상, 대전광역시교육청</td><td>관련 핵심 개념
구성 요소 범주</td><td>A2</td></tr>
<tr><td>구성 요소 범주
분류의 근거</td><td colspan="3">다문화 관련 도서, 다문화 관련 영상물들을 보고 학습자가 능동적으로 세계 여러 지역의 다양한 문화를 조사하여, 이에 대한 지식을 넓혀 갈 수 있도록 돕는 프로그램.</td></tr>
<tr><td rowspan="2">프로그램
내용</td><td colspan="3">활동 목표: 다문화 및 다문화 구성원을 보다 깊이 있게 이해하고 이를 받아들이려는 태도를 가짐.</td></tr>
<tr><td colspan="3">활동의 세부 내용:
① 다문화 관련 도서 읽고 가족과 함께 독서 신문 만들기
② 우리 주변의 다문화 친구를 위해 내가 할 수 있는 일 소개하기
③ 우리 주변의 다문화 친구와 친해지는 방법 소개하기
④ 다문화 관련 영상물 시청 후 소감문 쓰기
⑤ 세계 여러 지역의 독특한 문화 조사하기
⑥ 각 국의 문화원 방문 후 소감문 쓰기
⑦ 다문화 이해를 위한 신문 만들기
⑧ 문화기행문 작성하기</td></tr>
<tr><td>특징 및 장점</td><td colspan="3">'신문' 제작을 통해 다양한 활동들을 하나의 체계로 구성.</td></tr>
</table>

○ 문화교육 커리큘럼에 활용할 경우 고려할 세부 내용:

- 혼자서 진행하기에는 벅찬 활동인 만큼, 프로그램 시행 초기에 적절한 조별 구성과 지속적인 조언이 제공되어야 한다.
- '신문'에 어떠한 콘텐츠를 넣을지 논의하고 결정하는 기획 단계를 포함할 필요가 있어 보인다.

<table>
<tr><td>프로그램명</td><td>〈A2-6〉
다문화 동아리를 중심으로 한 행복한 어울림</td><td>적용 대상</td><td>중학교 학습자</td></tr>
<tr><td>출처</td><td>교육과학기술부(2011), 다문화교육 우수사례공모전 수상작품집 Ⅱ-다문화이해교육부문, 교육과학기술부</td><td>관련 핵심 개념 구성 요소 범주</td><td>A2</td></tr>
<tr><td>구성 요소 범주 분류의 근거</td><td colspan="3">'외국인'들과 함께 하는 활동을 통해 상호 간 문화의 이해 증진에 도움을 줄 수 있도록 구성한 프로그램.</td></tr>
<tr><td rowspan="2">프로그램 내용</td><td colspan="3">활동 목표: 다문화에 대한 인식 개선 및 다문화 이해 향상.</td></tr>
<tr><td colspan="3">활동의 세부 내용:
① 3월: 일본 영화 감상 및 일본 문화 이해하기
② 4월: 세계문화신문 만들기
③ 5월: 외국인 체험, 외국인들의 어려움 이해하기
④ 6월: 성곡예절체험(전통예절교육, 글로벌예절교육) '다문화 홍보 대사' 활동하기
⑤ 8월: 다문화 UCC 만들기
⑥ 9월: 임실치즈스쿨 다문화 학생 학부모 체험활동하기
⑦ 10월: 외국인과 함께하는 다문화 체험교실 다문화 학생 연수, 한국문화 체험 캠프
⑧ 11월: 다문화 영화 감상(〈완득이〉) 달서다문화가족도서관 방문 및 사회복지사 면담하기</td></tr>
<tr><td>특징 및 장점</td><td colspan="3">다문화동아리 '조각보 세상' 중심의 활동 조직.
1년 단위의 월별 활동 조직.</td></tr>
</table>

○ 문화교육 커리큘럼에 활용할 경우 고려할 세부 내용:

- 다문화 학생이 구성원으로 포함된 교내 다문화 동아리를 중심으로 조직된 활동이다. 연간 활동 계획표가 미리 제시되어 있으며, 각각의 활동에 적합한 활동지가 제공되어 1회적인 행사에 그치지 않도록 하였다.
- 활동 중 '외국인 체험'은 '영어로 길 묻고 음식 주문해 보기' 등의 활동을 통해 학습자들이 쉽게 체감하기 어려운 언어적, 문화적 소수자의 입장을 생각해 볼 수 있게끔 한다는 점에서 의미가 크다.
- '다문화 홍보 대사'는 동아리에 소속되지 않은 다수자 학습자들에게 동아리 활동의 성과를 전파하고, 그들의 인식을 개선시키기 위한 적극적인 소통 활동을 장려한다는 점에서 높게 평가할 수 있다.
- 반면 월별 활동으로 구성되어 활동과 활동 사이의 시간 간격이 지나치게 넓고, 각 활동 사이의 긴밀한 연관관계를 찾아보기 어렵다는 단점이 있다.
- 연간계획표상에만 드러나지 않은 것일 수 있으나, 전체 활동을 정리하고 이후의 삶으로 이어 나가기 위한 활동이 추가된다면 프로그램 시행의 효과가 더 커질 것으로 보인다. 예를 들어 '다문화 홍보 대사' 활동을 연말에 추가로 시행하는 방법 등이 가능할 것이다.

프로그램명	〈A2-7〉 무지개기자단	적용 대상	중고등학교 학습자
출처	양계민 외(2009), 미래 한국사회 다문화 역량강화를 위한 아동 청소년 중장기 정책방안 연구 I, 한국청소년정책연구원	관련 핵심 개념 구성 요소 범주	A2
구성 요소 범주 분류의 근거	다수자-소수자 청소년이 하나의 팀을 구성하여 현장을 방문하고 기사를 작성함으로써 자신이 알지 못하는 문화에 대한 심층적인 지식을 확보할 수 있도록 구성한 프로그램.		
프로그램 내용	활동 목표: 다수자 · 소수자 청소년의 자존감을 향상시키고 상호 소통의 발판을 마련. 활동의 세부 내용: ① 이주민 가정 청소년과 정주민 가정 청소년이 공동의 기자단을 구성. ② 다문화 사회 및 이주민들의 생활과 관련이 밀접한 현장을 방문하여 취재 활동 실시. ③ 취재한 내용을 바탕으로 기사문 작성.		
특징 및 장점	이주민 가정의 청소년과 정주민 가정의 청소년의 공동 활동. 기자단을 구성하여 취재 및 기사 작성을 주체적으로 수행.		

○ 문화교육 커리큘럼에 활용할 경우 고려할 세부 내용:

- 기자단 내에서 발생할 수 있는 갈등 및 의사소통의 문제를 고려할 필요가 보인다.
- 취재 요령(인터뷰 등), 기사 작성 요령(기사문의 형식 등)에 대한 사전 교육이 필요할 것이다. 타 교과(국어, 사회 등)와의 연계를 고려하거나 선택-집중형 커리큘럼 운영을 통해 해결하여야 한다.
- 취재 대상 지역, 현장 선정에 충분한 고민이 선행되어야 한다. 교사가 사전에 지역 내에서 적절한 취재 대상을 선별하고 이 가운데 기자단이 하나를 선택하는 방식이 가장 현실적인 안이 될 것이다.
- 교사의 역할을 어디까지로 볼 것인가의 문제도 고려해 볼 필요가 있다. 기자단에 교사를 포함할지, 만약 포함한다면 어떠한 역할을 부여할 것인지, 기자단에 교사를 포함하지 않는다면, 기자단 외부에서 어떤 역할을 할 수 있을지 교사 스스로가 명확한 상을 가지고 활동을 시작해야 한다.
- 이주민 가정의 청소년과 정주민 가정의 청소년이 함께 하는 활동이라는 점에 방점을 찍을 것인가, 다문화 사회 및 이주민들의 생활과 관련이 밀접한 현장에서의 체험에 방점을 찍을 것인가에 따라 프로그램의 목표가 달라질 수 있다. 여기서는 우선 후자에 초점을 맞춘 것으로 보았다.
- 취재 및 기사 작성에 필요한 최소한의 장비(녹음기, 노트북 등) 확보가 필요하다. 스마트폰 등으로 어느 정도는 감당할 수 있을 것으로 보이나, 사전에 확인해 둘 필요가 있다.
- 이주민 가정 청소년 및 정주민 가정 청소년의 자존감 향상이 기자단 활동을 통해 어떻게 성취될 수 있는지가 충분히 드러나지 않는다. 보완이 필요하다.

<table>
<tr><td>프로그램명</td><td>〈A2-8〉
다양한 전공어 문화 체험활동을 통한 다문화교육</td><td>적용 대상</td><td>외고 학습자</td></tr>
<tr><td>출처</td><td>대전광역시교육청(2010), 다름이 함께하는 세상, 대전광역시교육청</td><td>관련 핵심 개념 구성 요소 범주</td><td>A2</td></tr>
<tr><td>구성 요소 범주 분류의 근거</td><td colspan="3">다양한 언어를 습득함으로써, 그 언어를 사용하는 사람들의 문화적 배경을 이해할 수 있는 해석 능력을 증진시키는 프로그램.</td></tr>
<tr><td rowspan="2">프로그램 내용</td><td colspan="3">활동 목표: 다양한 문화적 배경을 가진 사람들에 대한 이해를 증진하고 타문화에 상호 존중과 배려의 정신을 함양함.</td></tr>
<tr><td colspan="3">활동의 세부 내용:
① 외국어 캠프 운영을 통한 다문화 이해 교육: 중학교 3학년 학생을 대상으로 외국어 고등학교에 개설된 7개 외국어교육 과정을 체험할 수 있는 기회 제공.
② 전공어 페스티벌을 통한 다문화 이해 교육: 해당 전공어 경연대회를 통해 해당국가의 문화와 실생활을 익힘(해당 전공어로 발표, 토론, 웅변, 시 낭송 등을 실시).
③ 학교 예술제를 통한 다문화 이해 교육-연극 공연.
④ 외국어 신문 발행을 통해 다문화 이해 교육(총 7개국).
⑤ 청소년 시민 프로젝트 선정: '문화교류를 통한 다문화 이해'를 주제로 프로젝트명을 공모함. 대전대학교 국제무역통상학과에 재학 중인 유학생들과 연계하여 문화교류를 함.</td></tr>
<tr><td>특징 및 장점</td><td colspan="3">다양한 언어가 공존하는 교육 환경을 활용한 프로그램 시행.</td></tr>
</table>

○ 문화교육 커리큘럼에 활용할 경우 고려할 세부 내용:

- 외국어 고등학교라는 특수한 환경에서 시행 가능한 프로그램이다. 보편적인 적용에는 어려움이 있을 것으로 보인다.
- 이 프로그램에서 전제하는 7개 외국어 교육 과정은 중국어, 영어, 독일어, 일본어, 러시아어, 프랑스어, 스페인어이다. 이는 현재 한국 사회를 구성하는 다문화 구성원의 모국어 비율과는 크게 다르다.
- 여기에서 문화 체험은 시 낭송, 연극, 노래 등 예술 작품들의 공연 및 관람이 주를 이룬다. 이는 일상 생활에서 문화적 차이로 인한 갈등 및 다양한 의사소통 문제를 발생시키는 문화적 요인과는 거리가 멀다.
- 주변 대학 유학생들과의 문화교류 역시 보편적인 커리큘럼 내의 프로그램으로서는 실현 가능성이 없으며, 실현되더라도 1회적인 성격 이상의 의미를 가지기 어려워 보인다.
- 대상 언어를 한국의 다문화 환경에 맞게 구성하고 '전공어 페스티벌', '외국어 신문', '외국어 연극' 등을 별도의 프로그램으로 구성하여 커리큘럼에 편입하는 방안을 생각해 볼 수 있다. 그러나 이 경우에도 일정 수준 이상의 시간과 예산이 필요하다는 사실을 고려해야 한다.

<table>
<tr><td>프로그램명</td><td>〈B1-1〉
판(版)도라의 상자</td><td>적용 대상</td><td>결혼 이주민</td></tr>
<tr><td>출처</td><td>국경없는마을(2007), 다문화체험교실지원사업 결과보고서, 문화관광부.</td><td>관련 핵심 개념 구성 요소 범주</td><td>B1</td></tr>
<tr><td>구성 요소 범주 분류의 근거</td><td colspan="3">결혼 이주민들이 자신의 속마음을 표현하게 함으로써, 서로를 낯설지 않게 받아들일 수 있는 계기를 만들어 주는 프로그램.</td></tr>
<tr><td rowspan="2">프로그램 내용</td><td colspan="3">활동 목표: 결혼 이주민이 자신의 이야기를 주변 사람들과 적극적으로 나눌 수 있도록 함.</td></tr>
<tr><td colspan="3">활동의 세부 내용:
① 나의 이야기: 자신 마음 속의 진솔한 이야기를 하여 이야기하고 판화 작업으로 표현함.
② 마음으로 보내는 편지: 가까이 혹은 멀리 있는 나의 가족, 친지, 친구에게 글을 담아 판화 이미지 엽서를 제작하여 보냄.
③ 우리 모두 크리스마스: 크리스마스카드를 판화로 여러 장 제작하기. 나라별 크리스마스 이미지를 제작함.
④ 크리스마스카드 제작(결혼 이민자와 다문화 가족을 대상으로 진행)
※ 약 2-3주간, 총 10차시 활동.</td></tr>
<tr><td>특징 및 장점</td><td colspan="3">판화 제작 등, 학습자가 흥미를 느낄 수 있는 요소 반영.
카드 보내기를 통한 수업 외적 소통 활성화.
결혼 이주민의 문화적 자존감을 향상시킬 수 있도록 배려.
크리스마스라는 보편적 소재를 활용하여 접근.</td></tr>
</table>

○ 문화교육 커리큘럼에 활용할 경우 고려할 세부 내용:

- 본래 결혼 이주민을 대상으로 개발된 프로그램인 만큼 이주민 가정 학습자 또는 다수자 학습자가 대상인 경우를 상정하여 세부적인 내용을 그에 맞게 재구성할 필요가 있다.
- 프로그램 설명상에는 유통, 판매 등 경제적 생산 활동까지를 염두에 두었다고 하는데, 학교 현장에서 시행하기에는 여러모로 적절하지 않아 보인다. 그보다는 학습자들의 실질적인 '소통' 활동으로 이어질 수 있도록 다른 장치를 추가하는 것이 바람직하다. 예컨대 학급 차원에서 카드를 교환한다거나, 카드를 받은 사람들이 다시 다른 사람들에게 카드를 보내는 릴레이식 활동 등을 생각해 볼 수 있다.
- 실제 진행 내용을 보면 유사한 활동들을 2-3차시에 걸쳐 반복적으로 제시하였는데 좀 더 효율적으로 한다면, 2-3차시만으로도 활동을 완료할 수 있어 보인다. 결혼 이주민이 대상일 때와 비교하여 청소년들이 대상일 때에는 상대적으로 밀도 있는 운영이 가능할 것이다.

<table>
<tr><td>프로그램명</td><td>〈B1-2〉
다문화 독서 엽서 쓰기</td><td>적용 대상</td><td>다수자 중학생</td></tr>
<tr><td>출처</td><td>대전광역시교육청(2010), 다름이 함께하는 세상, 대전광역시교육청</td><td>관련 핵심 개념 구성 요소 범주</td><td>B1</td></tr>
<tr><td>구성 요소 범주 분류의 근거</td><td colspan="3">다문화 관련 서적의 독서를 통해 이주민 가정에 대한 이질감을 지우고, 보다 개방적인 태도를 형성하고자 하는 프로그램.</td></tr>
<tr><td rowspan="2">프로그램 내용</td><td colspan="3">활동 목표: 일반 학생의 이주민 가정 이해를 폭넓게 이끌어 냄.</td></tr>
<tr><td colspan="3">활동의 세부 내용:
① 다문화 관련 서적을 구입.
② 다문화 관련 홍보 판넬을 도서관 앞에 전시하고 서적을 홍보.
③ 독서 엽서 만들기 활동을 개별적으로 수행.
④ 우수작을 선정하여 수상하고, 학교 축제 기간에 전시.</td></tr>
<tr><td>특징 및 장점</td><td colspan="3">다문화 관련 독서 결과를 다른 활동으로 연계함.
우수작의 경우 시상하여 학습 동기를 부여함.</td></tr>
</table>

○ 문화교육 커리큘럼에 활용할 경우 고려할 세부 내용:

- 다문화 관련 독서 목록 리스트를 풍부하게 제시할 수 있어야 한다.
  -예, 대전 봉우중학교-〈다문화 관련 추천도서 목록〉 참조.
- 우수작 시상으로 마무리하고자 한다면, 평가 기준을 먼저 공개하여 학습자들이 이를 의식할 수 있게 하는 것이 보다 효율적일 수 있다. 단 지나치게 시상에만 관심을 두지 않도록 한다.

※ 참고 자료) 대전봉우중학교 - 〈다문화 관련 추천도서 목록〉

구분	제목	지은이	출판사
1	커피우유와 소보로 빵	카롤린 필립스	푸른숲
2	큰 발 중국아가씨	렌세이 나미오카	달리
3	외로운 지미	김일광	현암사
4	국경 없는 마을	박채란	서해문집
5	블루시아의 가위바위보	김중미 외	창비
6	십시일반	박재동	창비
7	차별 싫어요	플로랑스 뒤떼이	푸른숲
8	지구촌 사람들 지구촌 이야기	고마쓰 요시오	서광사
9	아이들의 하루	다니엘 피쿨리	오래된 미래
10	천둥아, 내 외침을 들어라	밀드레드 테일러	내 인생의 책

<table>
<tr><td>프로그램명</td><td>〈B1-3〉
배움과 이해로 하나되는 우리</td><td>적용 대상</td><td>다수자 중학생</td></tr>
<tr><td>출처</td><td>대전광역시교육청(2010), 다름이 함께하는 세상, 대전광역시교육청</td><td>관련 핵심 개념 구성 요소 범주</td><td>B1</td></tr>
<tr><td>구성 요소 범주 분류의 근거</td><td colspan="3">문화적 다양성에 대한 이해를 전제로, 서로 다른 문화들의 가치를 인정하고 이를 존중하는 태도를 기르기 위해 구성된 프로그램.</td></tr>
<tr><td rowspan="2">프로그램 내용</td><td colspan="3">활동 목표: 다른 나라와 한국의 문화를 비교해 보고, 다양성을 이해하고 문화적 가치를 존중하도록 함.</td></tr>
<tr><td colspan="3">활동의 세부 내용:
① 토의하기: 그룹별로 주어진 주제에 대해 서로 의견을 나누고 의견을 비교해 보고 해결책을 제시하도록 함.
② 시청각 자료 활용하기: 영화나 비디오, 그림, 사물 등으로 다문화가정의 현실과 이해를 도움(EBS 다큐멘터리, 인권위원회 애니메이션 '별별이야기' 시청).</td></tr>
<tr><td>특징 및 장점</td><td colspan="3">토의 활동을 통한 다문화 의식 함양.
기성 매체 자료의 활용.</td></tr>
</table>

○ 문화교육 커리큘럼에 활용할 경우 고려할 세부 내용 :

- 프로그램 이름 외에는 독창적으로 볼 수 있는 것이 없는 활동이다. 이러한 활동의 수행 기간으로 1년(3월~12월)을 상정하였는데, 이를 위해서는 프로그램 내용을 큰 폭으로 보완하여야 할 것이다.

<table>
<tr><td>프로그램명</td><td>〈B1-4〉
함께하는 우리 아름다운 세상</td><td>적용 대상</td><td>중학교 학습자</td></tr>
<tr><td>출처</td><td>인천광역시교육청(2011), 함께하는 다문화 이해교육, 인천광역시교육청</td><td>관련 핵심 개념 구성 요소 범주</td><td>B1</td></tr>
<tr><td>구성 요소 범주 분류의 근거</td><td colspan="3">우리 사회를 구성하는 다양한 이주민들의 사례를 확인하고, 이들과 함께 살아가는 사회의 모습을 상상하게 함으로써 이주민들에 대한 개방적 태도를 형성하는 활동.</td></tr>
<tr><td rowspan="2">프로그램 내용</td><td colspan="3">활동 목표: 국내외 인구 이동을 통해 다문화 사회로의 진입을 설명할 수 있음.</td></tr>
<tr><td colspan="3">활동의 세부 내용:
① 이민사 성공 사례와 우리나라로 귀화한 외국인 사례 조사 및 발표하기
② 변화된 사회에서 이웃 생활 모습 파악하기
③ 다문화 지구촌의 모습을 상상하여 글이나 그림으로 표현하기
④ 바람직한 이웃 관계 모습 생각하기
⑤ 외국인에 대해 가지고 있는 편견 되돌아보기
⑥ 역할극을 통해 새터민 친구들의 상황을 이해하는 마음 가지기
⑦ 광고 문구 작성을 통해 편견을 긍정적으로 바꾸어 생각해보기</td></tr>
<tr><td>특징 및 장점</td><td colspan="3">진부할 수 있는 내용을 다양한 활동을 통해 효과적으로 전달.</td></tr>
</table>

○ 문화교육 커리큘럼에 활용할 경우 고려할 세부 내용:

- 자료에 의존하여 내용을 진행해야 할 경우가 많아 고등학생 이상의 학습자에게 적용하기에 적합하다. 중학생의 경우 자료를 보고 스스로 판단하기보다는 교사의 의견에 견인될 가능성이 높다.
- 카피라이터가 되어 광고 문구를 작성하는 활동들은 학습자들이 흥미를 느낄 만한 요소들을 가지고 있어 바람직한 활동이라고 판단된다.

<table>
<tr><td>프로그램명</td><td>〈B1-5〉
독서토론 동아리 활동을 통한 다문화 이해 체험</td><td>적용 대상</td><td>고등학생
독서동아리</td></tr>
<tr><td>출처</td><td>대전광역시교육청(2010), 다름이 함께 하는 세상, 대전광역시교육청</td><td>관련 핵심 개념
구성 요소 범주</td><td>B1</td></tr>
<tr><td>구성 요소 범주 분류의 근거</td><td colspan="3">다문화 관련 도서를 읽고, 이를 바탕으로 토론함으로써 다문화 사회에 대한 생각의 차이를 확인하고, 보다 개방적인 태도 형성으로 나아가기 위해 구성된 프로그램.</td></tr>
<tr><td rowspan="2">프로그램 내용</td><td colspan="3">활동 목표: 체험활동을 통해 다문화 이해의 폭을 넓히고, 학생들이 다문화 사회에 대한 긍정적인 태도를 가지게 함.</td></tr>
<tr><td colspan="3">활동의 세부 내용:
① 다문화 사회 관련 도서를 동아리원들과 함께 읽음.
② 다문화이해를 돕기 위한 다문화가정 방문한 체험학습 실시: 한국 사회의 다문화 상황과 우리의 자세를 주제로 교육 및 봉사활동.
③ 독서한 내용을 바탕으로 독서토론 실시.

독서 목록
가) 마르코 마르티니엘로,『현대 사회와 다문화주의』
나) 서경식,『고통과 기억의 연대는 가능한가』
다) 이현정,『우리의 미래 다문화에 달려 있다』
라) 박범신,『나마스테』

토론 주제: 다문화 사회에서 우리가 나아갈 방향은 동화 정책인가? 동등한 통합 정책인가?</td></tr>
<tr><td>특징 및 장점</td><td colspan="3">동아리 활동을 문화교육과 관련있는 주제로 시행.
체험 및 봉사 활동과 연계하여 실질적인 관계 맺음을 장려.</td></tr>
</table>

○ 문화교육 커리큘럼에 활용할 경우 고려할 세부 내용:

- 독서목록을 병렬적으로 제시하기보다는 위계화하여 제시하면 효과적일 것이다. 예를 들어, 문학 작품(박범신,『나마스테』)를 먼저 제시하고 학습자들 스스로 어떤 문제의식을 가지게 한 뒤, 사회과학 도서 등을 통해 문제의식을 심화하는 방향을 생각하여 볼 수 있다.
- 독서 토론과 다문화가정 방문체험학습 활동이 긴밀하게 연결되지 않는다는 느낌을 받는다. 한정된 시간 속에서 다양한 목표를 염두에 두고 프로그램을 운영하였기 때문인 것으로 추정된다. 커리큘럼의 형식으로 한 학기, 또는 그 이상의 기간을 상정하여 운영한다는 전제하에서, 별개의 프로그램으로 구성하는 것이 합리적이다.
- 토론 주제가 '동화정책'과 '동등한 통합 정책'을 이분법적으로 나누어 놓고 이 중 하나를 선택해야 하는 문제로 환원된다. 논제를 보다 다양화하여 접근할 필요가 있다.
- 독서토론 동아리 구성원 8명을 대상으로 기획된 프로그램이니 만큼, 학급-학교 단위에서 수행하기 위해서는 일부 재구성이 필요할 것으로 보인다.

<table>
<tr><td>프로그램명</td><td>〈B1-6〉
또 다른 한국인 첫 번째 - 이주노동자</td><td>적용 대상</td><td>중학교 학습자</td></tr>
<tr><td>출처</td><td>교육과학기술부, 중앙다문화교육센터(2014), 다문화 이해 교육을 위한 교수-학습 지도서(중 · 고등학교 교사용)</td><td>관련 핵심 개념 구성 요소 범주</td><td>B1</td></tr>
<tr><td>구성 요소 범주 분류의 근거</td><td colspan="3">우리 사회에서 살아가는 이주노동자들의 현실을 확인하고 이를 바탕으로 이주노동자들의 삶을 깊이 있게 이해하여, 이들에게 개방적 태도를 형성할 수 있게끔 하는 프로그램.</td></tr>
<tr><td rowspan="2">프로그램 내용</td><td colspan="3">활동 목표: 이주노동자들이 한국에서 차별받는 현실을 구체적으로 이해하고 차별의 부당성을 느낄 수 있음.</td></tr>
<tr><td colspan="3">활동의 세부 내용:
① 이주노동자의 어려움을 다룬 기사를 읽고 이주노동자들이 차별받는 사례들을 찾아 이야기하기
② 한 이주노동자의 이야기를 DVD로 보고 느낌 모둠별 토론 후 발표하기
③ 이주노동자들의 이야기를 다룬 문학 작품을 통해 차별받는 사람들의 아픔을 개별 활동으로 정리하기</td></tr>
<tr><td>특징 및 장점</td><td colspan="3">신문기사, 영화 등 다양한 매체 자료 활용.
문학 작품을 통한 공감적 접근.</td></tr>
</table>

○ 문화교육 커리큘럼에 활용할 경우 고려할 세부 내용:

- 학급 구성원 중 '이주노동자'의 자녀, 혹은 '이주노동자'와 관계가 밀접한 학습자가 있을 수 있음에 유의한다.
- 다문화 사회 구성원(결혼 이민자, 탈북자 등)과 관련된 다른 활동과의 관련성을 의식하며 활동에 임할 수 있도록 지도한다.

<table>
<tr><td>프로그램명</td><td>〈B1-7〉
또 다른 한국인 두 번째 - 결혼 이민자</td><td>적용 대상</td><td>중학교 학습자</td></tr>
<tr><td>출처</td><td>교육과학기술부, 중앙다문화교육센터(2014), 다문화 이해 교육을 위한 교수-학습 지도서(중 · 고등학교 교사용)</td><td>관련 핵심 개념 구성 요소 범주</td><td>B1</td></tr>
<tr><td>구성 요소 범주 분류의 근거</td><td colspan="3">우리 사회에서 살아가는 결혼 이주민들의 현실을 확인하고 이를 바탕으로 결혼 이주민들의 삶을 깊이 있게 이해하여, 이들에게 개방적 태도를 형성할 수 있게끔 하는 프로그램.</td></tr>
<tr><td rowspan="2">프로그램 내용</td><td colspan="3">활동 목표: 결혼 이민자들이 한국에서 차별받는 현실을 구체적으로 이해하고 차별의 부당성을 느낄 수 있음.</td></tr>
<tr><td colspan="3">활동의 세부 내용:
① 결혼 이민자에 대한 평소 나의 생각을 확인하고, 결혼 이민자의 어려움을 다룬 기사를 읽고 생각 및 나누기
② 결혼 이민자의 자녀들이 겪는 아픔을 다룬 소설을 읽고 활동지 풀기 및 발표와 토의하기
③ 결혼 이민자 가족들이 우리 사회에서 겪는 어려움을 다룬 애니메이션과 영화를 보고 활동지를 작성하며 그들의 삶 이해하기</td></tr>
<tr><td>특징 및 장점</td><td colspan="3">신문기사, 영화 등 다양한 매체 자료 활용.
문학 작품을 통한 공감적 접근.</td></tr>
</table>

○ 문화교육 커리큘럼에 활용할 경우 고려할 세부 내용 :

- 학급 구성원 중 '결혼 이민자'의 자녀, 혹은 '결혼 이민자'와 관계가 밀접한 학습자가 있을 수 있음에 유의한다.
- 다문화 사회 구성원(이주노동자, 탈북자 등)과 관련된 다른 활동과의 관련성을 의식하며 활동에 임할 수 있도록 지도한다.

<table>
<tr><td>프로그램명</td><td>〈B1-8〉
또 다른 한국인 세 번째 - 탈북자</td><td>적용 대상</td><td>중학교 학습자</td></tr>
<tr><td>출처</td><td>교육과학기술부, 중앙다문화교육센터(2014), 다문화 이해 교육을 위한 교수-학습 지도서 (중 · 고등학교 교사용)</td><td>관련 핵심 개념 구성 요소 범주</td><td>B1</td></tr>
<tr><td>구성 요소 범주 분류의 근거</td><td colspan="3">우리 사회에서 살아가는 탈북자들의 현실을 확인하고 이를 바탕으로 탈북자들의 삶을 깊이 있게 이해하여, 이들에게 개방적 태도를 형성할 수 있게끔 하는 프로그램.</td></tr>
<tr><td rowspan="2">프로그램 내용</td><td colspan="3">활동 목표: 탈북자들이 한국에서 차별받는 현실을 구체적으로 이해하고 차별의 부당성을 느낄 수 있음.</td></tr>
<tr><td colspan="3">활동의 세부 내용:
① 탈북자들의 탈북 과정과 그들이 겪는 어려움을 다룬 〈지식채널e-'보통사람'〉을 보고 활동지 작성하기 및 문제의식 공유하기
② 10대 탈북 청소년의 일탈에 관한 기사를 보고 탈북자 문제에 대해 활동지 내용을 바탕으로 소규모 토의하기
③ 탈북 청소년들이 우리 사회에서 겪는 어려움과 그들의 아픔을 다룬 영화를 시청하고 영화의 의미에 대해 모둠별 토의하기</td></tr>
<tr><td>특징 및 장점</td><td colspan="3">신문기사, 영화 등 다양한 매체 자료 활용.</td></tr>
</table>

○ 문화교육 커리큘럼에 활용할 경우 고려할 세부 내용:

- 학급 구성원 중 '탈북자'의 자녀, 혹은 '탈북자'와 관계가 밀접한 학습자가 있을 수 있음에 유의한다.
- 다문화 사회 구성원(이주노동자, 결혼 이민자 등)과 관련된 다른 활동과의 관련성을 의식하며 활동에 임할 수 있도록 지도한다.

<table>
<tr><td>프로그램명</td><td>〈B1-9〉
책 속에서 길 찾기</td><td>적용 대상</td><td>고등학교
학습자</td></tr>
<tr><td>출처</td><td>교육과학기술부, 중앙다문화교육센터(2014),
다문화 이해 교육을 위한 교수-학습 지도서
(중 · 고등학교 교사용)</td><td>관련 핵심 개념
구성 요소 범주</td><td>B1</td></tr>
<tr><td>구성 요소 범주
분류의 근거</td><td colspan="3">다문화 관련 소설을 읽고 이와 관련된 활동을 다양하게 수행하면서, 다문화 사회 구성원, 다문화 사회에 대한 개방적 태도를 형성하게끔 구성된 활동.</td></tr>
<tr><td rowspan="2">프로그램
내용</td><td colspan="3">활동 목표: 다문화 문제를 다룬 소설을 읽고 다양한 방법으로 독후 활동을 함으로써 책의 내용을 깊이 이해함.</td></tr>
<tr><td colspan="3">활동의 세부 내용:
① 다문화 관련 소설『샤바의 소년』읽기
② 읽은 후 활동 중 택일: 독후감 쓰기, 20자 서평 쓰기, 책 광고 만들기, 독후 감상 시조 짓기, 책 도장 만들기, 노래가사 바꿔 부르기
③ 활동 결과물이 완성되면 발표 또는 전시</td></tr>
<tr><td>특징 및 장점</td><td colspan="3">다양한 독후 활동.
발표 및 전시를 통한 학습 결과 공유.</td></tr>
</table>

○ 문화교육 커리큘럼에 활용할 경우 고려할 세부 내용:

• 개인별 활동을 전제하였으나, 5-6명을 한 조로 한 모둠별 활동도 가능하다.

• 다양한 독후 활동에 초점을 맞추어 개발되었으므로 적극적인 참여를 유도하여야 한다.

<table>
<tr><td>프로그램명</td><td>〈B1-10〉
자유를 찾는 힘겨운 여정</td><td>적용 대상</td><td>중학교
학습자</td></tr>
<tr><td>출처</td><td>교육과학기술부, 중앙다문화교육센터(2014),
다문화 이해 교육을 위한 교수-학습 지도서
(중 · 고등학교 교사용)</td><td>관련 핵심 개념
구성 요소 범주</td><td>B1</td></tr>
<tr><td>구성 요소 범주
분류의 근거</td><td colspan="3">우리 사회에서 살아가는 탈북자들의 현실을 확인하고, 이를 바탕으로 탈북자들의 삶을 깊이 있게 이해하여, 이들에게 개방적 태도를 형성할 수 있게끔 하는 프로그램.</td></tr>
<tr><td rowspan="2">프로그램
내용</td><td colspan="3">활동 목표: 탈북자를 한국 사회의 구성원으로 인정하는 태도를 갖기.</td></tr>
<tr><td colspan="3">활동의 세부 내용:
① 탈북자들에 대한 솔직한 생각 표현하기
② 탈북자를 돕는 사람의 기사를 읽고 활동지 작성 및 발표하기
③ 탈북자의 수기 「금희의 여행」을 읽고 탈북자의 북한 생활, 한국 정착 및 적응 과정 파악 후 느낀 점 발표하기
④ 「금희의 여행」을 통한 독서표현 활동(책 내용 중 인상적인 장면이나 중심 내용을 갖고 만드는 독서신문, 그림책 만들기)하기</td></tr>
<tr><td>특징 및 장점</td><td colspan="3">탈북자에 대한 학습자의 인식 및 태도의 변화 과정에 초점.</td></tr>
</table>

○ 문화교육 커리큘럼에 활용할 경우 고려할 세부 내용:

- 태도의 변화를 목적으로 하는 활동이어서, 적지 않은 차시를 필요로 한다(총 5차시). 선택-집중형 커리큘럼에서 운영하는 것이 바람직하다.
- 학급 구성원 중 '탈북자'의 자녀, 혹은 '탈북자'와 관계가 밀접한 학습자가 있을 수 있음에 유의한다.

<table>
<tr><td>프로그램명</td><td>〈B1-11〉
함께 역사를 만들어 가는 외국인</td><td>적용 대상</td><td>중학교
학습자</td></tr>
<tr><td>출처</td><td>교육과학기술부,중앙다문화교육센터(2014),
다문화 이해 교육을 위한 교수-학습 지도서
(중 · 고등학교 교사용)</td><td>관련 핵심 개념
구성 요소 범주</td><td>B1</td></tr>
<tr><td>구성 요소 범주
분류의 근거</td><td colspan="3">우리 사회에서 살아가는 이주민들의 현실을 확인하고, 이를 바탕으로 이주민들의 삶을 깊이 있게 이해하여, 이들에게 개방적 태도를 형성할 수 있게끔 하는 프로그램.</td></tr>
<tr><td rowspan="2">프로그램
내용</td><td colspan="3">활동 목표: 다른 국적을 가진 사람들을 우리 사회의 구성원으로 인정하는 태도를 갖기.</td></tr>
<tr><td colspan="3">활동의 세부 내용:
① 시인으로 등단한 결혼 이민자에 대한 기사 읽기
② 신문기사를 읽고 외국인 귀화 선수에 대한 자신의 입장 정리하기
③ 박기현, 『우리 역사를 바꾼 귀화인』을 읽고 귀화인들이 우리나라에 어떤 영향을 끼쳤는지와 우리 조상들이 외국인에 대해 어떤 자세를 가졌는지를 정리하기</td></tr>
<tr><td>특징 및 장점</td><td colspan="3">다양한 자료를 통해 외국인, 귀화인에 대한 인식 및 태도를 바꾸어 나가는 활동.</td></tr>
</table>

○ 문화교육 커리큘럼에 활용할 경우 고려할 세부 내용:

- 학습자 태도의 변화를 목적으로 하는 활동이어서, 적지 않은 차시를 필요로 한다(총 5차시). 선택-집중형 커리큘럼에서 운영하는 것이 바람직하다.
- 자료의 비중이 상대적으로 높은 편이다. 한두 가지를 줄이고 활동으로 대체하는 방안도 고려해 볼 수 있다.

<table>
<tr><td>프로그램명</td><td>〈B1-12〉
내가 꿈꾸는 다문화 사회 (1)</td><td>적용 대상</td><td>중학교
학습자</td></tr>
<tr><td>출처</td><td>교육과학기술부, 중앙다문화교육센터(2014), 다문화 이해 교육을 위한 교수-학습 지도서(중 · 고등학교 교사용)</td><td>관련 핵심 개념
구성 요소 범주</td><td>B1</td></tr>
<tr><td>구성 요소 범주
분류의 근거</td><td colspan="3">미래 다문화 사회의 모습을 상상해 보는 활동을 통해 현재 우리 사회의 모습을 비판적으로 인식하고, 이를 바탕으로 개방적 태도를 형성할 수 있도록 돕는 프로그램.</td></tr>
<tr><td rowspan="2">프로그램
내용</td><td colspan="3">활동 목표: 다문화 사회와 관련하여 우리 사회가 앞으로 지향해야 할 다문화 사회의 모습을 표현할 수 있음.</td></tr>
<tr><td colspan="3">활동의 세부 내용:
① 다문화 사회와 관련된 신문기사를 읽고 우리 사회의 현황과 문제점을 파악하기
② 우리 사회가 지향해야 할 다문화 사회의 모습을 생각해 보고 자신이 상상한 긍정적인 미래상을 신문 기사로 표현하기</td></tr>
<tr><td>특징 및 장점</td><td colspan="3">활동을 통해 학습자에게 형성된 문제의식을 현실 사회에 대한 것으로 전환할 수 있도록 유도.</td></tr>
</table>

ㅇ 문화교육 커리큘럼에 활용할 경우 고려할 세부 내용:

- 신문기사는 가급적 최신의 자료를 사용하되 지나치게 선정적이거나 교육적으로 부적절한 내용이 있는 것은 배제한다.
- 신문 기사의 형식을 활용하되 형식에 얽매이기보다는 자신이 생각하는 지향점이 분명하게 드러나도록 지도한다.

<table>
<tr><td>프로그램명</td><td>〈B1-13〉
내가 꿈꾸는 다문화 사회 (2)</td><td>적용 대상</td><td>중학교 학습자</td></tr>
<tr><td>출처</td><td>교육과학기술부, 중앙다문화교육센터(2014), 다문화 이해 교육을 위한 교수-학습 지도서(중 · 고등학교 교사용)</td><td>관련 핵심 개념 구성 요소 범주</td><td>B1</td></tr>
<tr><td>구성 요소 범주 분류의 근거</td><td colspan="3">미래 다문화 사회의 모습을 상상해 보는 활동을 통해 현재 우리 사회의 모습을 비판적으로 인식하고, 이를 바탕으로 개방적 태도를 형성할 수 있도록 돕는 프로그램.</td></tr>
<tr><td rowspan="2">프로그램 내용</td><td colspan="3">활동 목표: 다문화 사회와 관련하여, 우리 사회가 앞으로 지향해야 할 다문화 사회의 모습을 표현할 수 있음.</td></tr>
<tr><td colspan="3">활동의 세부 내용:
① KBS 프로그램 다큐 3일 'Hello 이태원' 시청하기
② 프로그램 내용을 분석하여 시청 소감문 작성하기
③ '이태원'의 이미지를 한마디로 표현하여 보고 발표하기</td></tr>
<tr><td>특징 및 장점</td><td colspan="3">매체 내용 분석을 통해 미래 한국의 다문화 사회상을 구체적으로 형상화할 수 있게끔 유도.</td></tr>
</table>

○ 문화교육 커리큘럼에 활용할 경우 고려할 세부 내용:

- 해당 프로그램에서 '이태원'은 다문화가 공존하는 공간으로 그려졌다. 학생들이 기존에 '이태원'에 대해 가지고 있는 이미지가 있다면 상호 비교하는 것도 유의미한 활동이 될 것이다.
- '이태원' 외에 자신이 살고 있는 곳 주변에 다문화 사회를 상징적으로 보여 주는 공간이 있다면 어떠한 곳이 있는지 발표해 보게 하는 활동으로 확장해 가는 것도 유의미해 보인다.

프로그램명	〈B1-14〉 인간 중심 집단 상담	적용 대상	다문화가정 학습자
출처	이승훈(2016). 다문화학생의 자아정체감 및 셀프 리더십, 가족응집력 향상을 위한 인간중심 집단상담 프로그램 개발과 적용 효과. 학습자중심교과교육연구 16(1)	관련 핵심 개념 구성 요소 범주	B1
구성 요소 범주 분류의 근거	자신에 대한 성찰을 바탕으로 다문화 사회에 개방적 태도를 형성하기 위한 다양한 활동들을 단계별로 수행할 수 있게끔 구성한 프로그램.		
프로그램 내용	활동 목표: 한국 사회 속에서 자신의 정체성을 반성적으로 성찰할 수 있도록 함. 활동의 세부 내용: ① 프로그램의 목표 및 과정 이해 ② 나 돌아보기 -자신 돌아보기(내가 좋아하는 것과 싫어하는 것 표현하기) -객관적인 나를 보기(남이 보는 나, 내가 생각하는 나) -자존감 향상시키기(듣고 싶은 말/듣기 싫은 말) ③ 공동체와 소통하기 -서로 다름을 알기(함께 협력하기-협동화그리기) -구성원 이해하기(마음 알기-엽서 꼴라주) -강점 찾아 주기(구성원 하나되기-신체 본뜨기) ④ 꿈 키우기 -나의 미래 꿈꾸기(비전맵 작성) -나의 미래 희망 갖기(구성원에게 상장 수여) ⑤ 마무리(소감 나누기, 작품 전시회)		
특징 및 장점	다문화 학생을 대상으로 한 상담 프로그램. 자신에 대한 성찰을 촘촘하게 나뉜 단계별 활동으로 수행하게끔 유도.		

○ 문화교육 커리큘럼에 활용할 경우 고려할 세부 내용 :

- 성찰이 목적인 심리 프로그램이라는 점을 고려할 때, 프로그램 진행 단계를 세분화하고, 각각의 범주를 나누어 체계를 갖춘 점은 높게 평가할 수 있다.
- 다만 이것이 다문화 학생을 대상으로 마련된 프로그램이라는 점을 두고 본다면, '다문화'라는 특수성이 충분히 다루어지는지는 의문스럽다.
- 이 활동은 그대로 '다수자 학습자'에게도 적용 가능하다. 그렇지만 이 경우에도 '문화적 차이'가 초점화되기는 어렵다.
- 이를 해결하기 위해서는 문화적 차이가 정체성의 문제와 관련되는 양상을 학습자에게 설득력 있게 전달하고 이 양상을 중심으로 현재 구성된 활동들을 재구성해야 한다.

<table>
<tr><td>프로그램명</td><td>〈B2-1〉
차별의 꽃 그리기</td><td>적용 대상</td><td>중학교
학습자</td></tr>
<tr><td>출처</td><td>교육과학기술부, 중앙다문화교육센터(2014), 다문화 이해 교육을 위한 교수-학습 지도서 (중 · 고등학교 교사용)</td><td>관련 핵심 개념
구성 요소 범주</td><td>B2</td></tr>
<tr><td>구성 요소 범주
분류의 근거</td><td colspan="3">자신의 경험을 바탕으로 '차별' 문제를 재인식하고, 이를 다른 사람의 문제로까지 확장하여 이해할 수 있도록 하는 프로그램.</td></tr>
<tr><td rowspan="2">프로그램
내용</td><td colspan="3">활동 목표: 차별의 경험을 이야기하고 차별의 고통에 공감함.</td></tr>
<tr><td colspan="3">활동의 세부 내용:
① 자신이 차별받았던 경험을 돌아가면서 이야기하고 가장 공감이 가는 이야기 찾기
② 자신이 차별받았던 이유를 중심으로 가장 차별받는 사람과 가장 대우받는 사람을 그려 보기</td></tr>
<tr><td>특징 및 장점</td><td colspan="3">차별의 기준에 따라 이익을 보는 경우를 중심에, 이익을 보지 못하는 경우를 주변에 배치하여 꽃 모양으로 그림.
차별의 문제를 시각적으로 형상화하여 이해를 도울 수 있음.</td></tr>
</table>

ㅇ 문화교육 커리큘럼에 활용할 경우 고려할 세부 내용:

• 차별 같은 민감한 소재를 다룰 때에는 이로 인해 개인적인 상처를 자극할 위험 요소가 없는지를 충분히 고려하고, 참여하는 학습자들을 충분히 배려할 필요가 있다.

<table>
<tr><td>프로그램명</td><td>〈B2-2〉
차이와 차별, 그리고 불평등</td><td>적용 대상</td><td>중학교 학습자</td></tr>
<tr><td>출처</td><td>인천광역시교육청(2011), 함께하는 다문화 이해교육, 인천광역시교육청</td><td>관련 핵심 개념 구성 요소 범주</td><td>B2</td></tr>
<tr><td>구성 요소 범주 분류의 근거</td><td colspan="3">‘차이’와 ‘차별’을 구별하고 ‘다름’과 ‘틀림’을 구별함으로써, 차별에 대한 민감성을 높이고 이에 적절하게 대응할 수 있는 능력을 향상시키기 위한 프로그램.</td></tr>
<tr><td rowspan="2">프로그램 내용</td><td colspan="3">활동 목표: 차이와 차별의 개념을 구별하고, 다른 사람을 차별하지 않는 태도를 기를 수 있음.</td></tr>
<tr><td colspan="3">활동의 세부 내용:
① 차이와 차별 구별하고 우리 사회의 차별 모습 찾기
② 차별 없는 사회를 만들기 위한 대책 세워 보기
③ 사회 불평등 현상을 인식하고 이에 대한 해결방안 세워 보기</td></tr>
<tr><td>특징 및 장점</td><td colspan="3">차이와 차별의 구별을 통해 문제의식을 생성하게 함.</td></tr>
</table>

○ 문화교육 커리큘럼에 활용할 경우 고려할 세부 내용 :

• 개별 활동 시간이 10분 내외로 짧은 편인데, 학습자 스스로 생각할 수 있도록 충분한 시간을 줄 필요가 있다.

• 참고 자료의 사례보다는 학습자 주변에서 차별로 볼 수 있는 요인들을 찾아 내기 위한 노력이 우선시될 필요가 있다.

<table>
<tr><td>프로그램명</td><td>〈B2-3〉
다문화 UCC 제작하기</td><td>적용 대상</td><td>중학교 학습자</td></tr>
<tr><td>출처</td><td>인천광역시교육청(2011), 함께하는 다문화 이해교육, 인천광역시교육청</td><td>관련 핵심 개념 구성 요소 범주</td><td>B2</td></tr>
<tr><td>구성 요소 범주 분류의 근거</td><td colspan="3">우리 사회에 산재한 다양한 문화적 편견을 인식하고, 이를 줄여나갈 수 있는 방법을 UCC 제작이라는 활동을 통해 모색하도록 한 프로그램.</td></tr>
<tr><td>프로그램 내용</td><td colspan="3">활동 목표: 문화적 편견을 해소하고 다문화 사회에 적합한 가치관 갖기.

활동의 세부 내용:
〈1차시〉 다문화 UCC 제작 준비
① 제작된 다문화 관련 영상을 보고 장단점 파악하기
② 다문화 UCC 제작을 위한 기획서 및 스토리보드 제작하기
〈2-3차시〉 다문화 UCC 촬영 및 편집
① 실제 영상 제작을 위한 촬영법 익히기
② 촬영 방법 및 동영상 편집 프로그램 사용법 익히기
〈4차시〉 다문화 UCC 평가하기
① 각 조별 다문화 UCC 발표 및 평가
② 문화의 다양성 이해하고 문화적 편견을 없애려는 마음 갖기</td></tr>
<tr><td>특징 및 장점</td><td colspan="3">UCC 제작 과정을 상세하게 제시하여(기획서-스토리보드 작성-촬영-편집 등) 실질적인 활동이 가능.
유튜브, 개인 미니홈피나 블로그 등 다양한 성과 확산 경로를 가지고 있어 추가적인 효과를 기대할 수 있게 함.</td></tr>
</table>

○ 문화교육 커리큘럼에 활용할 경우 고려할 세부 내용:

- 다문화에 대한 인식개선을 목표로 하는 UCC 제작 활동이다. UCC 제작 활동 같은 경우, 미디어 환경에 익숙한 학습자들이 주체적이고 능동적으로 수행할 수 있다는 점에서 장점을 가진다.
- 특히 이 활동은 단순히 UCC 제작을 과제로 내고 공유하는 선에 머무르는 것이 아니라 제작 과정을 상세하게 제시하여 학습자들이 보다 원활하게 제작 과정에 참여할 수 있도록 돕는 점이 인상적이다.
- 그러나 실제 활동 시간의 상당수가 UCC 제작과 관련된 기술적인 부분에 대한 것으로 채워졌으며, 다문화 사회에 대한 사람들의 인식과 같은 내용은 상대적으로 소략하게 다루고 있다. 즉 이러한 활동은 별도의 내용 학습을 추가로 요구한다.
- UCC는 학급 내에서 활동의 성과를 공유하기 용이하다. 인터넷 등을 통해 해당 내용을 불특정 다수의 사람들과 공유하는 것도 가능할 것이다.
- 매체 활용 수업의 특성상 지나치게 학습자들의 흥미 위주로만 활동이 진행되는 것을 경계하고 지양할 필요가 있다.

<table>
<tr><td>프로그램명</td><td>〈B2-4〉
내가 다시 태어난다면</td><td>적용 대상</td><td>중학교 학습자</td></tr>
<tr><td>출처</td><td>교육과학기술부, 중앙다문화교육센터(2014), 다문화 이해 교육을 위한 교수-학습 지도서(중 · 고등학교 교사용)</td><td>관련 핵심 개념 구성 요소 범주</td><td>B2</td></tr>
<tr><td>구성 요소 범주 분류의 근거</td><td colspan="3">역할극 형식의 활동을 통해 차별의 상황을 간접 경험함으로써, 우리 사회에 존재하는 차별의 양상을 깊이 있게 이해할 수 있도록 하는 프로그램.</td></tr>
<tr><td rowspan="2">프로그램 내용</td><td colspan="3">활동 목표: 차별의 상황을 간접적으로 경험하면서 그 상황의 문제점을 알 수 있음.</td></tr>
<tr><td colspan="3">활동의 세부 내용:
① 다양한 유형의 정체성을 가진 사람들의 카드 중 자신이 원하는 카드를 선택한 후, 그 이유가 '차별'하는 마음에서 비롯된 것은 아닌지 생각해 보기
예)
<table>
<tr><td>이름</td><td>마이클</td><td>이름</td><td>비비안</td><td>이름</td><td>박기통</td></tr>
<tr><td>성별</td><td>남자</td><td>성별</td><td>여자</td><td>성별</td><td>남자</td></tr>
<tr><td>국적</td><td>미국</td><td>국적</td><td>영국</td><td>국적</td><td>한국</td></tr>
<tr><td>외모</td><td>키 183cm</td><td>외모</td><td>몸무게 45kg</td><td>외모</td><td>키 150cm</td></tr>
<tr><td>기타</td><td>비장애인</td><td>기타</td><td>비장애인</td><td>기타</td><td>지체 장애인</td></tr>
</table>
② 활동 ①에서 선택한 사람이 되어 '차별'의 상황을 간접적으로 경험하게 하여, 그 상황의 문제점을 토론하기
예) 연예인 선발대회, 입국심사, 입사 시험, 학교 기숙사 선발 등 다양한 상황에서 합격/불합격, 통과/통과 불가능을 겪게 함</td></tr>
<tr><td>특징 및 장점</td><td colspan="3">참신한 활동으로 차별의 문제에 접근함.</td></tr>
</table>

○ 문화교육 커리큘럼에 활용할 경우 고려할 세부 내용:

- 한 사람의 정체성을 구성하는 요소가 지나치게 단순한 형태로 구성되어서, 사회적 편견이 강화될 수도 있지 않을까 하는 우려가 든다. 성별, 국적, 외모, 기타라는 분류 기준이 사회적 차별을 염두에 둔 것이라 하여도, 이를 바탕으로 선택 활동을 구성하는 것에는 문제가 있다.
- 다양한 상황에서의 차별 경험이 작위적인 것이 되지 않도록 유의할 필요가 있다. 상황극 형식을 취하고 있지만, 도우미와 학습자 사이에 오고 갈 수 있는 대사가 많아 보이지 않는다.
- 특히 상황극에서 도우미들의 역할이 중요하다. 상황극 내에서 교육적으로 불필요한 차별적 언사가 오가지 않도록 각별히 유의하여야 한다.
- 제시된 상황에 대한 이분법적인 찬성과 반대 의견뿐 아니라, 잘못된 점에 대한 다양한 대안 또는 대책 마련 내용을 사후 토의에 포함한다면 보다 발전적인 방향으로 논의를 이끌어 갈 수 있을 것이다.

<table>
<tr><td>프로그램명</td><td>〈B2-5〉
또 다른 한국인 네 번째 - 한국 밖의 한국인</td><td>적용 대상</td><td>중학교
학습자</td></tr>
<tr><td>출처</td><td>교육과학기술부, 중앙다문화교육센터(2014), 다문화 이해 교육을 위한 교수-학습 지도서(중 · 고등학교 교사용)</td><td>관련 핵심 개념
구성 요소 범주</td><td>B2</td></tr>
<tr><td>구성 요소 범주
분류의 근거</td><td colspan="3">자신의 정체성과 관계가 밀접한 요소를 근거로, 차별 문제를 자연스럽게 학습자 자신의 문제로 인식할 수 있도록 유도하는 프로그램.</td></tr>
<tr><td rowspan="2">프로그램
내용</td><td colspan="3">활동 목표: 한국인이 다른 나라에서 차별받는 사례들을 통해 '차별하는 나'가 '차별받는 나'가 될 수도 있음을 이해함.</td></tr>
<tr><td colspan="3">활동의 세부 내용:
① 한국인이 다른 나라에서 차별받는 사례들을 읽고 학습지 풀고, 문제의식 발표 통해 공유하기
② 재일교포 3, 4세들의 이야기를 담은 동영상을 시청한 후 모둠 토론하기
③ 모둠별로 차별에 관한 상황극을 해 보고, 학습지를 통해 차별과 인권에 대한 깊은 생각을 해 볼 수 있는 질문을 던져 주며 마무리하기</td></tr>
<tr><td>특징 및 장점</td><td colspan="3">신문기사, 영화 등 다양한 매체 자료 활용.
발표, 토론, 상황극 등의 활동을 통한 내면화 유도.</td></tr>
</table>

○ 문화교육 커리큘럼에 활용할 경우 고려할 세부 내용:

- 다문화 사회 구성원(이주노동자, 결혼 이민자, 탈북자 등)과 관련된 다른 활동과의 관련성을 의식하며 활동에 임할 수 있도록 지도한다.
- 수업의 마지막에는 학생 스스로 차별과 인권에 대해 진지하게 생각해 보도록 문제를 던져 주는 정도에서 마무리한다.

프로그램명	〈B2-6〉 다른 빛깔 같은 우리	적용 대상	청소년 학습자
출처	조혜영(2011), 다문화 이해 제고를 위한 교육프로그램. 여성가족부.	관련 핵심 개념 구성 요소 범주	B2
구성 요소 범주 분류의 근거	차별을 발생시키는 여러 원인 가운데 하나인 고정관념 또는 편견을 인식할 수 있도록 하는 프로그램.		
프로그램 내용	활동 목표: 이주민들의 입장을 이해하고, 자신의 편견에 대해 성찰함으로써, 일상생활에서 이주민을 접하는 바람직한 인식과 태도 형성. 활동의 세부 내용: ① 다문화적 공감성을 유발할 수 있는 동화 소개 ② 스스로 인종에 대한 고정관념을 가지고 있음을 인식하기 ③ 자신이 선택하거나 노력한 결과가 아닌 임의적인 기준에 의해 차별받는 부당성을 직접 경험하기 ④ 차별에 대해 입장을 바꾸어서 생각해 보기 ⑤ 우리 사회 이주 청소년들의 입장을 직접 들어 보면서 어떤 태도를 지녀야 할지 생각해보기 ⑥ 다양한 사람들이 서로 공존하는 사회의 모습 그려 보기		
특징 및 장점	다수자를 대상으로 반편견, 반차별을 다루는 본격적인 다문화교육 프로그램의 사례. 퀴즈, 연극 등의 활동을 통해 참여자들이 차별의 문제를 다양한 측면에서 생각해 볼 수 있게 함으로써, 차별에 대한 보다 깊은 공감에 도달할 수 있도록 배려.		

○ 문화교육 커리큘럼에 활용할 경우 고려할 세부 내용:

- 비교적 많은 차시(6차시)를 소모해야 하는 관계로 선택-집중형 커리큘럼 운영 상황에서만 활용 가능할 것으로 보인다. 차시를 압축적으로 재구성하는 방안도 고려해 볼 수 있다.
- 1차시 활동의 경우 다문화적 공감성을 유발할 수 있는 동화의 리스트를 충분히 확보하여야 한다. 예를 들어, 국립어린이청소년도서관에서 운영하는 '다문화 동화구연(http://storytelling.nlcy.go.kr/)' 사이트의 경우, 세계 각국의 동화를 다양한 언어로 제공하고 있어, 이 활동에서 활용하기에 적절해 보인다.
  해당 사이트의 실제 접속 화면은 아래와 같다.

<table>
<tr><td>프로그램명</td><td>〈B3-1〉
피부색에 따라 태도가 달라져?!</td><td>적용 대상</td><td>중학교
학습자</td></tr>
<tr><td>출처</td><td>교육과학기술부, 중앙다문화교육센터(2014),
다문화 이해 교육을 위한 교수-학습 지도서
(중 · 고등학교 교사용)</td><td>관련 핵심 개념
구성 요소 범주</td><td>B3</td></tr>
<tr><td>구성 요소 범주
분류의 근거</td><td colspan="3">자신의 삶을 반성적으로 성찰하여, 이주민에 대한 선입견 및 차별 양상을 확인하고 이를 고쳐 나가려는 태도를 형성하게끔 구성된 프로그램.</td></tr>
<tr><td rowspan="2">프로그램
내용</td><td colspan="3">활동 목표: 인종, 외모만으로 선입견을 가지고 차별하는 경우가 있는지를 반성적으로 성찰할 수 있음.</td></tr>
<tr><td colspan="3">활동의 세부 내용:
① ‘SBS스페셜 단일민족의 나라, 당신들의 대한민국’ 동영상을 시청한 후 소감 적기
② 동영상 소감과 신문기사 참고하여 토론하기</td></tr>
<tr><td>특징 및 장점</td><td colspan="3">동영상 시청 후 학습지 작성, 토론으로 이어지는 활동.</td></tr>
</table>

○ 문화교육 커리큘럼에 활용할 경우 고려할 세부 내용:

- 기존의 편견을 확인하는 선에서 그치는 것이 아니라, 그러한 편견에 보다 적극적으로 대응할 수 있도록 유도하는 활동이 필요하다.
- 자료(동영상 및 신문 기사)가 학습 목표에 적절한지를 매우 신중하게 판단해야 한다. 자칫 편견을 확대 · 재생산하는 방향으로 흘러갈 수 있다.

<table>
<tr><td>프로그램명</td><td>〈B3-2〉
우리는 단일민족?</td><td>적용 대상</td><td>중학교
학습자</td></tr>
<tr><td>출처</td><td>교육과학기술부, 중앙다문화교육센터(2014),
다문화 이해 교육을 위한 교수-학습 지도서
(중 · 고등학교 교사용)</td><td>관련 핵심 개념
구성 요소 범주</td><td>B3</td></tr>
<tr><td>구성 요소 범주
분류의 근거</td><td colspan="3">단일민족주의에 대해 비판적으로 성찰하고, 다문화 사회에 적합한 태도는 무엇인지 학습자들이 스스로 생각해 볼 수 있도록 유도하는 활동.</td></tr>
<tr><td rowspan="2">프로그램
내용</td><td colspan="3">활동 목표: 단일민족의식에 우리가 가져야 할 균형 잡힌 태도를 생각해 봄.</td></tr>
<tr><td colspan="3">활동의 세부 내용:
① 지식채널e-‘피부색’ 동영상을 보고 단일민족의식의 순기능과 역기능에 대해 토론하기
② ‘도덕 교과서 낯설게 보기-물음표를 붙여봐’-도덕 교과서의 민족 관련된 부분을 다시 읽고 문제제기 할 부분에 물음표 붙이고 발표 및 토론하기</td></tr>
<tr><td>특징 및 장점</td><td colspan="3">동영상 시청 후 학습지 작성, 토론으로 이어지는 활동.
비교적 단시간 내에 활동 가능.</td></tr>
</table>

○ 문화교육 커리큘럼에 활용할 경우 고려할 세부 내용:

• 기존 교과의 내용과 충돌하는 내용이 다수 포함되었을 수 있으므로, 이를 비판적으로 의식하면서 활동에 임할 수 있도록 한다.

• 도덕 교과서 외에 다른 교과에서도 관련 내용을 찾아볼 수 있도록 유도한다.

<table>
<tr><td>프로그램명</td><td>〈C1-1〉
다문화 가족 문화소통 캠프</td><td>적용 대상</td><td>다문화가족 구성원</td></tr>
<tr><td>출처</td><td>국경없는마을(2007), 다문화체험교실지원사업 결과 보고서, 문화관광부.</td><td>관련 핵심 개념 구성 요소 범주</td><td>C1</td></tr>
<tr><td>구성 요소 범주 분류의 근거</td><td colspan="3">다문화 가족들과 직접적인 상호작용으로 거리감을 줄이고, 서로의 생각과 감정에 공감할 수 있는 가능성을 높이기 위해 구성된 프로그램.</td></tr>
<tr><td rowspan="2">프로그램 내용</td><td colspan="3">활동 목표: 다문화가족들의 상호 이해와 화합 도모</td></tr>
<tr><td colspan="3">활동의 세부 내용:
① 만남, 관계 창조의 Re-Creation: 다문화 가족 공동체별 소개하기
② 쿠킹 다문화 Help yourself!: 각 국가별 공동체 음식 문화 체험하기
③ 유희하는 다문화 Multi-culture Ludens: 다문화 가족 축구 경기, 크리켓 게임, 그리고 국가별 전통놀이 등과 같은 활동을 함께 하기</td></tr>
<tr><td>특징 및 장점</td><td colspan="3">다른 다문화 가족들과 소통하고 교류할 수 있는 기회 제공.
문화 체험 활동 위주로 구성되어 있음.</td></tr>
</table>

○ 문화교육 커리큘럼에 활용할 경우 고려할 세부 내용:

- 여러 현실적인 문제(예산 등)로 개별 학교 단위에서는 추진이 어려울 것이다. 추진하고자 한다면 지역 공동체와의 긴밀한 협조가 필요하다.
- 활동 이름의 참신함에 비해 활동 자체는 기존의 1회적인 행사들과 차별성이 없다. 지속적인 효과를 기대하기 어려워 보인다.

프로그램명	〈C1-2〉 찾아가는 다문화 체험 교실	적용 대상	다문화가족 구성원
출처	국경없는마을(2007), 다문화체험교실지원사업 결과보고서, 문화관광부.	관련 핵심 개념 구성 요소 범주	C1
구성 요소 범주 분류의 근거	다양한 이주민을 직접 만나, 그들의 음식, 의상, 전통 악기들을 체험함으로써, 상호 간의 거리감을 좁힐 수 있도록 구성된 프로그램.		
프로그램 내용	활동 목표: 다문화가족들의 상호 이해와 화합 도모. 활동의 세부 내용: ① 이주민을 만나다: 이주민과 각 나라를 설명하고, 나라별 인사말을 배움. ② 음식 체험: 각 나라별 음식을 맛봄. ③ 문화 체험: 각 나라의 의상, 상징물, 전통악기 등을 소개함.		
특징 및 장점	이주민 강사가 각급 학교를 방문하여 본인들의 나라와 문화를 소개하도록 함.		

○ 문화교육 커리큘럼에 활용할 경우 고려할 세부 내용:

- 내용을 보다 다채롭게 구성할 필요가 있다. 인사말, 음식, 의상 등은 다문화 관련 활동에서 지나칠 정도로 많이 다루어지며, 1회적이다.
- 프로그램을 시행할 때 강사 확보가 가장 중요한 과제가 될 것으로 보인다.

프로그램명	〈C1-3〉 지역 네트워크 활용한 다문화 멘토 프로그램을 통한 다문화 이해 교육	적용 대상	고등학교 학습자
출처	교육과학기술부(2011), 다문화교육 우수사례공모전 수상작품집 Ⅱ-다문화이해교육부문, 교육과학기술부	관련 핵심 개념 구성 요소 범주	C1
구성 요소 범주 분류의 근거	탈북 청소년 및 이주민 가정 청소년과 함께 하는 활동을 통하여 공동체 의식을 형성하고, 서로의 문화에 대해 공감할 수 있는 가능성을 높이기 위해 구성된 프로그램.		
프로그램 내용	활동 목표: 문화 공동체 의식 형성을 통한 사회통합의 토대 마련. 활동의 세부 내용: ① 다문화 웹 콘텐츠 제작 공모전 . ② 행사를 통한 다문화 이해 교육(다문화가정 소아암 돕기 행사, 탈북 아동 돕기 행사 등). ③ 탈북 청소년과 경기여고 학생의 1대1 멘토링을 통한 기초학력 책임 지도 및 공동 수업. ④ 탈북 청소년과 함께하는 체험학습. ⑤ 탈북 청소년과 함께하는 봉사활동 및 캠프 활동. ⑥ 몽골학생 학습지도를 위한 캠프 활동. ⑦ 동남아 다문화가정 학생과 함께하는 프로그램(멘토 캠프, 해피드림 캠프). ⑧ 다문화, 탈북 청소년 이해를 위한 세미나, 워크숍 및 좌담회.		
특징 및 장점	서울교육청 시범학교 사업의 일환. 각종 시민단체 및 기관과의 협조를 통해 진행.		

○ 문화교육 커리큘럼에 활용할 경우 고려할 세부 내용:

- 각각의 활동들이 독립적인 프로그램으로 기능할 수 있을 정도로 다양한 활동들을 포함하였다. 이 중 핵심적인 활동은 탈북 청소년과 다문화가정 멘토-멘티 활동이다. 멘토-멘티 활동은 다수자-소수자 청소년의 인간적인 관계를 형성하는 동시에, 현실적인 문제 해결에 도움을 줄 수 있다는 점에서 높게 평가할 수 있다.
- 그러나 이는 제시된 사례(경기여고)처럼 2008년부터 현재까지 다문화 관련 활동을 지속해 온 성과가 누적되었을 때 실행 가능한 프로그램이다. 서울시교육청, 탈북자 관련 시민단체 등과의 긴밀한 협조하에서 세미나, 2박 3일 체험활동, 역사 체험 등의 프로그램이 진행된다. 이러한 활동들을 보편적 적용이 가능한 커리큘럼에 편입하기는 사실상 어렵다.
- 한편으로 멘토-멘티 활동은 문화교육 커리큘럼 시행과 관련하여 발생할 수 있는 다양한 문제를 보완할 수 있는 가능성을 가진다. 다수자에 초점을 맞춘 문화교육 커리큘럼이 소수자들을 소외시키거나, 소수자들의 정체성 형성에 부정적인 영향을 줄 수 있다는 지적이 있을 수 있다. 멘토-멘티 활동은 다수자-소수자 간에 긴밀한 형성을 가져와 이러한 우려를 상당 부분 불식할 수 있다.

프로그램명	〈C1-4〉 다문화 다큐멘터리 제작을 통한 다문화 이해 교육	적용 대상	고등학교 학습자
출처	교육과학기술부(2011), 다문화교육 우수사례공모전 수상작품집 Ⅱ-다문화이해교육부문, 교육과학기술부	관련 핵심 개념 구성 요소 범주	C1
구성 요소 범주 분류의 근거	이주민과 직접적인 상호작용으로 이주민들의 삶을 경험하게 함으로써, 이주민과 공감할 수 있는 가능성을 높이기 위해 구성된 프로그램.		
프로그램 내용	활동 목표: 다양한 문화의 존중과 공존을 추구. 활동의 세부 내용: ① 다문화 이해하기: 다문화 서적 세미나, 다문화 관련 영상물을 보고 활동지 작성, 이후 토의 활동. ② 강연: 다문화와 관련된 활동가 중 미디어와 연관된 작업을 하는 이주민을 섭외, 강연 및 질의 응답을 수행. ③ 다큐멘터리 만들기: 이주민에 관한 다큐멘터리 제작을 목표로 모둠별로 이주민들과 인터뷰 실시. ④ 탐방: 이주민의 공간에 가서 설명도 듣고 이주민들을 만나 이야기를 들어보고 생활 모습을 보는 활동을 수행함.		
특징 및 장점	다문화 영상 학술 동아리 '솔롱거스'를 중심으로 한 활동. 1년 단위, 월 3회 이상의 활동으로 개발.		

○ 문화교육 커리큘럼에 활용할 경우 고려할 세부 내용:

- 교내 다문화 영상 학술 동아리를 중심으로 조직된 활동이다. 연간 활동 계획표가 미리 제시되어 있으며, '다큐멘터리 제작'이라는 활동을 중심으로 다양한 활동들이 배치되었다.
- 다문화와 관련된 다양한 행사(예: 이주 인권 콘서트, '서남아시아 설날 축제' 등)에 '진행 및 촬영'으로 결합하여 활동의 저변을 넓히고 있는 것이 인상적이다.
- '다큐멘터리' 제작과 관련된 전문가(다큐멘터리 제작 단체 '미디어숲' 소속 감독 '안건형, 정윤영')를 섭외하여, 활동의 밀도를 높이고 참여한 학습자들의 성장을 도모할 수 있게 하였다.
- 이주민들을 만나서 그들의 이야기를 듣고, 서로 도움을 주고 받는 과정을 포함함으로써 유의미한 관계 형성에 도움을 줄 수 있다.
- 활동의 성격상 보편적으로 적용 가능한 문화교육의 커리큘럼에 포함하기는 어려울 것으로 보인다.
- 다큐멘터리 제작 자체는 동아리 형태의 활동으로 진행하되, 보편적으로 적용 가능한 커리큘럼에서 감당할 수 있는 활동들(강연, 탐방 등)은 커리큘럼으로 편입하고, 나머지 부분을 더 내실화하는 방안도 가능할 듯하다.

프로그램명	〈C2-1〉 두리 다문화교육	적용 대상	다수자 중학생
출처	대전광역시교육청(2010), 다름이 함께하는 세상, 대전광역시교육청	관련 핵심 개념 구성 요소 범주	C2
구성 요소 범주 분류의 근거	다문화 구성원과 함께 살아가기 위한 공동의 모색 과정에서, 갈등 발생의 주된 원인인 차별의 문제에 초점을 맞추어 이에 대한 해결을 지향하는 활동으로 구성된 프로그램.		
프로그램 내용	활동 목표: 다문화가정의 문화와 역사를 존중하고 이해하는 사회 환경 조성.		
	활동의 세부 내용: ① 우리 안의 다문화 찾기: 함께 생활하기 위한 규칙을 정하는 과정을 통해 서로를 배려하며 공존하는 방법 배우기 ② 함께 역사를 만들어 가는 외국인: 결혼 이민자가 한국에서 자신의 능력을 발휘하며 살아가는 기사를 읽고 감상 표현하기 ③ 내가 꿈꾸는 다문화 사회: 다문화 사회가 정착된 미래의 긍정적인 상황을 상상하여 신문 기사로 표현하기 ④ 한국 밖의 한국인: 차별에 관한 상황극을 해 보고 차별이 일어나는 근본적인 원인에 대해 함께 생각하기		
특징 및 장점	허구적 상황을 가정하여 신문 기사로 표현하는 창의적 활동 포함. 상황극 등을 활용하여, 현실에서 일어나는 차별의 심각성을 체화할 수 있도록 함.		

○ 문화교육 커리큘럼에 활용할 경우 고려할 세부 내용:

- 다양한 활동을 포함한 것이 장점이나 자칫 산만해지기 쉽다. 전체적인 흐름을 잡아줄 수 있는 오리엔테이션 시간이 반드시 필요하다.
- 프로그램 진행자(교사 등)가 윤리적 관점에서 '정답'만을 허용하는 것처럼 받아들이지 않도록 유의한다. 특정한 관점을 강요받는다는 느낌보다는 스스로 생각하여 선택할 수 있도록 유도하여야 한다.

2) 프로그램 개발

방향

1.에서 논의한 핵심 개념 체계와 '1) 기존 프로그램 분석'에서 수행한 개별 프로그램 분석을 근거로, 여기에서는 다문화 시대의 문화교육 커리큘럼과 관련한 프로그램 개발 방향을 간략히 정리하고자 한다.

① '커리큘럼'의 체계 의식

다문화 시대의 문화교육에 대한 기존 연구에서는 프로그램이라는 명칭을 포괄적으로 사용하는 경우가 대부분이었다. 그러다 보니 동일한 '프로그램'이더라도 어떤 것은 1-2차시 정도의 시간을 필요로 하며 단일한 학습 목표, 단일한 활동으로 구성된 형태를 취하는 반면, 어떤 것은 1년 정도의 시간을 필요로 하며, 다양한 학습 목표와 활동들이 복잡하게 결합된 형태를 취하는 경우도 있었다. 여기에서는 전자와 후자를 '프로그램'과 '커리큘럼'으로 변별하여 지칭하고자 한다.

본 연구에서 '프로그램'은 1-2개의 초점화된 학습목표와 활동으로 구성되어 단기간에 진행되는 교육 활동을 가리킨다. '커리큘럼'은 2개 이상의 '프로그램'을 일정한 기준과 교육적 고려에 맞추어 체계화한 것을 가리킨다. 이때, 프로그램 개발은 커리큘럼의 구성에서 상정하는 전체적인 체계를 의식하는 동시에 해당 프로그램에서 달성하려는 특정한 학습목표에 초점을 맞추는 방식으로 이루어져야 한다.

② 다수자 청소년을 대상으로 하는 프로그램의 개발 및 체계화 필요

현재까지 다문화 사회와 관련된 문화교육 프로그램은 이주민 가정 자녀들이 한국 사회에 정착하는 것을 돕는 프로그램이 많았다. 한국의 언어, 역사, 문화 등을 이주민 가정 청소년들에게 전달하고 그들이 이를 내면화하여 한국 사회에 잘 적응하도록 지원하는 프로그램은, 넓게 보면 '동화주의'에 근거하여 다양한 문화가 조화롭게 어울려 살아가는 것을 지향하는 '다문화주의'와는 상충되는 점이 많다.

다수자 청소년을 대상으로 진행되는 문화교육 프로그램이 없는 것은 아니나, 현재 교과 외에서 진행되는 문화교육 프로그램의 대부분은 1회적인 이벤트 성격을 띠고 이루어지는 경우가 많다. 의복, 음식 체험 등의 프로그램은 일차적으로 학습자들의 흥미를 끌고, 나아가 특정 문화에 대한 견문을 넓히는 데에는 효과적이나 스스로의 태도를 개선하고, 타문화 구성원과의 관계를 발전시키는 데까지 나아가기에는 부족함이 많다. 이는 다수자 청소년이 대상인 보다 다양한 프로그램의 개발 및 체계화가 필요한 이유이다.

③ '핵심 개념체계'의 균형 있는 발달 지향

기존에 개발된 프로그램의 학습 목표를 앞서 언급한 핵심 개념 체계에 따라 분류해 본 결과는 표 31과 같다.

표 31 프로그램의 핵심 개념 체계별 구분

<table>
<tr><td rowspan="6">핵심 개념 구성 요소</td><td>문화적 다양성에 대한 민감성 (Banks, 2014; Keast, 2006) (A1)</td><td>타문화 구성원에 대한 개방적 태도 (B1)</td><td>타문화 구성원과의 공감적 상호작용 (Keast, 2006) (C1)</td></tr>
<tr><td>7개 프로그램</td><td>14개 프로그램</td><td>4개 프로그램</td></tr>
<tr><td rowspan="3">타문화 구성원의 문화에 대한 이해(지식과 해석) (Byram, 1989) (A2)</td><td>편견과 차별에 대한 인식과 대응 (B2)</td><td>타문화 구성원과의 갈등 관리 및 해결(Keast, 2006) (C2)</td></tr>
<tr><td>6개 프로그램</td><td>1개 프로그램</td></tr>
<tr><td>문화 현상에 대한 반성적 · 비판적 태도 (B3)</td><td>타문화 구성원과의 협력적 상호작용(Keast, 2006) (C3)</td></tr>
<tr><td>8개 프로그램</td><td>2개 프로그램</td><td>·</td></tr>
</table>

하나의 프로그램에서 항상 하나의 핵심 개념만이 확인되는 것은 아니다. 하나의 프로그램에 다양한 학습 목표가 있을 경우, 두 개 이상의 핵심 개념과 관련되는 것도 충분히 가능하다. 이러한 경우에는 프로그램의 맥락을 살펴 보다 중요하게 다루는 하나의 요소를 선택하는 방식으로 분류하였다.

분류의 결과를 살피면 '문화적 다양성에 대한 민감성', '타문화 구성원의 문화에 대한 이해(지식과 해석)', '타문화 구성원에 대한 개방적 태도', '편견과 차별에 대한 인식과 대응', '타문화 구성원과의 공감적 상호작용'과 관련된 내용은 이미 상당수 마련되어 있었지만 '문화 현상에 대한 반성적 · 비판적 태도', '타문화 구성원과의 갈등 관리 및 해결', '타문화 구성원과의 협력적 상호작용'과 관련된 프로그램은 부족한 것으로 드러났다. 현행 프로그램에서는 자문화에 대한 반성적 · 비판적 태도를 다루는 경우가 드물었고, 타문화에 대해서도 일방적인 소개와 수용에 그쳐 비판적 관점에서 바라보는 교육이 필요하다. 또한 타문화 구성원과의 상호작용을 적극적으로 구현한 프로그램이 부족했기 때문에 이에 대한 보완이 필요하다는 것을 알 수 있다.

3. 문화교육 커리큘럼 설계안

프로그램 개발 이후에는 각각의 프로그램에 지속성과 위계성을 부여하는 체계화 작업이 진행되어야 한다. 이 과정에는 교육 현장의 상황이 충분히 고려되어야 한다. 이 연구에서는 여덟 개의 핵심 개념을 중심으로 각 핵심 개념에 해당하는 프로그램을 (주1회 수업 시) 2~3주간 운영한다고 했을 때, 총 16~24주 차 정도로 한 학기에 걸쳐 문화교육을 수행할 수 있다고 본다. 한 학기 과정을 1세트로 본다면 한 학교 급에서 3년 동안 학년별 내용을 다르게 하여 6세트의 문화교육을 받는 것이 된다(중1-중2-중3, 고1-고2-고3).

1) 표준모델 커리큘럼

표준모델은 여덟 개의 핵심 개념을 한 학기에 모두 수행하는 경우로 표 32와 같이 단계를 구성할 수 있다.

표 32 표준모델 커리큘럼(한 학기 과정 예시)

1주 차	2-3주 차	4-5주 차	6-7주 차	8-9주 차
오리엔테이션	문화적 다양성에 대한 민감성 (A1)	편견과 차별에 대한 인식과 대응 (B2)	타문화 구성원의 문화에 대한 이해 (A2)	타문화 구성원에 대한 개방적 태도 (B1)
	나는 누구일까요?	차별의 꽃 그리기	무지개기자단	한국 속의 또 다른 한국인
10-11주 차	**12-13주 차**	**14-15주 차**	**16-17주 차**	**18주 차**
문화 현상에 대한 비판적 · 반성적 태도(B3)	타문화 구성원과의 공감적 상호작용 (C1)	타문화 구성원과의 갈등 관리 및 해결 (C2)	타문화 구성원과의 협력적 상호작용 (C3)	정리 및 평가
'히잡 착용'에 대한 토론	지역 네트워크를 활용한 멘토링	갈등을 파악하며 소설 읽기	학교 교칙 만들기	

'문화적 다양성에 대한 민감성' 관련 프로그램

<table>
<tr><td colspan="3">프로그램명</td><td colspan="2">나는 누구일까요?</td><td>대상 학년</td><td>고1</td></tr>
<tr><td colspan="3">텍스트</td><td colspan="2">지식채널e-'눈의 착각'
'사람은 왜 다를까'</td><td>교사의 역할</td><td>조력자</td></tr>
<tr><td colspan="3">차시</td><td colspan="2">1-2차시(2-3시간)</td><td>실행 방법</td><td>모둠 활동</td></tr>
<tr><td colspan="3">활동 방법</td><td colspan="2">매체 감상/ 학습지/ 토의 · 토론</td><td>관련 교과</td><td>윤리</td></tr>
<tr><td colspan="3">학습 목표</td><td colspan="4">한 사람의 정체성이 매우 다양한 요소들로 구성될 수 있다는 것을 안다.</td></tr>
<tr><td rowspan="2">과정</td><td rowspan="2">단계</td><td rowspan="2">형태</td><td rowspan="2">학습의 흐름</td><td colspan="3">교수 · 학습 활동</td></tr>
<tr><td>학생</td><td colspan="2">교사</td></tr>
<tr><td rowspan="2">도입</td><td>흥미 유발</td><td>전체 학습</td><td>배경지식 활성화 / 동기 유발</td><td>'정체성'이라는 개념의 의미에 대해 생각나는 대로 말해 본다.</td><td colspan="2">발문을 통해 학습자들의 발표를 학습 목표와 관련 있는 방향으로 유도한다.</td></tr>
<tr><td>활동 준비</td><td>전체 학습</td><td>문제 상황 인식</td><td>한 사람의 정체성은 어떻게 구성되는지에 대해 생각해 본다.</td><td colspan="2">학습 목표 및 학습 내용을 제시한다.</td></tr>
<tr><td rowspan="3">전개</td><td rowspan="3">찬반 대립 토론</td><td rowspan="3">전체 학습</td><td>텍스트 읽고 쟁점 이해하기</td><td>지식채널e-'눈의 착각'을 시청하고 학습지 푼다.</td><td colspan="2">착시 현상과 고정 관념의 문제를 유비적 관계로 설명한다.</td></tr>
<tr><td>하얀 거짓말 찾기 활동</td><td>① 자신을 드러내는 문장을 세 가지 쓰고, 두 문장은 참, 한 문장은 거짓을 쓴다.
② 세 문장 모두가 진실인 것처럼 발표한다.
③ 다른 학습자들은 발표를 듣고 어떤 문장이 거짓인지 찾아내도록 한다.
④ 정체성의 문제와 관련하여 위 활동의 의미를 생각해 본다.</td><td colspan="2">자신을 드러내는 문장을 작성하고 발표하는 과정에서 학습자들에게 발생할 수 있는 심리적인 문제를 염두에 두고 활동이 원활하게 일어날 수 있도록 진행한다.</td></tr>
<tr><td>'나의 별칭 정하기' 활동</td><td>① '하얀 거짓말 찾기' 활동을 바탕으로 자신의 별칭을 정하여 발표한다.
② '사람은 왜 다를까'를 읽고 차이와 차별의 의미에 대해 생각해 본다.</td><td colspan="2">흥미 위주로 흘러가지 않고 '정체성', '차별'과의 연관 속에서 활동에 임할 수 있도록 지도한다.</td></tr>
<tr><td>정리</td><td>마무리</td><td>전체 학습</td><td>정체성과 문화적 다양성의 관계 이해하기</td><td>자신과 타인의 정체성이 다양하게 구성됨을 이해하고 이를 문화적 다양성의 개념과 관련하여 생각해 본다.</td><td colspan="2">'문화적 다양성'개념의 의미를 설명하고, 이 개념이 이후 이어질 프로그램과 긴밀한 관계를 가진다는 점을 설명한다.</td></tr>
</table>

'편견과 차별에 대한 인식과 대응' 관련 프로그램

프로그램명	차별의 꽃 그리기	대상 학년	고1
텍스트	없음.	교사의 역할	조력자
차시	1-2차시(2-3시간)	실행 방법	모둠 활동
활동 방법	모둠 활동 / 토의 토론	관련 교과	윤리
학습 목표	차별의 경험을 이야기하고 차별의 고통에 공감함.		

과정	단계	형태	학습의 흐름	교수 · 학습 활동	
				학생	교사
도입	흥미 유발	전체 학습	배경지식 활성화 / 동기 유발	'차별'이라는 말에서 떠오르는 최근의 사건에 대해 이야기해 본다.	발문을 통해 학습자들의 발표를 학습 목표와 관련 있는 방향으로 유도한다.
	활동 준비	전체 학습	문제 상황 인식	자신이 '차별'을 경험했던 일에 대해 생각해 본다.	학습 목표 및 학습 내용을 제시한다.
전개	찬반 대립 토론	전체 학습	차별의 경험 나누기	① 자신이 차별받았던 경험을 돌아가면서 이야기한다. ② 공감이 되는 부분에 대해 자유롭게 이야기하도록 한다.	차별과 같은 민감한 경험을 이야기할 때 개인적인 상처를 자극할 위험 요소가 없는지를 충분히 고려하고 배려한다.
			차별의 꽃 그리기	① 차별의 기준에 따라 이익을 보는 경우를 중심에, 이익을 보지 못하는 경우를 주변에 배치하여 꽃 모양으로 그린다. ② 각자가 그린 차별의 꽃을 보고 적절하게 그려졌는지를 평가해 본다.	자신을 드러내는 문장을 작성하고 발표하는 과정에서 학습자들에게 발생할 수 있는 심리적인 문제를 염두에 두고 활동이 원활하게 일어날 수 있도록 진행한다.
			문제의식 확장하기	우리 사회에서 차별의 문제가 나와 나의 주변 사람에게 어떠한 문제를 발생시키고 있는지 이야기해 본다.	학습자들이 공감할 수 있는 최근의 사례들을 제시하여 사회적인 차원의 문제로 인식하는 것을 돕는다.
정리	마무리	전체 학습	'차별'을 배제하려는 태도 갖기	자신의 삶 속에서 '차별'로 느껴질 수 있는 요소를 적극적으로 인식하고 배제하려는 태도를 가진다.	'차별'이 발생시키는 문제에 대해 생각해 보도록 한다.

'타문화 구성원의 문화에 대한 이해' 관련 프로그램

프로그램명			무지개 기자단		대상 학년	고1
텍스트			기사문 작성 요령		교사의 역할	조력자
차시			2-3차시(4-5시간)		실행 방법	모둠 활동
활동 방법			모둠 활동		관련 교과	사회
학습 목표			이주민 문화를 이해하고 이주민과 상호 소통할 수 있는 발판을 마련한다.			
과정	단계	형태	학습의 흐름	교수 · 학습 활동		
				학생	교사	
도입	활동 준비	전체 학습	배경지식 활성화	자신의 주변에서 이주민들을 만난 경험에 대해 이야기 해 본다.	지역 사회를 구성하고 있는 이주민들에 대해 간략히 소개한다.	
		전체 학습	모둠 구성	5-6명 내외로 모둠을 구성한다.	학습 목표 및 학습 내용의 제시한다. 취재 대상 집단 제시한다.	
전개	찬반 대립 토론	전체 학습	기사 작성 요령 학습	기사 작성 요령에 대해 학습한다.	취재 요령(인터뷰 등), 기사 작성 요령(기사문의 형식) 등에 대해 사전 교육을 실시한다.	
			취재 활동	① 사전에 정해진 취재 대상 집단을 방문하여 취재 활동을 실시한다. ② 취재한 내용을 바탕으로 기사문을 작성한다.	취재 대상 집단에 협조를 요청하여 문제가 발생하지 않도록 사전 조치한다.	
			기사문 발표	① 작성한 기사문을 학급 구성원 앞에서 발표한다. ② 다른 모둠의 기사문과 관련하여 궁금한 것을 적극적으로 질문한다.	긍정적인 피드백을 통해 활동의 효과를 높일 수 있도록 유도한다.	
정리	마무리	전체 학습	정리 활동	작성된 기사문을 신문 형태로 편집하여 게시한다(과제).	활동의 의미와 취지에 대해 재차 강조한다.	

'타문화 구성원에 대한 개방적 태도' 관련 프로그램

프로그램명	한국 속의 또 다른 한국인 – 이주노동자	대상 학년	고1
텍스트	이주노동자의 삼시세끼 여기 사람이 산다고?(시사인) 자전거 여행(별별이야기)	교사의 역할	조력자
차시	1–2차시(2–3시간)	실행 방법	모둠 활동
활동 방법	매체 감상 / 토의 토론	관련 교과	사회
학습 목표	이주노동자들의 삶을 구체적으로 이해하고 이들에 대한 개방적인 태도를 형성할 수 있다.		

과정	단계	형태	학습의 흐름	교수 · 학습 활동	
				학생	교사
도입	활동 준비	전체 학습	배경지식 활성화	이주노동의 개념을 이해한다.	이주노동의 필요성과 실태에 대한 간략하게 설명한다.
		전체 학습	문제 상황 인식	이주노동자의 삶이 한국 사회에서 문제가 되는 이유를 이해한다.	학습 목표 및 학습 내용을 제시한다.
전개	찬반 대립 토론	전체 학습	애니메이션을 보고 토의하기	① '자전거 여행'에 형상화된 이주노동자의 삶을 이해한다. ② '자전거 여행'을 통해 관객들에게 말하고자 하는 바가 무엇인지를 생각해 본다.	적절한 발문을 통해 주제의식에 접근할 수 있도록 돕는다.
			신문 기사를 읽고 토의하기	① '이주노동자의 삼시세끼 여기 사람이 산다고?'를 읽고 한국 사회에서 살아가는 이주노동자의 삶을 이해한다. ② 이주노동자들과 더불어 행복하게 사는 사회를 만들기 위한 노력에는 어떠한 것들이 있을지 토의한다.	애니메이션을 통해 획득한 문제의식을 현실 사회의 구체적인 삶의 모습에 연결시켜 발전하여 나갈 수 있도록 유도한다.
정리	마무리	전체 학습	문제 의식 확장하기	학습 목표를 중심으로 학습 내용을 정리한다.	다른 다문화 사회 구성원과의 관련성을 제시하며 활동을 마무리한다.

'문화 현상에 대한 반성적 · 비판적 태도' 관련 프로그램

<table>
<tr><td colspan="3">프로그램명</td><td colspan="3">'히잡 착용'에 대한 토론</td><td>대상 학년</td><td>고1</td></tr>
<tr><td colspan="3">텍스트</td><td colspan="3">한겨레 21, 히잡 논란 뒤에 감춰진 진실(2010.09.01.)</td><td>교사의 역할</td><td>사회자 / 조력자</td></tr>
<tr><td colspan="3">차시</td><td colspan="3">1-2차시(2-3시간)</td><td>실행 방법</td><td>소집단 협력 학습</td></tr>
<tr><td colspan="3">활동 방법</td><td colspan="3">토의 · 토론</td><td>관련 교과</td><td>윤리</td></tr>
<tr><td colspan="3">학습 목표</td><td colspan="5">문화 현상에 대한 반성적 · 비판적 태도</td></tr>
<tr><td rowspan="2">과정</td><td rowspan="2">단계</td><td rowspan="2">형태</td><td rowspan="2">학습의 흐름</td><td colspan="4">교수 · 학습 활동</td></tr>
<tr><td colspan="2">학생</td><td colspan="2">교사</td></tr>
<tr><td rowspan="2">도입</td><td>흥미 유발</td><td>전체 학습</td><td>배경지식 활성화 / 동기 유발</td><td colspan="2">이미지와 관련 있는 지식, 사건, 경험 등을 공유한다.</td><td colspan="2">'히잡'을 쓴 여성의 이미지 자료를 제시한다.</td></tr>
<tr><td>활동 준비</td><td>전체 학습</td><td>문제 상황 인식</td><td colspan="2">학교 등 공공 장소에서의 '히잡 착용'이 문제가 되는 이유에 대해 알아본다.</td><td colspan="2">학습 목표 및 학습 내용을 제시한다.</td></tr>
<tr><td rowspan="8">전개</td><td rowspan="8">찬반 대립 토론</td><td rowspan="8">전체 학습</td><td>텍스트 읽고 쟁점 이해하기</td><td colspan="2">'히잡 논란 뒤에 감춰진 진실'을 읽는다.</td><td colspan="2">텍스트에 드러난 찬성/반대 사이의 쟁점을 요약적으로 정리한다.</td></tr>
<tr><td rowspan="2">역할 분담하기</td><td>찬성측</td><td>반대측</td><td colspan="2" rowspan="2">자료를 확보할 수 있는 방법 등에 대해 안내함.</td></tr>
<tr><td>찬성 입장 정리 / 추가 자료 조사 계획 수립</td><td>반대 입장 정리 / 추가 자료 조사 계획 수립</td></tr>
<tr><td rowspan="5">'히잡 착용'에 대한 찬반 대립 토론</td><td>찬성 입론</td><td>반대 입론</td><td colspan="2" rowspan="5">'찬반 대립 토론'의 일반 절차에 따라 토론이 원활하게 이루어지도록 지도한다.</td></tr>
<tr><td>1차반론</td><td>1차반론</td></tr>
<tr><td>협의</td><td>협의</td></tr>
<tr><td>2차반론</td><td>2차반론</td></tr>
<tr><td>최종변론</td><td>최종변론</td></tr>
<tr><td rowspan="2">정리</td><td rowspan="2">마무리</td><td rowspan="2">전체 학습</td><td>문화 상대주의의 관점과 비판적 태도의 필요성</td><td colspan="2">문화에 대한 비판적 태도의 필요성에 대한 자신의 관점을 정립한다.</td><td colspan="2">문화 상대주의의 개념과 한계를 설명한다.
비판적 태도의 필요성을 제기한다.</td></tr>
<tr><td>과제</td><td colspan="4">'히잡 착용'과 유사한 맥락에서 논의하여 볼 수 있는 '한국'의 문화를 조사해 온다.</td></tr>
</table>

[텍스트]

히잡 논란 뒤에 감춰진 진실

지난 8월7일, 해가 뉘엿뉘엿 저물던 밤 9시께. 스위스 제네바의 레만 호수 근처로 사람들이 모여들기 시작했다. 매년 여름 제네바 축제(Fêtes de Genève) 때마다 열리는 불꽃놀이를 구경하기 위해서다. 혹자는 불꽃놀이가 "예술의 가장 완전한 형태"라고 했는데, 그 관심이 얼마나 대단한지 호숫가 주변은 엄청난 인파로 가득 찼다. 유난히 중동·아랍 지역 사람들이 많이 모이는 이 축제에서는 검은 천을 쓴 여성을 쉽게 마주칠 수 있었다. 그 여성들이 두른 검은 천이 우리가 이슬람권 여성에 대해 흔히 말하는 '히잡'이다.

무슬림 여성을 위한 히잡 착용 금지?

이슬람권 여성들은 문화적 정체성, 종교적 성실성, 도덕적 전통, 법적 의무 등의 이유로 검은 천을 사용한다. 나라와 지역에 따라 각기 '히잡'(머리카락은 가리고 얼굴은 공개), '니캅'(얼굴을 모두 가림), '부르카'(전신을 가림) 등을 착용한다. 문제는 이러한 전통을 고수하는 이슬람권 인구 상당수가 유럽과 미주로 이주하면서 마찰이 생겼다는 사실이다. 몇 년 전 프랑스는 특정 장소에서 여성들의 히잡 착용을 법적으로 금지했고, 캐나다에서는 이와 관련된 법이 의회에 계류 중이다. 이슬람 여성들의 히잡 착용 문제가 단순히 종교와 표현의 자유 문제를 넘어, 국가의 영향력을 규정하는 문제, 게다가 여성의 권리와 평등 문제로까지 확대된 것이다.

프랑스에서는 지난 2004년 "모든 종류의 종교적 상징물을 공공 교육시설에서 착용할 수 없다"고 발표하면서, 다만 종교적 상징물이라 함은 이슬람의 히잡뿐만 아니라 기독교의 십자가, 유대교의 다윗의 별(Star of David), 시크교의 터번 등을 모두 포함한다고 덧붙였다. 이 법으로 인해 많은 이슬람 문화권 여자아이들이 학교에서 히잡을 벗지 않으면 학교를 그만두고 홈스쿨링을 해야 할 처지가 됐다.

캐나다 퀘벡주의 '법안 94'(Bill 94)는 이와 조금 다르다. 이 법은 "여성들이 만약 공공 분야에서 일하고 싶거나 정부 관료와 일을 할 경우 얼굴 가리개를 벗어야 한다"고 규정하고 있다. 예를 들면, 학교에서 수업을 받거나 보건소 같은 공공기관을 이용할 때 여성은 니캅을 벗어야 한다는 이야기다. 아이로니컬한 점은 퀘벡주에서는 이 법을 여성을 위한 조처라고 생각하고 있다는 것이다. 즉 이슬람 여성들은 강압적인 이유에서 억지로 니캅을 착용한 것이지, 개인적인 선택은 아니라고 가정한 것이다. 그러나 이는 그럴 수도 있고, 그렇지 않을 수도 있다.

이슬람을 부정해 살해 위협을 받다 현재 미국에 체류 중인 네덜란드 출신 변호사 아야 알리는 토론 프로그램에 나와 "이슬람은 유럽의 종교가 아니다"라며 이 문제를 "유럽의 가치와 이슬람 가치의 충돌"로 봐야 한다고 주장했다. 프랑스 정부의 손을 들어준 셈이다. 반면 이슬람 출신 스위스 학자 타리크 라마단은 "프랑스에서 2천 명 미만의 여성이 니캅이나 히잡을 착용한다. 따라서 문제를 이렇게 확대할 필요가 없다"며 "이제 이슬람은 유럽의 종교이고, 사회의 한 부분으로 받아들여야 한다"고 반박했다.

극단적인 정치적 대립으로 번진 이 사안에 대해 국제인권법은 다양한 해석의 여지를 남겨두었다. 여성차별철폐협약(CEDAW) 2조와 5조 a항은 '여성의 차별을 조장하는 관습은 폐기되어야' 하고, '국가는 여성이 전형적인 의무(stereotyped roles)를 지지 않게 적절한 조처(appropriate measures)를 취해야 한다'고 규정한다. 이는 국가가 이슬람 여성의 히잡 착용을 금지하게 하는 논거가 될 수 있다. 그러나 같은 협약 7조는 '국가가 여성의 정치적 공공 생활에서 여성이 차별당하지 않도록 보호해야 할 의무가 있다'고 규정하며, 경제 · 사회 · 문화적 권리에 관한 국제규약(ICESCR)은 '교육은 모두에게 주어져야 하고 다른 인종이나 종교적 집단에 대한 관용과 이해를 장려해야 한다'고 명시하고 있다. 반면 시민 · 정치적 권리에 관한 국제규약(ICCPR) 18조 3항은 '개인의 종교에 대한 자유로운 표현은 공공 안전이나 질서, 건강, 도덕 등을 보호하기 위해 제한될 수 있다'고 명시하고 있다. 결과적으로 어떤 조약을 인용하느냐, 어떤 조항을 우선시하느냐에 따라 다양한 주장이 제기될 수 있다.

이에 대한 해결책으로, 최근 오바마 미국 대통령의 발언을 주목할 필요가 있다. 그는 2009년 이집트 카이로에서 한 연설에서 "나는 여성이 자신의 머리카락을 가리는 것이 불평등하다는 서양의 시각에 동의하지는 않지만, 여성이 교육받을 권리가 없는 것은 불평등하다고 생각한다"고 말한 데 이어, 최근 9 · 11 테러의 잔상이 남은 뉴욕 한복판에 이슬람 사원을 건립하는 데 동의했다. 그 기저에는 이슬람을 미국의 한 종교, 한 문화로 인정한다는 견해가 깔려 있다.

일부 여성인권 운동가들은 히잡 착용을 종교나 문화적 상징으로 여기지 않고, 단지 여성 소외 혹은 여성 차별의 공공연한 증거로 여기기도 한다. 일견 맞는 이야기이긴 하지만, 일부 이슬람 여성들은 그렇게 느끼지 않을 수도 있다는 점을 고려하지 않은 것은 다소 성급한 결론처럼 들린다. 반면 여성이 직접 히잡 착용을 선택할 권리가 있다는 점과, 대신 그 선택이 교육권과 같은 다른 권리를 실행하는 데 어떤 영향도 끼쳐서는 안 된다는 점을 전제하고 있는 오바마 대통령의 언급이 가장 논리적으로 들린다. 머리카락을 가리는 것은 자유지만(문화 · 종교적 자유), 그것을 거부했다고 해서 사회가 어떤 차별이나 위협을 해서는 안 된다는(여성의 인권 · 평등) 오바마의 말은 여러 가치를 한데 포함하고 있기 때문이다.

'한국적'이지 않은 문화를 포용할 준비는?

제네바 축제의 한복판. 검은 천을 두른 여성들이 같은 천이지만 다양한 장신구를 이용해 미세하게 개성을 드러낸 모습을 보고 있자니, 그들 나름대로 전통과 현대의 조화를 이루고 있다는 생각이 들었다. 히잡 착용은 여성의 자유로운 선택에 따라 결정될 문제지, 특정 국가나 사회가 강요할 일은 아닌 것 같다. 대신 교육이나 평등의 문제처럼 그 전통에 내재한 문제점을 건설적으로 비판하는 것이 합리적인 태도다. 글로벌 시대, 다문화 사회로 나아가는 기로에 서 있는 한국도, 프랑스와 퀘벡주의 사례를 교훈 삼아, '한국적'이지 않은 상대를 포용할 준비를 해야 할 것 같다.

과연 불꽃놀이는 소문대로 대단했다. 가장 아름다울 때 바로 사라지는 예술적인 최고의 경지. 그 순간만큼은 한자리에 모인 세계인 모두가 넋을 잃고 한곳을 응시했다.

제네바(스위스)=김주헌 유엔환경계획 컨설턴트

(출처: 〈한겨레 21〉 2010.9.1.)

'타문화 구성원과의 공감적 상호작용' 관련 프로그램

<table>
<tr><td colspan="3">프로그램명</td><td colspan="2">다문화 멘토 프로그램</td><td>대상 학년</td><td>고1</td></tr>
<tr><td colspan="3">텍스트</td><td colspan="2">–</td><td>교사의 역할</td><td>조력자</td></tr>
<tr><td colspan="3">차시</td><td colspan="2">3–4차시(5–6시간)</td><td>실행 방법</td><td>모둠 활동</td></tr>
<tr><td colspan="3">활동 방법</td><td colspan="2">모듬 활동</td><td>관련 교과</td><td>사회</td></tr>
<tr><td colspan="3">학습 목표</td><td colspan="4">멘토 프로그램 참여를 통한 공동체 의식의 형성</td></tr>
<tr><td rowspan="2">과정</td><td rowspan="2">단계</td><td rowspan="2">형태</td><td rowspan="2">학습의 흐름</td><td colspan="3">교수 · 학습 활동</td></tr>
<tr><td>학생</td><td colspan="2">교사</td></tr>
<tr><td rowspan="2">도입</td><td rowspan="2">활동 준비</td><td rowspan="2">전체 학습</td><td rowspan="2">사전 활동</td><td>멘토링 프로그램에서 자신의 역할을 이해한다.</td><td colspan="2">멘토링 프로그램의 의의를 설명한다.</td></tr>
<tr><td>멘토링 활동에서 유의할 점을 공유한다.</td><td colspan="2">멘티의 특성을 고려하여 학습자들이 주의해야 할 점을 지도한다.</td></tr>
<tr><td rowspan="3">전개</td><td rowspan="3">찬반 대립 토론</td><td rowspan="3">전체 학습</td><td>多:1멘토링 조직</td><td>① 멘토–멘티는 간략하게 자신을 소개한다.
② 멘티는 자신이 이 활동을 통해 필요로 하는 것이 무엇인지를 구체적으로 설명한다.</td><td colspan="2">활동이 원만하게 진행될 수 있도록 지도한다.</td></tr>
<tr><td>기초 학력 지도 및 상담</td><td>① 학력 지도: 이주민 가정 청소년의 요구와 필요에 맞추어, 또래 학습의 형태로 진행한다.
② 상담: 멘토–멘티의 특성에 맞게 학교생활에 초점을 맞추어 진행하되, 필요한 경우 교사의 도움을 요청한다.</td><td colspan="2">학력 지도, 상담 등의 활동이 학생들의 역량을 넘어설 경우, 활동에 개입하여 도움을 주되, 가급적 또래 집단 내에서 해결할 수 있도록 지도한다.</td></tr>
<tr><td>멘토링 활동 소감문 작성</td><td>① 멘토링 활동에서 느낀 점을 소감문 형식으로 간략하게 작성한다.
② 작성한 내용을 멘토–멘티가 상호 교환하여 읽어 보고 서로에게 느낀 점을 말해 준다.</td><td colspan="2">활동이 원만하게 진행될 수 있도록 지도한다.</td></tr>
<tr><td>정리</td><td>마무리</td><td>전체 학습</td><td>정리 활동</td><td>멘토링 활동이 가지는 의미에 대해 생각해 본다.</td><td colspan="2">멘토–멘티 관계가 지속적인 형태로 형성될 수 있도록 배려한다.</td></tr>
</table>

'타문화 구성원과의 갈등 관리 및 해결' 관련 프로그램

<table>
<tr><td colspan="3">프로그램명</td><td colspan="2">갈등을 파악하며 소설 읽기</td><td>대상 학년</td><td>고1</td></tr>
<tr><td colspan="3">텍스트</td><td colspan="2">손홍규, 『이슬람 정육점』(2010)</td><td>교사의 역할</td><td>조력자</td></tr>
<tr><td colspan="3">차시</td><td colspan="2">1–2차시(2–3시간)</td><td>실행 방법</td><td>반응 중심 학습</td></tr>
<tr><td colspan="3">활동 방법</td><td colspan="2">개별 활동 및 발표</td><td>관련 교과</td><td>국어</td></tr>
<tr><td colspan="3">학습 목표</td><td colspan="4">타문화 구성원과의 갈등 관리 및 해결</td></tr>
<tr><td rowspan="2">과정</td><td rowspan="2">단계</td><td rowspan="2">형태</td><td rowspan="2">학습의 흐름</td><td colspan="3">교수 · 학습 활동</td></tr>
<tr><td>학생</td><td colspan="2">교사</td></tr>
<tr><td rowspan="2">도입</td><td rowspan="2">반응 형성</td><td rowspan="2">전체 학습</td><td>배경지식 활성화 / 동기 유발</td><td>타문화 구성원과 만나거나 생활한 경험을 이야기한다.</td><td colspan="2">타문화 구성원과 만나거나 생활한 경험을 질문한다.</td></tr>
<tr><td>소설 읽기</td><td>『이슬람 정육점』의 인물과 줄거리 파악 및 이해되지 않는 부분을 확인한다.</td><td colspan="2">『이슬람 정육점』의 전반적인 내용을 확인한다.
(*장편소설이므로 사전에 읽어 오도록 준비한다.)</td></tr>
<tr><td rowspan="3">전개</td><td rowspan="3">반응 명료화</td><td rowspan="3">전체 학습</td><td>갈등 찾기</td><td>소설에서 인물이 갈등을 겪는 부분을 찾고 갈등의 이유를 말한다.</td><td colspan="2">학생이 갈등 상황이라고 판단한 근거에 대해 질문한다.</td></tr>
<tr><td rowspan="2">반응의 표현</td><td>소설 속 갈등에 대한 생각/의견을 표현한다.</td><td colspan="2">갈등에 대한 생각/의견을 쓰거나 말할 때 문화의 차이를 중심으로 내용을 구성하도록 지도한다.</td></tr>
<tr><td>소설 속 갈등과 관련된 자신의 경험을 말한다.</td><td colspan="2">갈등 경험이 충분히 공유되도록 허용적 분위기를 조성한다.</td></tr>
<tr><td>정리</td><td>반응 심화</td><td>전체 학습</td><td>반응 정리 및 내면화</td><td>소설 속 갈등의 해소 과정을 찾고 실제의 삶에 적용할 수 있는 가능성을 고찰해 본다.</td><td colspan="2">실생활에서 타문화 구성원과의 갈등 상황을 가정해 보고 해결을 위해 필요한 태도 및 실천 방안을 생각해 보도록 지도한다.</td></tr>
</table>

'타문화 구성원과의 협력적 상호작용' 관련 프로그램

<table>
<tr><td colspan="3">프로그램명</td><td colspan="2">학교 교칙 만들기</td><td>대상 학년</td><td>고1</td></tr>
<tr><td colspan="3">텍스트</td><td colspan="2">–</td><td>교사의 역할</td><td>진행자/ 조력자</td></tr>
<tr><td colspan="3">차시</td><td colspan="2">2–3차시(3–4시간)</td><td>실행 방법</td><td>교육연극</td></tr>
<tr><td colspan="3">활동 방법</td><td colspan="2">토론 형태의 역할극</td><td>관련 교과</td><td>국어, 사회</td></tr>
<tr><td colspan="3">학습 목표</td><td colspan="4">타문화 구성원과의 협력적 상호작용</td></tr>
<tr><td rowspan="2">과정</td><td rowspan="2">단계</td><td rowspan="2">형태</td><td rowspan="2">학습의 흐름</td><td colspan="3">교수 · 학습 활동</td></tr>
<tr><td>학생</td><td colspan="2">교사</td></tr>
<tr><td>warm up</td><td>동기 유발</td><td>전체 학습</td><td>• 학습문제 확인
• 역할극 형식 파악</td><td>• 주제 인식: 다양한 문화의 구성원으로 이루어진 학교에서 교칙을 제정하는 방법에 대해 토론하는 역할극을 한다.
• 역할극의 형식을 이해한다.</td><td colspan="2">• 역할극 주제를 제시한다.
• 교육방법으로서 역할극 형식을 설명한다.
• 준비활동을 진행한다.</td></tr>
<tr><td>준비</td><td>내용 구성</td><td>전체 학습</td><td>• 쟁점 확인
• 역할 배분</td><td>• 교칙 제정을 위해 고려해야 하는 쟁점 사항을 확인한다.
• 교칙에 포함되어야 할 내용에 대한 의견을 자유롭게 말한다.
• 다양한 문화의 구성원으로 역할 범주 설정 후 역할 맡는다.
• 자신이 맡은 역할의 입장에서 교칙의 구성 요소에 대한 주장과 근거 정리한다.</td><td colspan="2">• 역할극에서 주로 다룰 쟁점을 정리한다.
• 문화적 차이를 중심으로 역할 범주 설정을 안내한다.
• 자신이 생각하는 교칙의 내용과 관련된 자료를 조사해 오도록 지도한다.
• 학생이 자신이 맡은 역할의 문화가 공동의 문화 형성에 기여할 수 있는 방안에 대해 생각할 수 있도록 지도한다.</td></tr>
<tr><td>발표</td><td>실제 공연</td><td>전체 학습</td><td>• 역할극 실행</td><td>• 역할극을 수행한다.</td><td colspan="2">• 역할극 수행 시 학생의 자율성을 보장한다.</td></tr>
<tr><td>follow up</td><td>피드백</td><td>전체 학습</td><td>• 피드백</td><td>• 역할극 수행 시 경험한 상호작용에 대한 의견을 교환한다.
• 감상문 및 평가지를 작성한다.</td><td colspan="2">• 학생 간 상호작용 관찰 및 피드백을 한다.</td></tr>
</table>

앞의 프로그램에서는 커리큘럼의 체계에 맞추어, 기존의 문화교육 프로그램에 '문화교육 커리큘럼에 활용할 경우 고려해야 할 세부 내용'을 반영하여 작성한 프로그램 안을 활용의 예시로 제시하였다. 또 기존 프로그램 검토 시 부족한 영역으로 드러난 '문화 현상에 대한 반성적 · 비판적 태도', '타문화 구성원과의 갈등 관리 및 해결', '타문화 구성원과의 협력적 상호작용'에 대해서는 새롭게 프로그램을 구성하였다.

새롭게 구성한 프로그램 중 먼저 '문화 현상에 대한 반성적 · 비판적 태도' 관련 프로그램인 '히잡 착용'에 대한 토론'은 찬성과 반대로 입장을 나누어 논의할 수 있는 문화 현상인 히잡 착용을 주제로 선정하여 학습자들이 문화에 대한 비판적 태도와 자신의 관점을 가질 수 있도록 하였다. 학습 방법은 토의 · 토론학습으로 이는 학습자의 적극적인 참여를 유도하고 타인과 다양한 의견을 공유하는 가운데 활발한 상호작용을 할 수 있다는 점에서 문화교육에 적합한 방법이다. 원활한 토론이 이루어지기 위해서는 사전에 히잡 착용 문화에 대하여 충분한 사전 학습이 필요하다. 프로그램의 마무리 단계에서는 히잡 착용과 유사한 맥락에서 논의해 볼 수 있는 한국의 문화를 조사하는 과제를 부여함으로써 자문화에 대한 반성적 · 비판적 태도의 필요성을 느끼도록 하였다.

'타문화 구성원과의 갈등 관리 및 해결' 관련 프로그램으로는 다문화 관련 내용을 다룬 장편소설인 『이슬람 정육점』을 제재로 '갈등을 파악하며 소설 읽기'를 제안하였다. 이 소설은 한국전쟁에 참전한 경험을 갖고 있으며 지금은 한국에서 정육점을 운영하는 터키인 '하산 아저씨'를 중심축으로, 한국 사회의 이방인이라고 할 수 있는 '하산 아저씨'가 고아인

‘나’를 입양하고, 전쟁의 상처, 폭력, 가정 불화 등의 사연을 지닌 주변의 다양한 인물들과 함께 살아가는 이야기를 그렸다. 문화의 차이로 인해 갈등을 겪는 여러 가지 상황이 등장하여 학습자가 타문화 구성원과의 관계를 간접적으로 체험할 수 있는 점에서 이 작품을 선정하였다. 학습자들은 소설을 읽으면서 인물에 감정이입하고 공감 또는 반대 의견을 표현함으로써 갈등을 경험하고, 소설에 나타나거나 나타나지 않은 갈등의 해결에 자신의 의견을 말할 수 있다. 교사는 학습자가 문학작품을 통해 고민해 본 타문화 구성원과의 갈등 관리 상황을 실생활에 적용하여 생각할 수 있도록 지도해야 할 것이다.

‘타문화 구성원과의 협력적 상호작용’을 위한 프로그램은 역할극을 활용한 ‘학교 교칙 만들기’이다. 다양한 문화권의 구성원이 모인 상황을 가정하고, 교칙을 제정하는 공동의 주제를 위해 실질적인 상호작용을 수행하도록 프로그램을 구성하였다. 학습자가 자신이 맡은 역할이 속한 문화에 대해 이해하고 역할극에 임할 수 있도록 충분한 사전 지도가 필요하며, 여러 차례의 소집단 활동을 통해 학습자 간 상호작용이 활발하게 이루어지도록 유도하는 것이 바람직하다. 또한 역할극 수행 과정에서 일지를 작성하도록 하여 협력적 상호작용에 대한 자기평가가 이루어지도록 한다.

2) 학교 급별 차등 모델 커리큘럼

다문화 시대 문화교육 커리큘럼의 핵심 개념 체계에서 제시한 핵심 개념 여덟 개는 크게 지식(A)-태도(B)-기능(C)의 범주로 나뉘며 이는 주체-타자-관계의 틀로도 볼 수 있다. 이들 범주는 엄격한 위계를 지니기보다는 조화되었을 때의 통합적 능력(다문화 소통능력) 차원이 더 중요하다고 할 수 있지만, 학교 급별로 커리큘럼을 운영할 경우 학교 급에 따라 강조해야 하는 영역이 다르다고 보고 아래의 차등 모델을 구성하였다. 차등 모델은 하나의 예시이므로 학습자의 수준에 맞게 적절히 구성하여 운영하는 것이 바람직하다.

표 33 중학교 문화교육 커리큘럼 및 활용 가능한 프로그램 목록

<table>
<tr><th colspan="3">핵심 개념의 구성: A2-B2-B3-C2</th></tr>
<tr><td>1주차</td><td>2-3주차</td><td>4-9주차</td></tr>
<tr><td rowspan="2">오리엔테이션</td><td>타문화 구성원의 문화에 대한 이해(지식과 해석)(A2)</td><td>편견과 차별에 대한 인식과 대응(B2)</td></tr>
<tr><td>• 테마박물관 다문화체험</td><td>• 다문화 UCC 제작하기
• 내가 다시 태어난다면
• 또 다른 한국인 네 번째 – 한국 밖의 한국인
• 다른 빛깔 같은 우리</td></tr>
<tr><td>10-12주 차</td><td>13-17주 차</td><td>18주 차</td></tr>
<tr><td>문화 현상에 대한 반성적 · 비판적 태도(B3)</td><td>타문화 구성원과의 갈등 관리 및 해결(C2)</td><td rowspan="2">정리 및 평가</td></tr>
<tr><td>• 피부색에 따라 태도가 달라져?!
• 우리는 단일민족?</td><td>• 두리 다문화교육</td></tr>
</table>

표 34 중학교 문화교육 프로그램 활동 내용 예시

핵심 개념	프로그램명	활동 내용
타문화 구성원의 문화에 대한 이해(지식과 해석)(A2)	테마박물관 다문화체험	① 국립중앙박물관 방문: 국립중앙박물관의 국내관, 아시아관 견학을 통해 외국과의 문화교류를 통해 제작된 우리나라 유물을 감상하고, 다른 아시아 국가들의 유물을 감상한다. ② 이슬람모스크, 불교목아박물관 등 세계 다양한 문화를 주제로 한 박물관을 견학한다. ③ 다문화 이해에 대한 프리젠테이션: 프로그램 참가 청소년들의 다문화에 대한 의견을 발표하게 한다.
편견과 차별에 대한 인식과 대응(B2)	다문화 UCC 제작하기	① 다문화 UCC 제작준비 –제작된 다문화 관련 영상을 보고 장단점 파악하기 –다문화 UCC 제작을 위한 기획서 및 스토리보드 제작하기 ② 다문화 UCC 촬영 및 편집 –실제 영상 제작을 위한 촬영법 익히기 –촬영 방법 및 동영상 편집 프로그램 사용법 익히기 ③ 다문화 UCC 평가하기 –각 조별 다문화 UCC 발표 및 평가 –문화의 다양성 이해하고 문화적 편견을 없애려는 마음 갖기
	내가 다시 태어난다면	① 다양한 유형의 정체성을 가진 사람의 카드 중 자신이 원하는 카드를 선택한 후, 그 이유가 '차별'하는 마음에서 비롯된 것은 아닌지 생각해 보기 ② 활동①에서 선택한 사람이 되어 '차별'의 상황을 간접적으로 경험하게 하여, 그 상황의 문제점을 토론하기 예) 연예인 선발대회, 입국심사, 입사시험, 학교기숙사선발 등 다양한 상황에서 합격/불합격, 통과/통과 불가능을 겪게 함.
	또 다른 한국인 네 번째 - 한국 밖의 한국인	① 한국인이 다른 나라에서 차별받는 사례들을 읽고 학습지를 풀고, 문제의식 발표 통해 공유 ② 재일교포 3, 4세들의 이야기를 담은 동영상을 시청한 후 모둠토론 ③ 모둠별로 차별에 관한 상황극을 해 보고, 학습지를 통해 차별과 인권에 대한 깊은 생각을 해볼 수 있는 질문을 던져 주며 마무리
	다른 빛깔 같은 우리	① 다문화적 공감성을 유발할 수 있는 동화 함께 읽기 ② 스스로 인종에 대한 고정관념을 가지고 있음을 인식하기 ③ 자신이 선택하거나 노력한 결과가 아닌 임의적인 기준에 의해 차별받는 것의 부당성을 직접 경험하기 ④ 차별에 대해 입장을 바꾸어서 생각해 보기 ⑤ 우리 사회 이주 청소년들의 입장을 직접 들어보면서 어떤 태도를 지녀야 할지 생각해 보기 ⑥ 다양한 사람들이 서로 공존하는 사회의 모습 그려보기
문화 현상에 대한 반성적 · 비판적 태도(B3)	피부색에 따라 태도가 달라져?!	① 'SBS스페셜 단일민족의 나라, 당신들의 대한민국' 동영상을 시청한 후 소감 쓰기 ② 동영상 소감과 신문기사 참고하여 토론하기
	우리는 단일민족?	① 지식채널e-'피부색' 동영상을 보고 단일민족의식의 순기능과 역기능에 대해 토론하기 ② '도덕교과서 낯설게 보기 - 물음표를 붙여봐' – 도덕교과서의 민족 관련된 부분을 다시 읽고 문제제기할 부분에 물음표를 붙이고 발표 및 토론하기
타문화 구성원과의 갈등 관리 및 해결(C2)	두리 다문화교육	① 우리안의 다문화 찾기: 함께 생활하기 위한 규칙을 정하는 과정을 통해 서로를 배려하며 공존하는 방법 배우기 ② 함께 역사를 만들어가는 외국인: 결혼 이민자가 한국에서 자신의 능력을 발휘하며 살아가는 기사를 읽고 감상 표현하기 ③ 내가 꿈꾸는 다문화 사회: 다문화 사회가 정착된 미래의 긍정적인 상황을 상상하여 신문 기사로 표현하기 ④ 한국 밖의 한국인: 차별에 관한 상황극을 해 보고 차별이 일어나는 근본적인 원인에 대해 함께 생각하기

(1) 중학교 문화교육 커리큘럼

중학생 시기는 발달과정상 자아정체감이 형성되고 정서적으로 매우 민감한 시기이며 이때 중요한 발달과제는 또래와의 원만한 관계를 맺는 것이다(김수진 외 2010, p.213). 또래와 새롭고도 성숙한 관계를 형성하고, 행동을 이끌어 줄 가치와 윤리 체계를 익힘으로써 중학생 시기의 학습자들은 사회적으로 책임 있는 행동을 습득하게 된다. 중학생들은 집단에 속하려는 요구로 인해 다른 시기보다 또래 관계의 중요성을 크게 여기며, 자의식이 강하고 수줍어하며 타인의 시선을 의식하고 낮은 정체감을 갖는 경향이 있다(Greenberg, 2003; 민경숙 외, 2008, p.493에서 재인용). 따라서 이 시기에 문화적 배경이 다르다는 이유로 자아정체감에 혼돈을 겪거나 타인의 놀림 등 또래 관계에서 부정적인 경험을 하면 더욱 큰 상처를 받고 낮은 정체감 형성을 부추겨 건강한 성인으로서의 성장에 방해가 될 것이다.

이 같은 발달단계상의 특징에 비추어 중학교 문화교육에서는 '편견과 차별에 대한 인식과 대응', 그리고 '타문화 구성원과의 갈등 관리 및 해결'이 주된 내용을 이루어야 할 것이다. 편견이 문제가 되는 것은 주로 특정 집단의 사람들에게 부정적인 감정을 갖게 하기 때문이다. 개인적 특질에 의해 사람을 판단하는 것이 아니라 개인이 속한 집단에 근거하여 부정적 감정을 갖게 하기 때문에 편견의 대상에 잘못된 이해를 불러일으키고 나아가 적대감이나 갈등의 심화로까지 이어지게 된다(민경숙 외, 2008, p.499).

본 연구의 앞선 설문조사 결과 학교 급에 따라 다른 결과를 나타내는 요소가 있었는데 중학교 학습자들이 고등학교 학습자와 가장 큰 차이를 보이는 것은 '거부 · 회피 정서' 영역이었다. 이 영역에 해당하는 질문 내용은 '지하철이나 버스에서 개발도상국 출신 외국 이주민의 옆자리에 앉는 것은 가능한 피하고 싶다', '버스에서 옆자리에 백인이 앉았을 때보다 흑인이 앉았을 때, 더 무서운 생각이 들 것이다', '동남아시아에서 온 외국 이주민과 함께 수영장이나 공중목욕탕에 들어가야 한다면 망설여질 것 같다', '한국에 이민 온 외국 이주민들은 대부분 가난한 나라에서 온 사람들이기 때문에 가까이 하고 싶지 않다'로 이와 관련된 교육적 처방이 필요하다.

선행 연구에서도 유사한 교육적 요구가 도출되었는데 박근수 · 곽연희(2013, p.131)에서 실시한 설문조사(부산 거주 중학생 250명, 고등학생 250명 대상) 결과 '문화적 독특성 수용 문항'에 대한 답변을 살펴보면 중학생의 경우 '이주자들은 자국의 전통 춤이나 놀이를 하지 말아야 한다', '우리나라에서 외국 국기나 상징들이 새겨진 복장은 가급적 피해야 한다', '외국인을 사귀면 내 고유한 문화를 상실할 것 같다'라는 문항에 대한 답변의 비율이 고등학생보다 높게 나타난 것으로 드러났다. 조영달 외(2007)에서도 다문화 가정 학부모들이 중학교 급에서 '친구들의 차별적인 인식 교정'과 '교사의 차별적 인식 교정'을 가장 강하게 요구하는 것으로 나타났다. 유 · 초등 급에서의 차별이 무지나 서로에 대한 낯섦에서 비롯되는 것이라면, 중학교 급 이상에서의 차별은 무지나 낯섦을 넘어 의도적이고 악의적인 것으로 이해될 수 있다는 점에서 그 위험성이 더욱 크다. 또한 사춘기가 시작되는 중학생 시기에 경험하게 되는 교사나 동료의 차별적인 태도는 감수성이 예민한 학생의 세계관이나 인생관을 왜곡시킬 수 있다는 점에서 그 심각성이 더욱 크다.

(2) 고등학교 문화교육 커리큘럼

표 35 고등학교 문화교육 커리큘럼 및 활용 가능한 프로그램 목록

<table>
<tr><td colspan="6">핵심 개념의 구성: A1-B1-B3-C1-C3</td></tr>
<tr><td>1주차</td><td colspan="2">2-4주차</td><td colspan="3">5-9주차</td></tr>
<tr><td rowspan="2">오리엔테이션</td><td colspan="2">문화적 다양성에 대한 민감성(A1)</td><td colspan="3">타문화 구성원에 대한 개방적 태도(B1)</td></tr>
<tr><td colspan="2">• 다다다(多) 문화공작 워크숍
• 꿈꾸는 카메라
• 틀림이 아닌 다름 표현하기</td><td colspan="3">• 독서토론 동아리 활동을 통한 다문화 이해 체험
• 책 속에서 길 찾기
• 인간 중심 집단 상담</td></tr>
<tr><td colspan="2">10-13주차</td><td colspan="2">14-15주차</td><td>16-17주차</td><td>18주차</td></tr>
<tr><td colspan="2">문화 현상에 대한 반성적 · 비판적 태도(B3)</td><td colspan="2">타문화 구성원과의 공감적 상호작용(C1)</td><td>타문화 구성원과의 협력적 상호작용(C3)</td><td rowspan="2">정리 및 평가</td></tr>
<tr><td colspan="2">• '히잡 착용'에 대한 토론</td><td colspan="2">• 다문화 가족 문화소통 캠프
• 다문화 다큐멘터리 제작을 통한 다문화 이해 교육</td><td>• 학교 교칙 만들기</td></tr>
</table>

표 36 고등학교 문화교육 프로그램 활동 내용 예시

핵심 개념	프로그램명	활동 내용
문화적 다양성에 대한 민감성(A1)	다다다(多) 문화공작 워크숍	① 스스로의 미션 찾기: 지역과 내가 만나질 수 있는 스스로의 미션을 만들고 그 미션을 문화 예술적 행위를 통해 접근한다. ② 몸과 오브제: 일상의 재료들의 재발견과 실험을 연극놀이라는 적절한 규모를 통해 실행해본다. ③ 멀티미디어 쇼: 워크숍 과정을 통해 구성원 각자의 강점을 파악하고 스스로가 고안한 시각적 청각적 기계장치를 제작하여 그것들의 조합으로 새로운 다문화적 미학을 만들어간다.
	꿈꾸는 카메라(코시안 청소년 대상)	① 미디어를 통해 나의 관심사 말하기: 지금 현재 내가 흥미로워하는 것들, 관심 가지고 있는 것들을 서로에게 소개하며 그 안에서 미디어적인 특성들을 발견함. ② 우리들의 시각을 통해 동네 보기: 디지털카메라를 이용해 동네 풍경들을 직접 촬영하며 답사하기 ③ 이미지텔링을 통한 동네 이야기: 촬영한 내용을 스토리텔링을 통해 발표하기. 시간 순서, 장소의 이동 순서 등 흐름을 가지고 자신들이 왜 그 대상을 촬영했는지, 그 이미지가 주는 느낌과 연상되는 생각들이 어떤 것이 있는지 서로 이야기해 봄 ④ 움직이는 사진 영상 만들기: 촬영된 사진을 이용해 영상을 제작하고 스토리를 만들어 보기 ⑤ 우리들의 일상 기록하기: 일상을 기록하고, 다른 친구들이 촬영한 내용과 비교하기 ⑥ 뮤직비디오 제작하기: 외국 뮤직 비디오를 재구성하기 ⑦ 영상 발표회: 제작한 뮤직비디오를 공유하기
	틀림이 아닌 다름 표현하기	① 시각의 차이에 관련한 동영상 시청(일본 공익광고) ② 틀림과 다름에 대한 자신의 생각 말하기 ③ 다문화에 대한 이해 및 나와 '다른' 사람의 이야기를 통해 다양성을 이해 ④ 다문화의 의미에 대한 자유토론 및 학습지 질문에 대한 답변 해결 ⑤ 토론 내용과 학습지의 내용을 토대로 자신의 생각을 구성 ⑥ 아이디어 스케치 및 채색(그림에 대한 설명을 학습지에 작성) ⑦ 개별 발표 및 감상 ⑧ 활동 후 느낀 점 이야기하기 ⑨ 개인 별 평가 및 정리
타문화 구성원에 대한 개방적 태도(B1)	독서토론 동아리 활동을 통한 다문화 이해 체험	① 다문화 사회 관련 도서를 동아리원들과 함께 읽기 ② 다문화가정을 방문하는 체험학습 실시: 한국 사회의 다문화 상황과 우리의 자세를 주제로 교육 및 봉사활동 ③ 독서한 내용을 바탕으로 독서토론 실시 독서 목록 가) 마르코 마르티니엘로, 『현대 사회와 다문화주의』 나) 서경식, 『고통과 기억의 연대는 가능한가』 다) 이현정, 『우리의 미래 다문화에 달려 있다』 라) 박범신, 『나마스테』 토론 주제: 다문화 사회에서 우리가 나아갈 방향은 동화정책인가? 동등한 통합정책인가?
	책 속에서 길 찾기	① 다문화 관련 소설 『샤바의 소년』 읽기 ② 읽은 후 활동 중 택일: 독후감 쓰기, 20자 서평 쓰기, 책 광고 만들기, 독후 감상 시조 짓기, 책 도장 만들기, 노래 가사 바꿔 부르기 ③ 활동 결과물이 완성되면 발표 또는 전시
	인간 중심 집단 상담	① 프로그램의 목표 및 과정 이해 ② 나 돌아보기 –자신 돌아보기(내가 좋아하는 것과 싫어하는 것 표현하기) –객관적인 나를 보기(남이 보는 나, 내가 생각하는 나) –자존감 향상시키기(듣고 싶은 말/듣기 싫은 말) ③ 공동체와 소통하기 –서로 다름을 알기(함께 협력하기–협동화그리기) –구성원 이해하기(마음 알기–엽서 콜라주) –강점 찾아 주기(구성원 하나되기–신체 본뜨기) ④ 꿈 키우기 –나의 미래 꿈꾸기(비전맵 작성) –나의 미래 희망 갖기(구성원에게 상장 수여) ⑤ 마무리(소감 나누기, 작품 전시회)
문화 현상에 대한 반성적·비판적 태도(B3)	'히잡 착용'에 대한 토론	① '히잡'을 쓴 여성의 이미지 자료를 보고 관련 있는 경험 공유하기 ② 학교 등 공공 장소에서의 '히잡 착용'이 문제가 되는 이유에 대해 알아보기 ③ "히잡 논란 뒤에 감춰진 진실" 읽기 ④ 텍스트에 드러난 찬성/반대 입장을 선택하고 추가 자료를 조사하여 찬반 대립 토론 준비하기 ⑤ 찬반 대립 토론 시행하기 ⑥ 문화에 대한 비판적 태도의 필요성에 대한 자신의 관점 정립하기

타문화 구성원과의 공감적 상호작용(C1)	다문화 가족 문화소통 캠프	① 만남, 관계 창조의 Re–Creation: 다문화 가족 공동체별 소개하기 ② 쿠킹 다문화 Help yourself!: 각 국가별 공동체 음식 문화 체험하기 ③ 유희하는 다문화 Multi–culture Ludens: 다문화 가족 축구 경기, 크리켓 게임, 그리고 국가별 전통놀이 등과 같은 활동을 함께 함
	다문화 다큐멘터리 제작을 통한 다문화 이해 교육	① 다문화 이해하기: 다문화 서적 세미나, 다문화 관련 영상물을 보고 활동지 작성, 이후 토의 활동 ② 강연: 다문화와 관련된 활동가 중 미디어와 연관된 작업을 하는 이주민을 섭외, 강연 및 질의 응답을 수행. ③ 다큐멘터리 만들기: 이주민에 관한 다큐멘터리 제작을 목표로 모둠별로 이주민들과 인터뷰 실시. ④ 탐방: 이주민의 공간에 가서 설명도 듣고, 이주민들을 만나 이야기를 들어보고 생활 모습을 보는 활동을 수행함.
타문화 구성원과의 협력적 상호작용(C3)	학교 교칙 만들기	① 역할극 주제 인식하기: 다양한 문화의 구성원으로 이루어진 학교에서 교칙을 제정하는 방법에 대해 토론하는 역할극 ② 역할극 형식 이해 ③ 교칙 제정을 위해 고려해야 하는 쟁점사항 확인 ④ 교칙에 포함되어야 할 내용에 대한 의견을 자유롭게 말하기 ⑤ 다양한 문화의 구성원으로 역할 범주 설정 후 역할 맡기 ⑥ 자신이 맡은 역할의 입장에서 교칙의 구성 요소에 대한 주장과 근거 정리하기 ⑦ 역할극 수행 ⑧ 역할극 수행 시 경험한 상호작용에 대한 의견 교환 ⑨ 감상문 및 평가지 작성

다문화주의와 사회통합의 문제가 사회적 이슈로 부각되면서 한국 사회가 다문화 사회로 나아가는 데 작용하는 부정적 요소로 순혈주의 정체성, 한민족 정체성이 꼽히고 있다. 국가 정체성과 민족 정체성이 일치하는 한국인의 경우 단군의 자손이라는 한민족 정체성 자체가 혈통적으로 한민족이 아닌 이주자들을 차별하고 배척하기 쉬운 형태로 작용하는 것이다. 한민족 정체성과 함께 논의할 필요가 있는 것으로 자민족 중심주의(ethnocentrism)가 있다. 자민족 중심주의는 자신이 속한 집단의 문화와 가치관을 중심으로 다른 집단을 평가하고 해석하며, 자신과 다른 집단은 배척하고 동일한 집단은 맹목적으로 수용하는 경향을 의미한다(전경숙 · 박혜정, 2005). 자민족 중심주의는 한민족 정체성과 같은 차원이라고 볼 수는 없으나 민족 정체성이 지나치게 강화되었을 때 자민족 중심주의로 발전할 가능성이 있다는 점에서 연장선상에서 볼 수 있다. 한민족 정체성과 자민족 중심주의 모두 타문화 구성원에 대한 배타성과 관련이 큰 것이다(양계민, 2009).

이와 관련된 내용을 본 연구의 설문조사에서 고등학교 학습자의 '국민 정체성' 영역 조사 결과를 통해 확인할 수 있다. 중학교 급과 비교했을 때 학교 급이 올라갈수록 주류 집단으로서의 국민 정체성과 관련된 변인들이 오히려 강화되고 있음이 확인되었다. '국민 정체성' 영역의 질문은 '피부색이 다른 외국인이 법적으로 한국인이 되더라도 한국 사람과 똑같이 대하기는 어렵다', '외국인이 한국에서 태어나고 자랐어도 진정한 한국 사람이라고 말하기는 어렵다', '한민족의 순수한 혈통을 갖고 있지 않은 사람은 우리나라에서 오래 살았더라도 한국인으로 보기 힘들다', '우리 학교에 다니는 국제결혼 가정의 아이가 한국말을 잘 못한다면 나와 같은 한국인이라는 생각이 들지 않을 것이다'의 내용으로 이루어졌다. 따라서 고등학교 문화교육에서 강조되어야 하는 영역은 '문화 현상에 대한 반성적 · 비판적 태도'로 타문화에 대한 인식과 더불어 자기 문화에 대한 성찰과 비판이 선행되어야 할 것이다.

양계민(2009)에서 한민족 정체성과 자민족중심주의 등의 척도를 측정하기 위해 실시한 설문조사(강원, 경기, 경상, 서울, 전라, 충청 등 여섯 개 시도의 초등학생 746명, 중학생 1,221명, 고등학생 1,173명 대상)에서도 본 연구의 설문조사와 유사한 결과가 확인되었다. 고등학생의 경우 자민족 중심주의가 높을수록 다문화 사회에 대한 긍정적 인지 태도가 낮아지고 부정적 인지 태도가 높게 나타났다. 전반적으로 단일민족 정체성을 지닌 사람들이 다문화 사회에 대해 긍정적으로 생각하는 경향이 낮았고 이주자의 시민권을 반대하며 이주자의 입국을 위협으로 인식하는 경향이 있으며 소수집단에 사회적 거리감이 큰 것으로 나타났다. 이러한 결과는 민족 정체성이 편견과 관련 있다는 Pehrson · Vignoles · Brown(2009)의 결과와도 일치한다.

본 연구의 설문조사에서 '국민 정체성'과 더불어 고등학교 급이 중학교 급보다 평균값이 낮게 측정된 영역은 '문화 개방성'으로 이 부분에 교육적 처치가 필요하다. 해당 영역의 질문은 '우리나라에 다양한 인종, 종교, 문화가 많이 들어올수록 좋다', '피부색이 다르고 문화가 다르더라도 앞으로 더 많은 외국인이 들어와 사는 것이 좋다', '우리 동네에 피부색이나 문화가 다른 외국인이 많이 들어와 살아도 전혀 이상하지 않다', '우리나라에 국제결혼 가정이 더 이상 늘어나지 않았으면 좋겠다'의 내용으로 구성되었다. 이에 대한 측정값이 낮다는 것은 문화가 다양하다는 사실에 민감성이 부족하고 타문화 구성원에 대한 개방적 태도의 형성이 미진함을 의미한다.

박근수 · 곽연희(2013)에서 실시한 설문조사(부산 거주 중학생 250명, 고등학생 250명 대상) 결과에서도 '문화적 다양성에 대한 태도' 문항에서 고등학생이 중학생보다 평균값이 낮게 확인되었다. 이 문항은 '다양한 인종, 종교, 문화가 공존하는 것이 좋다', '인종, 종교, 문화적 다양성이 확대되면 국가 경쟁력에 도움이 된다', '외국인 이주자가 늘어나면 우리나라 문화는 더욱 풍부해진다', '외국영화, 음악, 책이 많이 들어올수록 한국 문화에 나쁜 영향을 끼친다', '외국과의 문화교류는 뚜렷한 경제적 이익이 있을 때 추진하는 것이 좋다', '우리나라보다 경제발전이 뒤처진 아시아 국가와의 문화교류도 활발하게 해야 한다', '다른 나라 언어와 문화를 배우려면 선진국의 것을 배워야 한다'로 구성되었는데 이에 대해 고등학생이 보다 낮은 값을 나타낸다는 것은 고등학교의 문화교육에서 타문화 구성원에 대한 개방적 태도를 강조하는 것이 좀 더 필요함을 뜻한다. 따라서 고등학교 문화교육에서는 '문화 현상에 대한 반성적 · 비판적 태도'와 더불어 '문화적 다양성에 대한 민감성', '타문화 구성원에 대한 개방적 태도'의 비중을 높게 설정해야 할 것이다.

V. 결 론

V. 결 론

이 연구에서는 일차적으로 '정주민'들의 변화를 도모하면서, 나아가 다문화 사회 구성원 전체를 대상으로 포괄할 수 있는 문화교육 커리큘럼의 개발을 목적으로 하였다. 이를 위해 이론적 배경으로 문화 다양성 교육과 핵심역량 중심 교육과정에 대해 살펴보았으며, 선행 연구 및 연구 보고서 검토를 통해 한국에서 다문화 사회에 대한 논의가 단일민족 사회 중심의 동화주의에서 다민족 사회 중심의 다문화주의로 이행하고 있음을 확인하였다. 또한 현재 운영되는 교육과정의 문화교육 관련 내용과 실시 중인 문화교육 프로그램을 문화 다양성 교육의 관점에서 비판적으로 검토하여 문제점을 확인하였다. 문화교육의 실태를 확인하기 위해서는 국내 중 · 고등학교 학생들을 대상으로 다문화 사회에 대한 인식의 정도와 다문화 수용성 정도, 문화교육의 실태 및 요구에 대한 설문조사를 실시하였으며, 해외 사례로 캐나다와 호주의 교육과정을 검토하고, 호주 시드니를 방문하여 문화교육이 이루어지는 현장을 살펴보았다. 그리고 교육 전문가를 대상으로 다수자 대상 문화교육 커리큘럼의 필요성, 현재 다문화교육이 지닌 문제점, 연구자가 상정한 문화교육의 목표에 대한 적절성 등에 대해 의견을 수집하여 커리큘럼 및 프로그램 개발에 참고하였다.

이상의 내용을 토대로 체계성과 완결성을 갖춘 다문화 시대 문화교육의 커리큘럼을 개발하고 실천 중심의 문화교육을 위한 프로그램을 제시하였다. 이 연구에서 상정하는 '문화교육 커리큘럼'은 핵심 개념 체계와 프로그램을 통합한 개념이다. 문헌 연구와 전문가 자문으로 핵심 개념을 체계화하였으며, 현지 조사, 문헌 연구, 교사 및 교육과정 전문가의 검토를 토대로 프로그램을 구성하였다.

연구에서 제시한 프로그램은 중등학교 단계의 한 개 학년을 상정한 표준 모델 예시안과 학교 급별 차등 모델 예시안으로, 부분적 제시의 형태를 띠고 있다. 이는 현재 단위 학교의 실태를 파악한 결과 문화교육 실행 역량이 부족한 상황이라는 판단 아래 현실적으로 가능한 방안을 제시하는 차원에서 각급 학교의 역량에 맞게 적절한 변용을 거쳐 활용하게 하려는 목적에서 기인한 것이다. 따라서 후속 연구에서 보다 다양하고 상세화된 프로그램의 구성을 시도할 수 있겠다.

다문화 시대 문화교육 커리큘럼 개발을 목적으로 한 이 연구는 기존의 다문화가정 학생 및 소수집단에 초점이 맞추어진 교육에서 다수자를 대상으로 하는 문화교육으로의 이동이 필요하다는 관점에서 출발하였다. 소수자에게 주로 요구되는 언어교육(한국어교육)의 차원을 넘어 대상을 확대하고, 내용 역시 언어와 문화를 통합하여 상호문화적인 관점에서 문화교육의 상을 그려보고자 한 것이다. 그러나 이와 같은 다수자 중심의 관점 또한 불균형하므로 장기적으로는 지양되어야 할 것이다. 최근 몇 년간 이주노동, 결혼 이민 등으로 다양한 민족 · 인종이 유입되고 있어 현재를 다문화 사회로의 이행이 가속화되는 과도기라고 볼 수 있는데, 다수자 대상의 문화교육 커리큘럼은 이러한 과도기에 필요한 형태로서 의의를 지닌다. 궁극적으로는 다수자와 소수자의 구분이 무화된 상태에서 모든 시민을 대상으로 하는 보편교육 차원의 문화교육이 이루어져야 한다.

이 연구에서 실시한 제도적 차원의 접근은 그동안 일회적, 산발적으로 이루어졌던 다문화 시대 문화교육의 체계와 지향을 정련한다는 점에서 의의가 있다. 본 연구가 제시한 커리큘럼과 프로그램이 효과적으로 적용될 경우 학습자들은 다른 문화적 배경을 가진 사회 구성원을 깊이 이해함으로써 사회적 편견을 줄이고 갈등을 해소하는 결과를 가져올 것이다. 또한 연구에서 수행한 실증적인 조사 및 분석은 향후 다문화 시대 문화교육 관련 정책을 수립하는 데 기초자료로 활용될 수 있을 것이다. 다양한 문화적 배경을 지닌 구성원이 함께 살아가는 사회에서 보편적 가치로서의 인권과 평등을 증진시키고 사회적 결합과 포용을 실천하며, 세계시민성으로서의 정체성을 함양하는 것이 무엇보다 중요해진 시대에 문화 다양성 교육이 보다 생산적인 논의를 이끌 수 있기를 기대한다.

참고문헌

가은아(2014). 핵심 역량 기반 국어과 교육과정의 구상. 작문연구, 20, 37-72.

강미란(2006). 위르겐 하버마스가 본 세계화 시대의 세계시민사회: 유럽핵심론과 세계시민사회론을 중심으로. 독일어문학, 32, 1-19.

강인애 · 김현미(2013). 초 · 중등교사 대상 문화다양성 연수프로그램 개발 및 적용 사례연구. 학습자중심교과교육학회 학술대회, 2013(3), 285-306.

고정희(2012). 한국 전통문화. 서울대학교 한국어문학연구소, 서울대학교 국어교육연구소, 서울대학교 언어교육원 공편. 한국어 교육의 이론과 실제 1, 아카넷, 549-575.

교육과학기술부(2011). 다문화교육 우수사례공모전 수상 작품집II — 다문화이해교육부문. 교육과학기술부.

교육과학기술부 · 중앙다문화교육센터(2014). 다문화 이해 교육을 위한 교수-학습 지도서(중 · 고등학교 교사용).

교육부(2012.12.). 2009 개정 국어과 교육과정.

교육부(2015.9.). 2015 개정 KSL 교육과정.

교육부(2015.9.). 2015 개정 국어과 교육과정.

국경 없는 마을(2007). 다문화 체험 교실 지원 사업 결과보고서. 문화관광부.

권경미(2014). 세계시민 양성을 위한 문학교육 방법 연구. 한국문화연구, 26, 187-213.

김다원(2011). 동아시아 상호 이해를 위한 문화 다양성 교육의 시론적 연구: 「인간관계와 생활습관」 문화를 중심으로. 대한지리학회지, 46(1), 100-114.

김다원 · 허신혜(2012). 한 · 일 · 중 상호 이해를 위한 문화 다양성 수업 실천 분석 연구: 인간관계에서의 생활습관 문화를 중심으로. 국제이해교육연구, 7(2), 27-54.

김수진 · 이정숙 · 최봉실 · 권영란 · 김보영(2010). 다문화이해 프로그램이 중학생의 사회적 거리감과 다문화 및 인종에 대한 태도에 미치는 효과. *Journal of the Korean Data Analysis Society*, 12(1), 211-225.

김영란(2014). KSL "한국어 교육과정"에 대한 비판적 고찰. 국어교육학연구, 49(3), 60-92.

김영환(2010). 유럽에서 문화적 다양성의 수용. 유럽헌법연구, 8, 57-86.

김윤주(2013). 다문화 배경 학생 대상 한국어 교육과정 구성 방안: 다문화 시대 문식성 교육을 중심으로. 고려대학교 박사학위 논문.

김지윤 외(2014). 닫힌 대한민국 — 한국인의 다문화 인식과 정책. 아산정책연구원.

김혜진 · 김종철(2015). 상호 문화적 능력 향상을 위한 한국의 '흥' 이해 교육 연구 — 고전 문학 제재를 중심으로 —. 한국언어문화학, 12(1), 79-111.

대전광역시교육청(2010). 다름이 함께하는 세상. 대전광역시교육청.

문미숙 외(2009). 다문화 연구학교 교육과정 재구성 실태 분석. 초등교육연구, 22(2), 363-386.

문시연(2005). "문화적 예외vs문화적 다양성" 논란에 관한 연구. 프랑스문화예술연구, 15, 95-117.

민경숙 · 유형근 · 조용선(2008). 다문화가정 중학생에 대한 반(反)편견 교육프로그램 구안. 중등교육연구, 56(2), 491-526.

민무숙 외(2012). 청소년의 다문화수용성 조사 연구. 여성가족부.

박근수 · 곽연희(2013). 청소년의 다문화 인식조사를 통해 본 청소년 다문화 교육 필요성 연구. 사회과학연구, 22, 112-137.

박동준(2010). 유럽연합의 문화통합과 문화적 예외 그리고 문화다양성. 유럽사회문화, 5, 59-99.

박민수(2016). 감성과 인문교육 그리고 세계시민주의. 해항도시문화교섭학, 14, 69-96.

박병도 · 김병준(2009). 문화다양성과 국제법 — 문화다양성협약을 중심으로. 일

감법학, 16, 377-413.
박선웅 외(2015). 다문화 시민성 함양을 위한 고등학교 다문화교육 프로그램 개발 연구. 사회과교육연구, 22(1), 127-144.
박성연(2001). 그림책을 활용한 다문화교육 프로그램이 유아의 인종 및 타문화에 대한 태도에 미치는 효과. 성균관대학교 석사학위 논문.
박성연(2001). 그림책을 활용한 다문화교육 프로그램이 유아의 인종 및 타문화에 대한 태도에 미치는 효과. 성균관대학교 석사학위 논문.
박순경 외(2014). 국가 교육과정 총론 개선을 위한 기초 연구. 한국교육과정평가원 연구보고(CRC 2014-1).
박영목 외(2013). 고등학교 국어 I. 천재교육.
박윤경 외(2008). 초 · 중등 교사의 문화다양성과 다문화가정 학생에 대한 태도. 시민교육연구, 40(3), 1-28.
박재의 외(2009). 다문화교육과정 개발 방향 탐색. 사회과교육, 48(1), 27-43.
박종호 외(2013). 고등학교 문학. 창비.
박진경 · 임동진(2012). 다문화주의와 사회통합 — 캐나다와 호주를 중심으로 —. 한국정책학회보, 21(2), 123-151.
박형민 외(2014). 한국어(KSL) 교육과정 운영방안 연구보고서. 교육부 · 국가평생교육진흥원 · 중앙다문화교육센터.
백남진(2014). 교과 특수 역량에 기반한 성취기준 개발의 방향 탐색: 호주, 캐나다, 싱가포르 사회과 교육과정을 중심으로. 교육과정연구, 32(4), 163-194.
서영진(2015), 역량 기반 교육과정에서 국어 능력과 핵심 역량의 관계. 국어교육학연구, 50(1), 272-305.
서혁 외(2013). 〈스마트 교육 환경에서 국어, 한문 교육의 방향〉: 스마트 교육 환경에서의 핵심역량 기반 국어과 교육과정의 재구성 방향. 청람어문교육, 48, 7-40.
소경희(2007). 학교교육의 맥락에서 본 '역량'(competency)의 의미와 교육과정적 함의. 교육과정연구, 25(3), 1-21.

소경희(2009). 역량기반 교육의 교육과정사적 기반 및 자유교육적 성격 탐색. 교육과정연구, 27(1), 1-20.

손민호(2011). 역량중심교육과정의 가능성과 한계: 역량 개념을 중심으로. 한국교육논단, 10(1), 101-121.

심상민(2014). 다문화 학습자를 위한 (한)국어교육 연구의 동향 분석 — (한)국어교육 학위 논문의 연구 경향 분석. 새국어교육, 98, 153-183.

심영옥 외(2015). '모두를 위한' 다문화 미술교육 프로그램 개발 연구. 정보화정책, 22(3), 129-159.

안상수 외(2012). 국민 다문화수용성 조사 연구. 여성가족부.

안상수 외(2015). 국민 다문화수용성 조사 연구. 여성가족부.

양계민(2009). 한민족정체성과 자민족 중심주의가 청소년의 다문화수용성에 미치는 영향. 한국청소년연구, 20(4), 387-422.

양계민 외(2009). 미래 한국사회 다문화 역량강화를 위한 아동 청소년 중장기 정책방안 연구 I. 한국청소년정책연구원.

오지혜(2013). 문화 능력의 재개념화를 통한 한국어 문화교육 내용 연구: 문화 교재 분석을 중심으로. 한국언어문화학, 10(1), 75-97.

유네스코한국위원회(2005). 제33차 유네스코 총회 참가 보고서.

윤대석(2014). 한국어 문화교육론. 서울대학교 한국어문학연구소, 서울대학교 국어교육연구소, 서울대학교 언어교육원 공편. 한국어교육의 이론과 실제 2. 아카넷, 411-437.

윤대석(2014). 결혼 이주자를 위한 한국어 문학 교육, 국어교육연구, 34, 201-229.

윤여탁(2008). 다문화교육으로서의 한국어교육 — 현실과 방법론. 국어교육연구, 22, 7-34.

윤여탁(2011). 한국어 문화교육의 내용과 방법. 언어와 문화, 7(3), 163-181.

윤여탁(2013ㄱ). 다문화 사회의 문식성 신장을 위한 한국어교육의 전략 — 문학교육의 관점을 중심으로. 새국어교육, 94, 7-29.

윤여탁(2013ㄴ). 다문화교육에서 문학교육의 지향과 다문화 교사 교육, 다문화사회연구, 6(1), 59-79.

원진숙 외(2012). 2012 한국어(KSL) 교육과정 개발 연구 최종보고서. 서울: 교육과학기술부.

원진숙(2013). 다문화 배경 학습자를 위한 KSL 교육의 정체성. 언어사실과 관점, 31, 23-58.

이 타찌야나(2012). 러시아권 학습자를 위한 한국어 문화교육 연구: 비지니스 맥락의 간문화적 의사소통을 중심으로. 서울대학교 석사학위 논문.

이경언 외(2011). 체육, 음악, 미술 교과 교육과정 구성 체제 및 내용 국제 비교. 한국교육과정평가원.

이경한(2014). 국제이해교육 관점에서 문화다양성 교육의 탐색. 국제이해교육연구, 9(2), 33-57.

이광우 · 전제철 · 홍원표 · 김문숙(2009). 미래 한국인의 핵심 역량 증진을 위한 초 · 중등학교 교육과정 설계 방안 연구. 한국교육과정평가원 연구보고(RRC 2009-10-1).

이근님(2004). 프랑스 문화 능력 평가 연구 — 대학수학능력시험 문화 능력 평가 문항을 중심으로 —. 불어불문학연구, 60, 549-576.

이동성 · 주재홍 · 김영천(2013). 문화다양성 교육의 개념적 특질 및 이론적 배경 고찰. 다문화교육연구, 6(1), 51-72.

이삼형 외(2013). 고등학교 화법과 작문. 지학사.

이순영(2011). 21세기 국어과 교육과정 개정의 방향 탐색: 미국의 "공통핵심기준"의 특성과 시사점 분석을 중심으로. 청람어문교육, 43, 7-35.

이승훈(2016). 다문화학생의 자아정체감 및 셀프 리더십, 가족응집력 향상을 위한 인간중심 집단상담 프로그램 개발과 적용 효과. 학습자중심교과교육연구, 16(1), 1002-1020.

이영희(2011). 다문화 가정을 위한 한국어교육의 현황과 과제. 세계한국어문학, 5, 91-132.

이은희(2014). 문화다양성 측면에서 다문화교육과 가정과교육의 통합적 접근. 한국교육문제연구, 32(3), 69-90.
이정렬(2015). 다문화시대에 도덕과 교육의 다문화 내용요소에 대한 고찰. 도덕윤리과교육연구, 49, 139-164.
이종일(2010). 다문화교육에서 '다양성'의 의미. 사회과교육연구, 17(4), 105-120.
인천광역시교육청(2011). 함께하는 다문화 이해교육. 인천광역시교육청.
임철일 외(2014). 문화다양성 교육을 위한 교육과정 및 문화예술 기반 교육방법 탐색. 다문화교육연구, 7(2), 27-57.
장영희(1997). 유아를 위한 다문화교육의 개념 및 교수방법에 대한 이론적 고찰. 성신여자대학교 연구논문집, 35, 295-314.
장인실(2006). 미국 다문화교육과 교육과정. 교육과정연구, 26(4), 27-53.
전경숙, 박혜정(2005). 자민족중심주의, 패션 선도력의 관계 및 명품구매태도에 미치는 영향에 관한 연구. 한국의류학회지, 29(11), 1498-1506.
전은주(2008). 다문화 사회와 제2언어로서의 한국어(KSL) 교육과정의 목표 설정 방향. 국어교육학연구, 33, 629-656.
전희옥(2013). 사회과 '다양성'교육 내용 범위 검토: NCSS 다문화교육과정 지침서 및 Washington대학교 다문화교육센터 보고서를 중심으로. 사회과교육연구, 20(1), 105-120.
전희옥 · 권혁일(2014). 수업 설계에서 '문화적 다양성' 고려의 의미. 사회과교육연구, 21(2), 63-79.
정민수 · 장성민(2014). 스토리텔링 기반 문화다양성 수업전략 탐색. 다문화교육연구, 7(3), 1-26.
정용수(2016). 다문화 교육을 위한 철학적 모색 — 칸트의 세계시민론을 중심으로. 대동철학회, 74, 25-42.
조영달 · 박윤경 · 이정우(2007). 다문화교육정책 수립을 위한 기초 인식 조사 연구. 교육과학기술부.
조영달 외(2009). 초 · 중등 교육과정 및 교과서의 다문화적 요소분석을 통한 개정방안 연구. 서울: 교육과학기술부.

조영달 외(2010). 학교 다문화교육의 실태 분석. 시민교육연구, 42(1), 151-184.
조혜영(2011), 다문화 이해 제고를 위한 교육프로그램. 여성가족부.
주선자(2013). 한 · 중 소설 비교를 통한 한국어 문화교육 연구. 서울대학교 석사학위 논문.
최성환(2015). 다문화 시민교육의 이념. 다문화콘텐츠연구, 18, 97-129.
최충옥 외(2010). 다문화가정 자녀의 통합교육에 대한 초등학생의 인식도 차이와 다문화교육의 개선방안 연구. 다문화교육, 1(3), 93-114.
최혜령(2015). 광고 텍스트를 활용한 한국문화교육 연구. 서울대학교 석사학위 논문.
하경수(2015). 우리나라 다문화교육에서 사회과교육의 역할과 한계. 사회과교육연구, 22(1), 49-61.
한건수 · 한경구(2011). 다문화주의를 넘어서 문화다양성과 국제이해교육으로. 국제이해교육연구, 6(1), 1-33.
한국교육과정평가원(2013). 창조경제 구현방안 연구: 행복교육, 창의인재 양성을 위한 교육과정, 교수 학습, 교육평가 패러다임 전환, 경제 · 인문사회연구회.
한철우 외(2013). 고등학교 문학. 비상교육.
홍원표 · 이근호(2011). 역량기반 교육과정의 현장 적용 방안 연구: 캐나다 퀘벡의 사례를 중심으로. 교육과정연구, 29(1), 67-86.
황라영(2014). 중국인 학습자를 위한 상호문화교육: 한국문학 작품 활용을 중심으로. 서울대학교 석사학위 논문.
황티장(2013). 베트남인 학습자를 위한 한국어 소설 교육 연구: 간문화적 의사소통을 중심으로. 서울대학교 석사학위 논문.

Abd Elkader, N.(2015). Dialogic Multicultural Education Theory and Praxis: Dialogue and the Problems of Multicultural Education in a Pluralistic Society. Dialogic Pedagogy. *Dialogic Pedagogy. An International Online Journal* 3: 1-18.
Abendroth, M.(2015). Growing in Multicultural Education with Alumni.

Multicultural Education 23(1): 17-22.

ACARA(2014). The Australian Curriculum.

Banks, J. A.(2014), *An Introduction to Multicultural Education(5th Edition)*, 모경환, 최충옥, 김명정, 임정수 옮김(2016), 다문화교육 입문, 아카데미프레스.

Bennett, C. I.(2007), *Comprehensive Multicultural Education: Theory and Practice*, 김옥순 외 공역(2009), 다문화교육 이론과 실제, 학지사.

Bernard, F.(2005). 김창민 외 옮김. '문화다양성' 개념의 재정립을 위하여. 세계화 시대의 문화논리, 파주: 한울아카데미, 17-19.

Byram, M. (1989). *Cultural studies in foreign language education*. Clevedon; Philadelphia: Multilingual Matters.

De La Mare, D. M.(2014). Communicating for Diversity: Using Teacher Discussion Groups to Transform Multicultural Education. *The Social Studies* 105: 138-144.

Greenberg, K. R.(2003). *Group counseling in K-12 schools: A handbook for school counselor*. Boston: Pearson Education, Inc.

Habermas, J.(1998). Die postnationale Konstellation und die Zukunft der Demokratie, *Die postnationale Konstellation: Politische Essays*. Frankfurt am Main.

Jakubowicz, A.(2009). Cultural diversity, cosmopolitan citizenship & education: Issues, options and implications for Australia. A discussion paper for the Australian Education Union. Retrieved from http://www.aeufederal.org.au/Publications/2009/AJakubowiczpaper.pdf.

Kant, I.(1784). *Idee zu einer allgemeinen Geschicte in weltbrgerlicher Absicht*. 이한구 편역(1992). 칸트의 역사철학. 서울: 서광사.

Keast, J.(2006). *Religious diversity and intercultural education: A reference book for schools*. Retrieved from http://www.pi-schools.gr/lessons/religious/europ_diast/Religius_Diversity_%20and_Intercultural_Education.pdf.

Klopf, D.(2001). *Intercultural Encounters: The Fundamentals of Intercultural Communication*. Englewood: Morton.

Kymlicka, W.(1995). *Multicultural citizenship: A liberal theory of minority right.* New York, NY: Oxford University Press.

Lussier, D.(1992). *Ecaluer les apprentissages.* Hachette.

Lynch, J.(1983). *The multicultural curriculum. London, UK: Batsford Academic & Educational.*

National Association for Multicultural Education(2001). *NAME Criteria for Evaluating State Curriculum Standards.* Resolution & Position Papers.

Nussbaum, M. C.(2010). *Not for Profit.* 우석영 역(2011). 공부를 넘어 교육으로: 누스바움 교수가 전하는 교육의 미래. 서울: 궁리출판.

Nussbaum, M. C.(1997). *Cultivating Humanity: A Classical Defense of Reform in Liberal Education.* 황은덕 역(2010). 민주 시민과 서사적 상상력. 오늘의 문예비평, 79, 22-46.

OECD(2002). Contributions to the Second DeSeCo Symposium. Retrieved from http://www.oecd.org/edu/skills-beyond-school/41529505.pdf

Parsons, J. and L. Beauchamp(2012). *From knowledge to action: shaping the future of curriculum development in Alberta.* A research report of Alberta Education.

Pehrson, S., V. L. Vignoles & R. Brown(2009). National Identification and anti-immigrant prejudice: Individual and contextural effect of national definitions. *Social Psychology Quarterly* 72(1): 24-48.

Quellet, F.(1999). *L'éducation interculturelle*, L'Harmattan.

Rosaldo, R.(1997). Cultural citizenship, inquality, and multiculturalism. In W. V. Flortes & R. Benmayor(Eds.), *Latino Cultural citizenship: Claiming identity, space, and rights.* Boston, MA: Beacon.

Salgür, S. A. & A. Gursoy(2015). Multicultural Education And Teacher's Characteristics. *Euromentor* 6(3): 7-17.

Sercu, L.(2004). Assessing intercultural competence: a framework for systematic test development in foreign language education and beyond. *Intercultural Education* 15 (1): 73-90.

Sultanova, L.(2016). Origin and Development of Multicultural Education in the

USA. *Comparative Professional Pedagogy* 6(2): 49-53.

교육통계서비스 http://kess.kedi.re.kr
법무부 2016년 5월 통계월보 http://www.immigration.go.kr

http://h21.hani.co.kr/arti/world/world_general/28050.html
http://nccc.georgetown.edu/projects/sids/dvd/continuum.pdf
http://www.australiancurriculum.edu.au/
http://www.edu.gov.on.ca/eng/curriculum/elementary/
http://www.edu.gov.on.ca/eng/curriculum/secondary/index.html
http://www1.education.gouv.qc.ca/sections/programmeFormation/secondaire1/pdf/chapter3.pdf

부 록

1. 학생용 설문지

다문화 시대의 문화교육 커리큘럼 개발을 위한 설문조사

안녕하십니까?

저희 연구진은 다문화 시대에 적합한 문화교육의 커리큘럼(교육과정)을 개발하고 있습니다. 이 조사는 연구 목적과 관련하여, 다문화 사회에 대한 청소년들의 인식 수준과, 문화교육에 대한 다양한 생각 및 의견 등을 수렴하기 위해 계획되었습니다.

이 조사는 몇 가지 범주로 나누어진 설문 문항으로 구성되어 있으며, 각 문항 내용을 읽고 평소에 가지고 있었던 생각이나 의견에 가장 가까운 선택지를 골라 응답해 주시면 됩니다. 이 조사의 질문에는 정답이 따로 있는 것은 아니므로, 어떠한 의견이라도 솔직하게 대답하여 주시면 연구에 큰 도움이 될 것입니다.

귀하께서 응답해 주시는 결과는 다문화 시대에 적합한 문화교육 커리큘럼 개발의 귀중한 기초 자료로 활용될 것입니다. 아울러 귀하의 응답 내용은 통계법 제33조에 의거하여 통계처리에만 사용되며, 개인정보의 누설이나 조사 이외의 목적으로는 절대 사용되지 않을 것임을 약속드립니다. 감사합니다.

2015. 10.

윤여탁(서울대학교 국어교육과 교수)
윤대석(서울대학교 국어교육과 교수)
고정희(서울대학교 국어교육과 교수)

※ 본 설문과 관련된 문의는 ☎ 02-880-7666으로 해 주십시오.

아산사회복지재단 서울대학교 국어교육연구소 Korean Language Education Research Institute

청소년용 설명서 및 동의서

연구 과제명: 다문화 시대의 문화교육 커리큘럼

연구 책임자명: 윤여탁(서울대 국어교육과 교수)

이 연구의 제목은 '다문화 시대의 문화교육 커리큘럼'입니다. 귀하는 중 · 고등학교 학생으로서, 다문화 시대 문화교육 커리큘럼에 관한 조사에 도움을 제공할 수 있기 때문에 이 연구에 참여하도록 권유받았습니다. 이 연구를 수행하는 서울대학교 소속의 윤여탁 연구 책임자를 비롯하여 아래의 연구원들이 귀하에게 이 연구에 대해 설명해 드릴 것입니다.

이 연구는 자발적으로 참여 의사를 밝히신 분에 한하여 수행될 것이며, 귀하께서는 참여 의사를 결정하기 전에 본 연구가 왜 수행되는지 그리고 연구의 내용이 무엇과 관련 있는지 이해하는 것이 중요합니다. 다음 내용을 신중히 읽어 보신 후 참여 의사를 밝혀 주시길 바라며, 필요하다면 가족이나 친구들과 의논해 보십시오. 만일 질문이 있다면 담당 연구원이 자세하게 설명해 줄 것입니다.

윤여탁 (서울대학교 국어교육과 교수 ☎ 02-880-7659)

윤대석 (서울대학교 국어교육과 교수 ☎ 02-880-7660)

고정희 (서울대학교 국어교육과 교수 ☎ 02-880-2558)

1. 이 연구는 왜 실시합니까?

이 연구는 다문화 시대 문화교육 커리큘럼을 개발하는 데 목적이 있습니다.

2. 얼마나 많은 사람이 참여합니까?

중 · 고등학교 학생 총 1,000명이 참여할 것입니다.

3. 만일 연구에 참여하면 어떤 과정이 진행됩니까?

만일 귀하가 참여 의사를 밝혀 주시면 귀하는 〈다문화 시대의 문화교육 커리큘럼 개발을 위한 설문조사〉라는 제목의 설문에 응하게 됩니다. 설문에 소요되는 시간은 약 30분입니다.

4. 연구 참여 기간은 얼마나 됩니까?

설문조사는 2015년 10월에 1회 실시합니다. 약 30분이 소요될 것입니다.

5. 참여 도중 그만두어도 됩니까?

예, 귀하는 언제든지 어떠한 불이익 없이 참여 도중에 그만둘 수 있습니다. 만일 귀하가 연구에 참여하는 것을 그만두고 싶다면 담당 연구원이나 연구 책임자에게 즉시 말씀해 주십시오.

6. 부작용이나 위험 요소는 없습니까?

예상되는 부작용이나 위험 요소는 없습니다. 만일 연구 참여 도중 발생할 수 있는 부작용이나 위험 요소에 대한 질문이 있으시면 담당 연구원에게 즉시 문의해 주십시오.

7. 이 연구에 참여시 참여자에게 이득이 있습니까?

귀하가 이 연구에 참여하는 데 있어서 직접적인 이득은 없습니다.

8. 만일 이 연구에 참여하지 않는다면 불이익이 있습니까?

귀하는 본 연구에 참여하지 않을 자유가 있습니다. 또한 귀하가 본 연구에 참여하지 않아도 귀하에게는 어떠한 불이익도 없습니다.

9. 연구에서 얻은 모든 개인 정보의 비밀은 보장됩니까?

개인정보관리책임자는 서울대학교의 윤여탁 교수(☎ 02-880-7659)입니다. 저희는 이 연구를 통해 얻은 모든 개인 정보의 비밀 보장을 위해 최선을 다할 것입니다. 이 연구에서 얻어진 개인 정보가 학회지나 학회에 공개될 때 귀하의 이름과 다른 개인 정보는 사용되지 않을 것입니다. 그러나 만일 법이 요구하면 귀하의 개인정보는 제공될 수도 있습니다. 또한 모니터 요원, 점검 요원, 생명윤리심의위원회는 연구 참여자의 개인 정보에 대한 비밀 보장을 침해하지 않고 관련 규정이 정하는 범위 안에서 본 연구의 실시 절차와 자료의 신뢰성을 검증하기 위해 연구 결과를 직접 열람할 수 있습니다. 귀하가 본 동의서에 서명하는 것은, 이러한 사항에 대하여 사전에 알고 있었으며 이를 허용한다는 동의로 간주될 것입니다.

10. 이 연구에 참여하면 대가가 지급됩니까?

귀하가 연구에 참여하면 감사의 뜻으로 작은 기념품을 증정할 것입니다.

11. 연구에 대한 문의는 어떻게 해야 됩니까?

본 연구에 대해 질문이 있거나 연구 중간에 문제가 생길 시 다음 연구 담당자에게 연락하십시오.

이름: <u>이종원</u>　　　전화번호: <u>02-880-7666</u>

만일 어느 때라도 연구참여자로서 귀하의 권리에 대한 질문이 있다면 다음의 서울대학교 생명윤리심의위원회에 연락하십시오.

서울대학교 생명윤리심의위원회 (SNUIRB)　　　전화번호: 02-880-5153

동의서(설문조사)

1. 나는 이 설명서를 읽었으며 담당 연구원과 이에 대하여 의논하였습니다.
2. 나는 위험과 이득에 관하여 들었으며 나의 질문에 만족할 만한 답변을 얻었습니다.
3. 나는 이 연구에 참여하는 것에 대하여 자발적으로 동의합니다.
4. 나는 이 연구에서 얻어진 나에 대한 정보를 현행 법률과 생명윤리심의위원회 규정이 허용하는 범위 내에서 연구자가 수집하고 처리하는 데 동의합니다.
5. 나는 이 연구에서 설문조사를 진행하는 것에 동의합니다.
6. 나는 담당 연구자나 위임 받은 대리인이 연구를 진행하거나 결과 관리를 하는 경우와 보건 당국, 학교 당국 및 서울대학교 생명윤리심의위원회가 실태조사를 하는 경우에는 비밀로 유지되는 나의 개인 신상 정보를 직접적으로 열람하는 것에 동의합니다.
7. 나는 언제라도 이 연구의 참여를 철회할 수 있고 이러한 결정이 나에게 어떠한 해도 되지 않을 것이라는 것을 압니다.

연구참여자 성명	서명	날짜(년/월/일)
법정대리인 성명(연구참여자와의 관계)	서명	날짜(년/월/일)
동의서 받은 연구원 성명	서명	날짜(년/월/일)
연구책임자 성명	서명	날짜(년/월/일)

동의서(심층면담)

1. 나는 이 설명서를 읽었으며 담당 연구원과 이에 대하여 의논하였습니다.
2. 나는 위험과 이득에 관하여 들었으며 나의 질문에 만족할 만한 답변을 얻었습니다.
3. 나는 이 연구에 참여하는 것에 대하여 자발적으로 동의합니다.
4. 나는 심층면담 내용이 녹음되는 것에 동의합니다.
5. 나는 이 연구에서 얻어진 나에 대한 정보를 현행 법률과 생명윤리심의위원회 규정이 허용하는 범위 내에서 연구자가 수집하고 처리하는 데 동의합니다.
6. 나는 이 연구에서 심층면담을 진행하는 것에 동의합니다.
7. 나는 담당 연구자나 위임받은 대리인이 연구를 진행하거나 결과 관리를 하는 경우와 보건 당국, 학교 당국 및 서울대학교 생명윤리심의위원회가 실태조사를 하는 경우에는 비밀로 유지되는 나의 개인 신상 정보를 직접적으로 열람하는 것에 동의합니다.
8. 나는 언제라도 이 연구의 참여를 철회할 수 있고 이러한 결정이 나에게 어떠한 해도 되지 않을 것이라는 것을 압니다.

연구참여자 성명	서명	날짜(년/월/일)
법정대리인 성명(연구참여자와의 관계)	서명	날짜(년/월/일)
동의서 받은 연구원 성명	서명	날짜(년/월/일)
연구책임자 성명	서명	날짜(년/월/일)

■ 최근 들어 한국에서 살기 위해 이주해 오는 외국 이주민이 크게 증가하고 있습니다. 이 점을 고려하여 다음 문항들을 잘 읽고, 평소의 경험이나 생각에 비추어 솔직하게 답변하여 주시기 바랍니다.

※ 타문화 구성원: 국가나 민족 등의 차이로 한국의 고유 문화와 다른 문화적 배경을 가진 한국 사회의 구성원

※ 외국 이주민: 일자리, 결혼, 거주 등의 목적으로 한국에 들어와서 살고 있는 **'외국인 노동자, 결혼이주여성, 국제결혼 가정 자녀'** 등을 일컫는 말(원어민 선생님, 학원 선생님 포함)

※ 개발도상국: 산업 근대화와 경제개발이 더디거나 추진 중에 있는 나라를 일컫는 말(베트남, 캄보디아, 방글라데시, 인도, 인도네시아, 필리핀 등의 동남아시아, 아프가니스탄, 터키, 이란 등의 서남아시아, 아프리카 및 남아메리카에 있는 여러 나라를 말함)

1. 최근 1년 동안(2014년 10월1일 ~ 2015년 9월 30일 사이에) 국내에서 '외국 이주민'을 얼마나 자주 보았습니까?

① 일주일에 2회 이상

② 일주일에 1회 정도

③ 1개월에 2~3회 정도

④ 1~3개월에 1회 정도

⑤ 4개월~1년에 1회 정도

⑥ 본 적 없음 → 4.로 이동

※①~⑤를 선택했다면 2.로 이동, ⑥을 선택했다면 4.로 이동

2. 일상 생활에서 '외국 이주민'과 자주 만납니까?

① 예 → 3.으로 이동 ② 아니오 → 4.로 이동

3. 위 2. 의 대상과는 어떠한 관계입니까?

(관계를 맺는 외국 이주민 중 가장 가까운 사이만 응답)

① 가족 ② 친척 ③ 친구 ④ 선생님 ⑤ 동네주민

⑥ 자원봉사 대상자 ⑦ 기타(구체적으로 적어주세요:)

4. 최근 1년 동안(2014년 10월1일 ~ 2015년 9월 30일 사이에) TV, 라디오, 영화, 인터넷 등을 통해 외국 이주민에 관한 내용을 본 적이 있습니까? 본 적이 있다면, 어떤 작품이나 프로그램이었는지를 기억나는 대로 적어주세요.

① 예 (작품 또는 프로그램 제목:) → 5.로 이동

② 아니오 → 8.로 이동

5. TV, 라디오, 영화, 인터넷 등의 매체에서 외국 이주민에 관한 내용을 얼마나 자주 보았습니까?

① 일주일에 2회 이상

② 일주일에 1회 정도

③ 1개월에 2~3회 정도

④ 1~3개월에 1회 정도

⑤ 1년에 1회 정도

6. TV, 라디오, 영화, 인터넷 등의 매체에서 가장 자주 보았던 사람은 누구였습니까? 그 다음으로 자주 보았던 사람들은 누구였습니까?(번호로 써주세요.)

1순위		2순위	

① 외국인 노동자　　② 외국인 유학생

③ 결혼이주여성　　④ 국제결혼 가정 자녀

⑤ 기타:

7. 언론매체에 나타난 외국 이주민들의 모습 가운데 가장 기억에 남는 내용은 다음 중 무엇이었습니까?

① 외국 이주민들이 자신만의 풍습과 문화를 즐기는 모습

② 외국 이주민들이 한국의 문화를 배우고 익히는 모습

③ 외국 이주민들이 한국 사회에 잘 어울려 살아가는 모습

④ 외국 이주민들이 한국 사회에 적응하지 못하고 힘들어 하는 모습

⑤ 기타 (구체적으로 적어 주세요)

→ ____________________

8. 다음은 현재 한국 사회에서 체류하고 있는 외국인의 국적을 나열한 것입니다. 이 나라 사람들에 대해서 얼마나 거리감을 느낍니까?

	매우 멀게 느낀다	멀게 느낀다	보통이다	가깝게 느낀다	매우 가깝게 느낀다
1) 중국(한족)	①	②	③	④	⑤
2) 조선족(한국계 중국인)	①	②	③	④	⑤
3) 미국	①	②	③	④	⑤
4) 베트남	①	②	③	④	⑤
5) 일본	①	②	③	④	⑤
6) 필리핀	①	②	③	④	⑤

9. 다음은 현재 한국 사회에서 체류하고 있는 외국인의 국적을 나열한 것입니다. 이 나라 사람들의 독특한 문화에 대하여 얼마나 관심을 갖고 있습니까?

	전혀 관심이 없다	조금 관심이 있다	관심이 있다	관심이 많다	아주 관심이 많다
1) 중국(한족)	①	②	③	④	⑤
2) 조선족(한국계 중국인)	①	②	③	④	⑤
3) 미국	①	②	③	④	⑤
4) 베트남	①	②	③	④	⑤
5) 일본	①	②	③	④	⑤
6) 필리핀	①	②	③	④	⑤

10. 다음은 학생이 평소 다문화에 관해 어떤 생각을 갖고 어떻게 행동하는지에 관한 질문입니다. 아래의 항목들을 잘 읽고 자신의 생각과 행동에 가까운 곳에 표시해 주세요.

	전혀 그렇지 않다	그렇지 않다	보통 이다	그렇다	매우 그렇다
1) 나는 드라마나 영화에 나타난 인종, 민족, 종교에 관한 고정관념과 편견을 찾아낼 수 있다.	①	②	③	④	⑤
2) 나는 외국인이나 낯선 문화를 접할 때 거부감 없이 대한다.	①	②	③	④	⑤
3) 나는 외국에 가게 되면 한국 음식을 찾기보다는 그 나라 음식을 먹는다.	①	②	③	④	⑤
4) 나는 말투, 생김새, 피부색이 나와 다르다는 이유로 다른 사람을 놀리거나 차별한 적이 없다.	①	②	③	④	⑤

11. 다음 문항을 읽고 한국 사회에 들어와 살고 있는 외국 이주민들에 대한 자신의 생각, 느낌, 행동과 가장 가까운 곳에 표시해 주세요.

11-1.	전혀 그렇지 않다	그렇지 않다	보통 이다	그렇다	매우 그렇다
1) 우리나라에 다양한 인종, 종교, 문화가 많이 들어올수록 좋다.	①	②	③	④	⑤
2) 피부색이 다르고 문화가 다르더라도 앞으로 더 많은 외국인이 들어와 사는 것이 좋다.	①	②	③	④	⑤
3) 우리 동네에 피부색이나 문화가 다른 외국인이 많이 들어와 살아도 전혀 이상하지 않다.	①	②	③	④	⑤
4) 우리나라에 국제결혼 가정이 더 이상 늘어나지 않았으면 좋겠다.	①	②	③	④	⑤

11-2.	전혀 그렇지 않다	그렇지 않다	보통 이다	그렇다	매우 그렇다
1) 피부색이 다른 외국인이 법적으로 한국인이 되더라도 한국 사람과 똑같이 대하기는 어렵다.	①	②	③	④	⑤
2) 외국인이 한국에서 태어나고 자랐어도 진정한 한국 사람이라고 말하기는 어렵다.	①	②	③	④	⑤
3) 한민족의 순수한 혈통을 갖고 있지 않은 사람은 우리나라에서 오래 살았더라도 한국인으로 보기 힘들다.	①	②	③	④	⑤
4) 우리학교에 다니는 국제결혼 가정의 아이가 한국말을 잘 못한다면 나와 같은 한국인이라는 생각이 들지 않을 것이다.	①	②	③	④	⑤

11-3.	전혀 그렇지 않다	그렇지 않다	보통 이다	그렇다	매우 그렇다
1) 이웃에 사는 외국 이주민들이 자신들의 고유 요리를 즐긴다면 가깝게 지내기 힘들 것 같다.	①	②	③	④	⑤
2) 나는 한국에 사는 외국 이주민들끼리 따로 모여서 자기들의 음악이나 무용, 공연을 즐기는 것을 보면 피할 것 같다.	①	②	③	④	⑤
3) 한국에 사는 외국 이주민들끼리 자신들의 종교 행사를 가지는 것을 보면, 되도록 가까이 가는 것을 피하겠다.	①	②	③	④	⑤
4) 따돌림이나 놀림을 받는 아이가 피부색이나 생김새가 다른 국제결혼가정 출신 아이라면 쉽게 편들어 주지 못할 것이다.	①	②	③	④	⑤

11-4.	전혀 그렇지 않다	그렇지 않다	보통 이다	그렇다	매우 그렇다
1) 한국인이 외국 이주민들을 이해해 주길 바라기보다는 이주민들이 한국인을 이해하려고 더 많이 노력해야 한다.	①	②	③	④	⑤
2) 외국 이주민의 자녀라 하더라도 부모나라의 언어보다는 한국어를 완벽하게 하는 것이 우선이다.	①	②	③	④	⑤
3) 한국인과 결혼한 외국 이주민 여성은 결혼한 집안의 풍습과 예절을 우선적으로 따라야 한다.	①	②	③	④	⑤
4) 외국 이주민이 한국 국민이 되려면 자기의 문화를 버리고 한국 문화나 관습을 따르도록 해야 한다.	①	②	③	④	⑤

11-5.	전혀 그렇지 않다	그렇지 않다	보통 이다	그렇다	매우 그렇다
1) 지하철이나 버스에서 개발도상국 출신 외국 이주민의 옆자리에 앉는 것은 가능한 피하고 싶다.	①	②	③	④	⑤
2) 버스에서 옆자리에 백인이 앉았을 때보다 흑인이 앉았을 때, 더 무서운 생각이 들 것이다.	①	②	③	④	⑤
3) 동남아시아에서 온 외국 이주민과 함께 수영장이나 공중목욕탕에 들어가야 한다면 망설여질 것 같다.	①	②	③	④	⑤
4) 한국에 이민 온 외국 이주민들은 대부분 가난한 나라에서 온 사람들이기 때문에 가까이 하고 싶지 않다.	①	②	③	④	⑤

11-6.	전혀 그렇지 않다	그렇지 않다	보통 이다	그렇다	매우 그렇다
1) 우리 학교나 학급에 국제결혼 가정의 아이가 있다면 다른 친구들과 똑같은 친구로 대하겠다.	①	②	③	④	⑤
2) 우리 학교에 다니는 외국 이주민 아이가 자기 집에 와서 놀자고 하면, 그 집에 가서 함께 놀겠다.	①	②	③	④	⑤
3) 나는 기회가 있다면, 상대방의 인종, 국적, 문화권에 상관없이 기꺼이 친구로 사귀겠다.	①	②	③	④	⑤
4) 내 생일에 친구들을 집에 초대하게 된다면, 국제결혼 가정의 아이도 함께 초대하고 싶다.	①	②	③	④	⑤

11-7.	전혀 그렇지 않다	그렇지 않다	보통 이다	그렇다	매우 그렇다
1) 다른 나라 언어와 문화를 배우려면 우리나라보다 잘 사는 나라의 것을 배우는 것이 좋다.	①	②	③	④	⑤
2) 선진국에서 온 사람들은 개발도상국에서 온 사람들에 비해 능력도 더 뛰어나고 일도 더 잘할 것 같다.	①	②	③	④	⑤
3) 외국인 친구를 사귀려면 개발도상국보다는 선진국에서 온 친구를 사귀는 것이 좋다.	①	②	③	④	⑤
4) 선진국에서 온 이주민과 경제 수준이 낮은 나라에서 온 이주민을 똑같이 대하기는 힘들다.	①	②	③	④	⑤

11-8.	전혀 그렇지 않다	그렇지 않다	보통이다	그렇다	매우 그렇다
1) 나는 세계 여러 나라의 새로운 문화를 접하는 것에 흥미를 갖고 있다.	①	②	③	④	⑤
2) 나는 한 나라의 국민으로만 있기 보다는 세계 속의 훌륭한 시민이 되는 것에 더 큰 관심이 있다.	①	②	③	④	⑤
3) 나는 식량 부족으로 굶주린 나라의 사람들에게 먹을 것을 보내기 위해 하루 한 끼를 굶을 수 있다.	①	②	③	④	⑤
4) 나는 부당한 대우를 받는 다른 나라의 노동자를 돕기 위한 활동에 참여할 생각이 있다.	①	②	③	④	⑤

12. 최근 1년 동안(2014년 10월 1일부터 2015년 9월 30일 사이에) 외국 이주민의 문화와 관련된 교육을 받은 적이 있습니까?

① 예 → 13.으로 이동 ② 아니오 → 22.로 이동

13. 외국 이주민의 문화와 관련된 교육을 받은 곳을 모두 표기하여 주십시오.

① 학교 정규 수업

② 교내 특별활동

③ 청소년 수련관

④ 시민단체, 봉사활동 기관 등 (기관명:)

⑤ 사찰(절), 교회, 성당 등 종교 기관

⑥ TV, 라디오, 인터넷 등 언론 매체

14. 외국 이주민의 문화와 관련된 교육을 얼마나 자주 받았습니까?

① 일주일에 2회 이상

② 일주일에 1회 정도

③ 1개월에 2~3회 정도

④ 1~3개월에 1회 정도

⑤ 1년에 1회 정도

15. 외국 이주민의 문화와 관련된 교육의 내용 가운데 가장 기억에 남는 것은 무엇이었습니까?

① 외국 이주민의 언어를 배우고 대화하기
② 외국 이주민의 전통의상, 음식 체험하기
③ 외국 이주민의 노래, 춤, 공예 체험하기
④ 외국 이주민들의 문화에 대한 존중
⑤ 외국 이주민들의 한국 생활에 대한 내용
⑥ 외국 이주민들과 소통할 때 주의사항
⑦ 내국인과 외국 이주민의 문화적 차이
⑧ 기타 (구체적으로 적어주세요)
→ ______________________________

16. 위에서 응답한 교육 내용과 관련하여 자신의 만족도를 표시해 주세요.

	전혀 그렇지 않다	그렇지 않다	보통이다	그렇다	매우 그렇다
1) 위 15.의 교육 내용은 나에게 매우 흥미로웠다.	①	②	③	④	⑤
2) 위 15.의 교육 내용은 나에게 매우 유익하였다.	①	②	③	④	⑤

17. 외국 이주민의 문화와 관련된 교육에서 활용된 교육 방법 중 가장 기억에 남는 것은 무엇이었습니까?

① 강의

② 체험 활동

③ 매체 활용 수업(TV, 인터넷, 영화 등)

④ 기타(구체적으로 적어주세요)

→ ______________________________

18. 위 교육 방법에 대한 자신의 만족도를 표시해 주세요.

	전혀 그렇지 않다	그렇지 않다	보통이다	그렇다	매우 그렇다
1) 위 17.의 교육 방법은 나에게 매우 흥미로웠다.	①	②	③	④	⑤
2) 위 17.의 교육 방법은 학습 목표 달성에 효과적이었다.	①	②	③	④	⑤

19. 외국 이주민의 문화와 관련된 교육을 받은 후에 갖게 된 생각이나 느낌에 대해 자신의 생각과 가까운 곳에 표시해 주세요.

	전혀 그렇지 않다	그렇지 않다	보통이다	그렇다	매우 그렇다
1) 외국 이주민의 문화를 보다 잘 이해하게 되었다.	①	②	③	④	⑤
2) 외국 이주민과 그 자녀들이 겪는 어려움을 이해하게 되었다.	①	②	③	④	⑤
3) 외국 이주민의 문화를 존중하는 마음이 생겼다.	①	②	③	④	⑤
4) 외국 이주민과 그 자녀들에 대한 거부감이나 차별적인 생각이 줄었다.	①	②	③	④	⑤
5) 외국 이주민이나 그 자녀에게 우리의 문화와 전통을 따르라고 요구해서는 안 된다는 생각을 갖게 되었다.	①	②	③	④	⑤

20. 향후 외국 이주민의 문화와 관련된 교육을 받을 수 있는 기회가 있다면 참여하고 싶습니까?

① 전혀 참여하고 싶지 않다.

② 참여하고 싶지 않다.

③ 참여하고 싶다.

④ 매우 참여하고 싶다.

21. 위 20.과 관련하여 만약 참여하고 싶지 않다면, 그 이유는 무엇입니까? (구체적으로 써 주세요)

→ ____

22. 다음은 다문화 사회에서 필요로 하는 문화교육의 목표에 관한 질문입니다. 자신이 중요하다고 생각하는 정도를 표시해 주세요.

	전혀 그렇지 않다	그렇지 않다	보통이다	그렇다	매우 그렇다
1) 나는 서로 다른 문화적 배경을 가진 사람들의 생각이나 행동을 보다 잘 이해하고 싶다.	①	②	③	④	⑤
2) 나는 서로 다른 문화적 배경을 가진 사람들에 대해 가지고 있는 잘못된 선입견이나 편견을 없애고 싶다.	①	②	③	④	⑤
3) 나는 서로 다른 문화적 배경을 가진 사람들과 원활하게 의사소통하고 싶다.	①	②	③	④	⑤
4) 나는 서로 다른 문화적 배경을 가진 사람들이 하나의 국가가 아닌 세계 속의 시민으로 성장할 수 있어야 한다고 생각한다.	①	②	③	④	⑤

지금까지 질문에 응해 주셔서 대단히 감사합니다.
마지막으로 몇 가지만 더 여쭙겠습니다.
이 항목들은 통계적인 자료 분류 목적 이외에는 결코 사용되지 않습니다.

23. 학생은 현재 어느 지역에 거주하고 있습니까?

(동/읍/면 단위까지만 표기)

시/도	시/군/구	동/읍/면

24. 학생이 다니고 있는 학교의 지역은 어디입니까?

(동/읍/면 단위까지만 표기)

시/도	시/군/구	동/읍/면

25. 학생은 몇 학년입니까?

① 1학년 ② 2학년 ③ 3학년

26. 학생의 성별은 무엇입니까?

① 남자 ② 여자

참여해주셔서 대단히 감사합니다.

2. 전문가용 요구조사지

「다문화 시대의 문화교육 커리큘럼」 관련 전문가 요구 조사

안녕하십니까? 아산사회복지재단에서 지원하는 「다문화 시대의 문화교육 커리큘럼」 연구 팀입니다. 본 연구의 일부로 다문화 사회와 관련된 다수자 청소년 대상의 '문화교육 커리큘럼'에 대한 요구 조사를 실시하게 되었습니다. 현재 다문화 사회와 관련된 '문화교육'은 다문화 청소년들을 주된 대상으로 하거나, 다수자 청소년을 대상으로 하더라도 커리큘럼의 형태로 체계화되지 못한 채 실시되고 있습니다. 저희 연구진은 이 점에 주목하여, 다수자 청소년을 대상으로 하는 문화교육 커리큘럼이 필요하다고 보고, 이러한 관점에서 선생님의 의견을 구하고자 합니다.

본 연구가 의미 있게 진척될 수 있도록 도와 주시기를 간곡히 부탁드립니다. 바쁘신 중에도 협조해 주셔서 감사합니다.

2016년 3월

아산사회복지재단 학술연구지원 사업
「다문화 시대의 문화교육 커리큘럼」 연구진

다음 페이지부터 시작됩니다.

1. (다문화 시대의) 다수자 대상 문화교육 커리큘럼의 필요성에 대해 어떻게 생각하십니까? 필요하다고 생각하는 정도를 표시해 주시기 바랍니다.

(다문화 시대의) 다수자 대상 문화교육 커리큘럼의 필요성	필요성 정도				
	전혀 필요치 않음	필요치 않음	보통	필요함	매우 필요함
	1	2	3	4	5
➡ 2점 이하인 경우 그 이유를 기술해 주시기 바랍니다.					

2. 다음은 현재 (다수자 대상) 다문화교육이 지닌 문제에 대한 지적입니다. 이에 대해 동의하는 정도를 표시해 주시기 바랍니다.

① 다수자를 대상으로 하는 다문화교육이 본격적으로 이루어지지 않고 있다.	동의하는 정도				
	전혀 동의하지 않음	동의하지 않음	보통	동의함	매우 동의함
	1	2	3	4	5
➡ 2점 이하인 경우 그 이유를 기술해 주시기 바랍니다.					

② 다문화교육에서 다루는 소재/주제가 한정적이다(음식, 의복, 축제 등).	동의하는 정도				
	전혀 동의하지 않음	동의하지 않음	보통	동의함	매우 동의함
	1	2	3	4	5

➡ 2점 이하인 경우 그 이유를 기술해 주시기 바랍니다.

③ 타문화 구성원의 문화를 소개하거나 편견 · 차별의 지양을 당위적으로 강조하는 내용 위주로 구성되어, 문화에 대한 이해를 단편적인 차원에서 접근하고 있다.	동의하는 정도				
	전혀 동의하지 않음	동의하지 않음	보통	동의함	매우 동의함
	1	2	3	4	5

➡ 2점 이하인 경우 그 이유를 기술해 주시기 바랍니다.

④ 다문화교육 프로그램이 일회성에 그친다.	동의하는 정도				
	전혀 동의하지 않음	동의하지 않음	보통	동의함	매우 동의함
	1	2	3	4	5

➡ 2점 이하인 경우 그 이유를 기술해 주시기 바랍니다.

<table>
<tr><td rowspan="4">⑤ 자문화 및 타문화 구성원과의 상호작용을 다루는 프로그램이 부족하다.</td><td colspan="5">동의하는 정도</td></tr>
<tr><td>전혀 동의하지 않음</td><td>동의하지 않음</td><td>보통</td><td>동의함</td><td>매우 동의함</td></tr>
<tr><td>1</td><td>2</td><td>3</td><td>4</td><td>5</td></tr>
<tr><td></td><td></td><td></td><td></td><td></td></tr>
<tr><td colspan="6">➡ 2점 이하인 경우 그 이유를 기술해 주시기 바랍니다.</td></tr>
</table>

위에 제시한 문제점 외에 현재 이루어지고 있는 (다수자 대상)다문화교육이 지닌 문제가 있다면 무엇인지, 선생님의 의견을 자유롭게 기술해 주시기 바랍니다.
➡

3. 다수자 대상 다문화교육이 다음과 같은 내용을 중심으로 이루어진다고 할 때, 이 내용이 적절하다고 생각하는 정도를 표시하여 주십시오.

① 문화적 다양성에 대한 민감성	적절성 정도				
	전혀 적절하지 않음	적절하지 않음	보통	적절함	매우 적절함
	1	2	3	4	5
➡ 2점 이하인 경우 그 이유를 기술해 주시기 바랍니다.					

② 타문화 구성원의 문화에 대한 지식	적절성 정도				
	전혀 적절하지 않음	적절하지 않음	보통	적절함	매우 적절함
	1	2	3	4	5
➡ 2점 이하인 경우 그 이유를 기술해 주시기 바랍니다.					

③ 타문화 배경 언어 및 행위의 해석	적절성 정도				
	전혀 적절하지 않음	적절하지 않음	보통	적절함	매우 적절함
	1	2	3	4	5
➡ 2점 이하인 경우 그 이유를 기술해 주시기 바랍니다.					

<table>
<tr><td rowspan="4">④ 타문화 구성원에 대한 포용과 배려</td><td colspan="5">적절성 정도</td></tr>
<tr><td>전혀 적절하지 않음</td><td>적절하지 않음</td><td>보통</td><td>적절함</td><td>매우 적절함</td></tr>
<tr><td>1</td><td>2</td><td>3</td><td>4</td><td>5</td></tr>
<tr><td></td><td></td><td></td><td></td><td></td></tr>
<tr><td colspan="6">➡ 2점 이하인 경우 그 이유를 기술해 주시기 바랍니다.</td></tr>
</table>

<table>
<tr><td rowspan="4">⑤ 편견과 차별에 대한 대응</td><td colspan="5">적절성 정도</td></tr>
<tr><td>전혀 적절하지 않음</td><td>적절하지 않음</td><td>보통</td><td>적절함</td><td>매우 적절함</td></tr>
<tr><td>1</td><td>2</td><td>3</td><td>4</td><td>5</td></tr>
<tr><td></td><td></td><td></td><td></td><td></td></tr>
<tr><td colspan="6">➡ 2점 이하인 경우 그 이유를 기술해 주시기 바랍니다.</td></tr>
</table>

<table>
<tr><td rowspan="4">⑥ 자문화 · 타문화에 대한 비판적 태도</td><td colspan="5">적절성 정도</td></tr>
<tr><td>전혀 적절하지 않음</td><td>적절하지 않음</td><td>보통</td><td>적절함</td><td>매우 적절함</td></tr>
<tr><td>1</td><td>2</td><td>3</td><td>4</td><td>5</td></tr>
<tr><td></td><td></td><td></td><td></td><td></td></tr>
<tr><td colspan="6">➡ 2점 이하인 경우 그 이유를 기술해 주시기 바랍니다.</td></tr>
</table>

⑦ 타문화 구성원과의 공감적 상호작용	적절성 정도				
	전혀 적절하지 않음	적절하지 않음	보통	적절함	매우 적절함
	1	2	3	4	5

➡ 2점 이하인 경우 그 이유를 기술해 주시기 바랍니다.

⑧ 타문화 구성원과의 갈등 관리 및 해결	적절성 정도				
	전혀 적절하지 않음	적절하지 않음	보통	적절함	매우 적절함
	1	2	3	4	5

➡ 2점 이하인 경우 그 이유를 기술해 주시기 바랍니다.

⑨ 타문화 구성원과의 협력적 상호작용	적절성 정도				
	전혀 적절하지 않음	적절하지 않음	보통	적절함	매우 적절함
	1	2	3	4	5

➡ 2점 이하인 경우 그 이유를 기술해 주시기 바랍니다.

앞에 제시한 목표 외에 다수자 대상 다문화교육에 적절한 목표가 있다고 생각한다면 무엇인지 써주십시오.
➡

4. 다수자 대상 다문화교육 프로그램이 어떻게 운영되어야 한다고 생각하십니까? 아래 의견에 대해 선생님께서 동의하시는 정도를 표시하여 주십시오.

<table>
<tr><td rowspan="4">① 정규 교육과정 내에 교육과정의 형태로 제시해야 한다('다문화교육과정'이 다른 교과 교육과정과 대등한 위치로 신설됨).</td><td colspan="5">동의하는 정도</td></tr>
<tr><td>전혀 동의하지 않음</td><td>동의하지 않음</td><td>보통</td><td>동의함</td><td>매우 동의함</td></tr>
<tr><td>1</td><td>2</td><td>3</td><td>4</td><td>5</td></tr>
<tr><td></td><td></td><td></td><td></td><td></td></tr>
<tr><td colspan="6">➡ 2점 이하인 경우 그 이유를 기술해 주시기 바랍니다.</td></tr>
<tr><td colspan="6">➡ '다문화교육과정'이 신설된다면 교육 기간(예: 한 학기, 1년 등), 대상 학년(예: 중1-2, 고1 등)은 어떻게 설정하는 것이 적절하다고 보시는지 의견을 기술해 주시기 바랍니다. 또한 차시 구성 방안에 대해서도 의견이 있다면 기술해 주시기 바랍니다.</td></tr>
</table>

<table>
<tr><td rowspan="4">② 교과 교육과정 내에서 관련 단원을 중심으로 제시해야 한다.</td><td colspan="5">동의하는 정도</td></tr>
<tr><td>전혀 동의하지 않음</td><td>동의하지 않음</td><td>보통</td><td>동의함</td><td>매우 동의함</td></tr>
<tr><td>1</td><td>2</td><td>3</td><td>4</td><td>5</td></tr>
<tr><td></td><td></td><td></td><td></td><td></td></tr>
<tr><td colspan="6">➡ 2점 이하인 경우 그 이유를 기술해 주시기 바랍니다.</td></tr>
<tr><td colspan="6">➡ 4점 이상인 경우 2015 개정 교육과정 국어 교과에서 어떤 단원과의 연계가 가능하다고 보시는지 의견을 기술해 주시기 바랍니다.</td></tr>
<tr><td rowspan="4">③ 방과 후 활동 및 기타 학교 밖 활동을 중심으로 제시해야 한다.</td><td colspan="5">동의하는 정도</td></tr>
<tr><td>전혀 동의하지 않음</td><td>동의하지 않음</td><td>보통</td><td>동의함</td><td>매우 동의함</td></tr>
<tr><td>1</td><td>2</td><td>3</td><td>4</td><td>5</td></tr>
<tr><td></td><td></td><td></td><td></td><td></td></tr>
<tr><td colspan="6">➡ 4점 이상인 경우 그 이유를 기술해 주시기 바랍니다.</td></tr>
<tr><td colspan="6">위에 제시한 의견 외에 다수자 대상 다문화교육이 지향해야 할 방향에 대해 선생님의 의견을 자유롭게 기술하여 주십시오.</td></tr>
<tr><td colspan="6">➡</td></tr>
</table>

5. 중등학교 교육에서 다수자를 대상으로 이루어지는 문화교육 프로그램을 개발하는 데 반드시 필요한 것은 무엇이라고 생각하는지 자유롭게 의견을 기술해 주시기 바랍니다.

➡

- 선생님의 의견을 연구에 소중히 반영하도록 하겠습니다. 감사합니다. -

찾아보기

ㄱ

ㄷ

ㅇ

ㅈ

ㅊ

ㅋ

ㅌ

ㅍ

ㅎ

A

윤여탁(尹汝卓)

서울대학교 사범대학 국어교육과 졸업
서울대학교 인문대학 국어국문학과 대학원 석사 졸업
서울대학교 인문대학 국어국문학과 대학원 박사 졸업
현재 서울대학교 사범대학 국어교육과 교수
동대학 국어교육연구소 겸무 연구원

고정희(高貞姬)

서울대학교 사범대학 국어교육과 졸업
서울대학교 인문대학 국어국문학과 대학원 석사 졸업
서울대학교 인문대학 국어국문학과 대학원 박사 졸업
현재 서울대학교 사범대학 국어교육과 교수
동대학 국어교육연구소 겸무 연구원

윤대석(尹大石)

서울대학교 법과대학 공법학과 졸업
서울대학교 인문대학 국어국문학과 대학원 석사 졸업
서울대학교 인문대학 국어국문학과 대학원 박사 졸업
현재 서울대학교 사범대학 국어교육과 부교수
동대학 국어교육연구소 겸무 연구원

이종원(李鍾源)

서울대학교 사범대학 국어교육과 박사과정
동대학 국어교육연구소 운영실장

홍인영(洪寅榮)

서울대학교 사범대학 국어교육과 박사과정
동대학 국어교육연구소 연구원

아 | 산 | 재 | 단 | 연 | 구 | 총 | 서

1 전환기의 중국경제
김윤환 외 | 단국대 경제학과

2 폴란드 경제의 변천 개혁과 그 전망
김광수 | 숭실대 경제학과

3 재소한인
이광규 외 | 서울대 인류학과

4 소련산림과 임업
홍성천 외 | 경북대 임학과

5 아세안의 정치경제
김국진 외 | 외교안보연구원

6 태국의 사회변동과 경제발전
최석만 외 | 전남대 사회학과

7 중국의 사회경제 통계분석
신한풍 외 | 고려대 통계학과

8 중국의 정치와 경제
박두복 외 | 외교안보연구원

9 동유럽의 개혁과 시장경제의 도입
허만 외 | 부산대 사범대학

10 동유럽의 개혁운동
박영신 | 연세대 사회학과

11 현대 러시아 연구
기연수 외 | 한국외대 노어과

12 전략적 선택과 기업의 국제경쟁력
이장호 | 서강대 경영대학

13 협동사회의 정착과 정부의 역할
이종범 외 | 고려대 행정학과

14 한국 제조기업 생산성의 동적 분석
노부호 외 | 중앙대 경영대학

15 분배의 정의
변형윤 외 | 서울대 경제학과

16 도덕적 행동의 강화
이훈구 외 | 연세대 심리학과

17 관료부패와 통제
김해동 외 | 서울대 행정대학원

18 한국경제의 내실 있는 성장
정창영 외 | 연세대 경제학과

19 한국국민정신운동의 역사와 발전방향
박수명 외 | 부산대 사범대학

20 한국대학생의 가치성향과 상담효과
이영희 외 | 숙명여대 교육학과

21 가출청소년과 학교관리체제
안창규 외 | 부산대 교육학과

22 동북아 정세변화와 한 · 일관계
한승조 외 | 고려대 정치외교학과

23 언론과 부정부패
정대철 외 | 한양대 신문방송학과

24 한국의 고등학교 교육
이원호 외 | 부산대 교육학과

25 가족과 방송
김학수 외 | 서강대 신문방송학과

26 재정개혁의 전망과 재산세제의 개편과제
오연천 | 서울대 행정대학원

27 청소년을 위한 전자게임 프로그램의 규제 및 평가체계 개발
박혜원 외 | 울산대 가정관리학과

28 정신장애자 가족의 사회심리적 특성
이근후 외 | 이화여대 의과대학

29 가족의 관계역동성과 문제인식
이광규 외 | 서울대 인류학과

30 현대인과 한국전통음식
승정자 | 숙명여대 식품영양학과

31 기업의 초고속정보통신망활용
안중호 | 서울대 경영학과

32 지역발전을 위한 교육자치제의 개선방안
김남순 | 조선대 사범대학

33 전환기의 공무원 가치관
조경호 | 울산대 행정학과

34 지방자치와 사회복지의 과제
김영모 | 중앙대 사회복지학과

35 WTO체제하의 지방중소기업 지원정책
최명주 외 | 계명대 통상학부

36 현대한국의 시민운동
이효선 | 중앙대 사회학과

37 기업 세계화의 단계 및 정도의 측정
허영도 외 | 울산대 경영학과

38 가족복지를 위한 가족주치의 시범사업의 효과
이혜리 외 | 연세대 가정의학교실

39 한국대학생의 삶의 만족도
김재은 외 | 이화여대 교육심리학과

40 지역경제와 지역산업구조의 개편방향
정기화 외 | 전남대 경제학부

41 중국기업의 소유형태별 경영특성
노철화 외 | 부산대 무역학과

42 남북한의 인성 · 사상교육
한승조 외 | 고려대 정치외교학과

43 연계적 뇌기능 조언을 위한 의료용 멀티미디어 시스템의 설계
유선국 | 연세대 의용공학교실

44 다민족국가의 민족문제와 한인사회
최협 외 | 전남대 인류학과

45 저소득층지역 청소년 여가문화와 소집단 활성화
박문수 외 | 서강대 사회학과

46 삶의 질의 국제비교와 지역간 비교분석
이재기 외 | 울산대 경제학과

47 21세기 지역주민의 삶의 질
양종회 외 | 성균관대 사회학과

48 삶의 질에 대한 국가간 비교
조명한 외 | 서울대 심리학과

49 외국인 노동자의 노사관계와 사회적 적응
석현호 외 | 성균관대 사회학과

50 한국의 사법제도와 발전 모델
정종섭 | 건국대 법학과

51 고령화사회와 중상층 노인의 사회활동
조성남 외 | 이화여대 사회학과

52 한국의 서비스 시장 개방정책
한홍렬 | 한양대 경제학부

53 한국과 AFTA간의 교역증진 및 경제 협력방안
손일태 외 | 경희대 경제통상학부학

54 물류비 절감을 위한 무역업체의 정보화전략
이영수 외 | 경북대 경제통상학부

55 사회주의 체제전환과 사회정책
오정수 외 | 충남대 사회복지학과

56 남북통일 이후 농업생산체계 개편
홍성규 외 | 건국대 농업경제학과

57 국제화와 세계화
하영선 외 | 서울대 외교학과

58 IMF 개혁정책의 평가와 한국경제의 신(新) 패러다임
조동근 | 명지대 경제학과

59 구조개혁과 실업대책
박동운 | 단국대 경제무역학부

60 21세기 신노사관계
심윤종 외 | 성균관대 사회학과

61 학교에서의 집단 따돌림
이춘재 외 | 가톨릭대 심리학과

62 한국노인의 정신건강실태와 건강증진
조맹제 외 | 서울대 의과대학

63 혁명과 개혁 속의 중국 농민
김광억 | 서울대 인류학과

64 중국의 경제환경과 한국기업의 진출 전략
지용희 외 | 서강대 경영학과

65 김대중 대통령의 시스템 사고
김동환 | 중앙대 공공정책학부

66 실업과 가족해체
최일섭 외 | 서울대 사회복지학과

67 합리적 부채비율 조정방안
오상근 | 동아대 경제학과

68 한국 중산층의 생활문화
문숙재 외 | 이화여대 소비자 · 인간발달학과

69 계층간 갈등상태에서 최적소득세
김진욱 | 건국대 경상학부

70 글로벌 경쟁력 제고를 위한 기업전략과 조직구축
이만우 외 | 고려대 경영학과

71 의료보험과 국민연금의 관리효율화를 위한 통합방안
사공진 외 | 한양대 경제학부

72 정부개혁의 과제와 전략
박우서 외 | 연세대 행정학과

73 책임운영기관 제도에 관한 비교분석
김근세 | 가톨릭대 행정학과

74 새로운 패러다임하에서의 한국기업의 바람직한 지배구조
최운열 외 | 서강대 경영학과

75 현대 한국사회의 계층구조
양춘 외 | 고려대 사회학과

76 한국의 산업정책과 산업구조조정
강인수 | 숙명여대 경제학부

77 기업구조조정
김석진 | 경북대 경영학부

78 지식경영을 위한 인적자원 개발 및 관리체계
장영철 | 경희대 경영학부

79 뉴 비즈니스 모델
전성현 | 국민대 정보관리학부

80 중산층의 정체성과 소비문화
함인희 외 | 이화여대 사회학과

81 외국관광객 유치를 위한 마케팅 전략
박상규 | 강원대 경영학과

82 한국인의 세대별 문학의식
이동순 | 영남대 국문과

83 공공부문의 효율성 평가와 측정
김재홍 외 | 울산대 사회과학부

84 한국 청소년의 정치의식과 형성요인
김광웅 외 | 숙명여대 아동복지학과

85 한국 대학생의 정치의식
배한동 | 경북대 윤리교육과

86 산업의 정보화와 산업발전
이기동 | 계명대 통상학부

87 한국 제조업의 고용조정 분석
이종원 외 | 성균관대 경제학부

88 지식자산에 대한 경영전략적 평가모형 개발
배재학 외 | 울산대 컴퓨터 · 정보통신공학부

89 관광사업을 위한 한국적 이미지의 휴식복 개발
채금석 | 숙명여대 의류학과

90 한국 정치제도의 개혁
신정현 | 경희대 사회과학부

91 e비즈니스와 아웃소싱 전략
정승화 외 | 연세대 경영학과

92 집단 따돌림의 진단 및 치료방안
홍준표 | 중앙대 인간생활환경학과

93 16대 총선과 낙선운동
조기숙 | 이화여대 국제대학원

94 부동층 유권자 행태 분석
진영재 | 연세대 정치외교학과

95 사이버 공동체의 성공요인
이재관 | 숭실대 경영학부

96 온라인 소비자 행동의 이론과 실증
윤성준 | 경기대 경영학부

97 글로벌 시대 정약용 세계관의 가능성과 한계
차성환 | 한일장신대 역사사회학과

98 러시아의 체제전환 과정에서 나타난 국가의 역할과 그 전망
이상민 외 | 부산대 정치외교학과

99 남북한의 경제발전 수준과 산업구조 비교, 그리고 경제교류 협력방향
주성환 | 건국대 경제학과

100 집단따돌림과 교육해체
한준상 | 연세대 교육학과

101 공적연금제도의 효율성과 개선방안
유금록 | 군산대 행정복지학부

102 벤처기업-대기업의 성공적인 협력 모델
나중덕 | 경산대 경영학과

103 북한의 재외동포정책
조정남 외 | 고려대 정치외교학과

104 사이버 공동체 형성의 역동적 모형
장용호 | 서강대 신문방송학과

105 기업이론과 기업의 소유지배구조
김일태 외 | 전남대 경제학부

106 가축분뇨 자원화를 위한 공동이용조직에 대한 농가선호도 분석
유덕기 | 동국대 생명자원경제학과

107 개혁정책과 전문가 집단
이경원 외 | 제주대 행정학과

108 현대 한국사회의 이중가치체계
신수진 외 | 이화여대 가정관리학과

109 한국의 산업구조 변화와 기업집단 다각화 전략
김용학 외 | 연세대 사회학과

110 지식정보사회의 경제적 모형 설정 및 사례 연구
김범환 | 배제대 경영정보학부

111 변호사징계제도
오종근 | 한림대 법학부

112 인터넷 특허법
김순석 | 광주대 법학과

113 e-비즈니스 시대의 금융 및 재정정책의 새로운 패러다임
이종욱 | 서울여대 경제학과

114 청소년의 하위문화와 정체성
조성남 | 이화여대 사회학과

115 디지털금융시대의 금융구조변화와 정부규제 및 정책
이충열 | 고려대 경제학부

116 지식경영을 위한 기업의 조직설계방안
김경수 외 | 전남대 경영학과

117 전자금융의 발달과 경제정책의 새로운 패러다임
이명훈 | 명지대 경제학과

118 동아시아의 안보와 유엔체제
강성학 편저 | 고려대 정치외교학과

119 유료 치매노인 그룹홈의 개발과 관련 정책
최정신 외 | 가톨릭대 소비자 · 주거학과

120 소비자 지향적 문화산업 정책
홍영준 | 호남대 광고홍보학과

121 국제 · 국가 · 지방 환경규제의 연계
정준금 외 | 울산대 행정학과

122 현행 회사 합병 · 분할제도의 평가와 개선방안
옥무석 외 | 이화여대 법학과

123 배려지향적 도덕성과 정의지향적 도덕성
정옥분 외 | 고려대 사범대학

124 기업구조조정에 대한 채권금융기관 및 금융감독기관의 역할과 책임
이중기 | 한림대 법학과

125 실업대책으로서 한국의 법정기준근로시간 단축
박영범 | 한성대 경제학과

126 프랑스어의 비분리성 소유개념 표현
노윤채 | 연세대 언어정보연구원

127 지방채의 효율적 관리방안
강태구 | 호원대 법행정학부

128 21세기 산업구조 변화와 과학기술정책
임채성 외 | 그리스도신학대 경영정보학부

129 인터넷 쇼핑몰 이용자의 불평행동
예종석 | 한양대 경영학부

130 한국기업의 성과급제도 현황, 효과 및 개선방안
김성수 | 서울대 경영학과

131 전자상거래와 소비자보호
서민교 외 | 경일대 인터넷국제통상학과

132 평생학습 사회에서의 인적자원개발을 위한 사회적 파트너십 구축
김영화 | 홍익대 교육학과

133 한국 공교육의 새로운 구상과 전략
권대봉 외 | 고려대 교육학과

134 한국의 정부개혁
김태룡 | 상지대 행정학과

135 지방정부 생산성 측정의 이론과 실제
이은국 외 | 연세대 행정학과

136 불가 시문학론
배규범 | 경희대 학술연구 교수

137 남북경제교류의 법적 문제
제성호 | 중앙대 법학과

138 경제위기와 청소년 발달
구인회 | 서울대 사회복지학과

139 생명과학기술의 응용과 기본권보호적 한계
정상기 외 | 한남대 법학과

140 경제발전과 정치환경의 한 · 일 비교분석
정갑영 외 | 연세대 동서문제연구원

141 한국 공교육의 진단
윤정일 외 | 서울대 교육학과

142 우리나라 지방자치 발전을 위한 자치 단체장의 역할
정성호 외 | 경기대 사회과학부

143 의료보험제도의 개혁방안
권순원 | 덕성여대 경제학과

144 중등 도덕교육의 현실과 문제
손동현 외 | 성균관대 철학과

145 사이버공동체 발전론
이명식 | 상명대 경영학과

146 남북경협 확대에 대비한 북한 담보 제도의 정비방안
박훤일 | 경희대 법과대학

147 한국 공무원 인사제도 개혁
김판석 | 연세대 행정학과

148 교사화법 교육
임칠성 외 | 전남대 국어교육과

149 세계화의 문화정치학
임혁백 외 | 고려대 정치외교학과

150 효과적인 e-SCM을 위한 의사결정 조정 시스템 모형
이원준 | 성균관대 경영학부

151 환경거버넌스
김종순 외 | 건국대 행정학과

152 자동차산업의 인적자원관리
이덕로 | 서원대 경영학부

153 한국과 영국 간 지식기반산업 비교
이명호 | 한국외대 경영학과

154 한국 벤처기업의 기술네트워킹 및 기술마케팅 전략
장영일 | 인제대 경영학부

155 회사변호사의 윤리
오승종 | 성균관대 법과대학

156 미디어교육론
이정춘 | 중앙대 신문방송학과

157 조선시대 서원과 양반
윤희면 | 전남대 역사교육과

158 환경문제와 철학
박찬국 | 서울대 철학과

159 노인보건복지 이론과 실제
김명 외 | 이화여대 보건교육학과

160 북한의 법체계
권재열 외 | 숭실대 법학과

161 생명공학기술의 안전성 확보에 관한 법적 고찰
이재협 | 경희대 법학부

162 청소년복지학
김성이 외 | 이화여대 사회복지학과

163 변화하는 세계, 변화하는 복지국가
조영훈 | 동의대 사회복지학과

164 의리의 윤리와 한국의 유교문화
김낙진 | 진주교대 도덕교육과

165 미국의 통상정책과 통상법
윤충원 | 전북대 무역학과

166 사회복지 프로그램 평가
김학주 | 경상대 사회복지학과

167 환경주의와 지속가능한 발전
정대연 | 제주대 사회학과

168 무역과 환경
김기홍 외 | 경기대 경제학부

169 산업계 유해폐기물의 위험과 관리
김금수 | 호서대 경상학부

170 백범 김구의 지적 계발과정 탐색
문용린 | 서울대 교육학과

171 태평양전쟁 발발 이후 일제의 인적 지배와 그리스도교계의 대응
윤선자 | 전남대 사학과

172 거버넌스 상황에서 갈등관리를 위한 대체적 분쟁해결제도
서순복 | 광주대 법정학부

173 시장경제의 유형과 민주주의
최배근 | 건국대 경상학부

174 일본고전소설 총론
김현정 | 국립한국전통문화학교

175 국어 교육을 위한 국어 문법론
이관규 | 홍익대 국어교육과

176 율곡의 군주론
전세영 | 부산교대 윤리교육과

177 동북아시아 환경협력
정서용 | 명지대 법학과

178 기후변화협약과 기후정책
신의순 외 | 연세대 경제학과

179 인터넷과 국제 학술정보 네트워크-하이퍼링크 분석
박한우 | 영남대 언론정보학과

180 국내 기업복지의 활성화 방안
최수찬 | 연세대 사회복지대학원

181 세계화와 인간안보
김우상 외 | 연세대 정치외교학과

182 세계문화유산 종묘 이야기
지두환 | 국민대 국사학과

183 한국 평생교육의 사회철학적 과제
곽삼근 | 이화여대 교육학과

184 강점모델
정순둘 | 이화여대 사회복지학과

185 글로벌시대의 계약법
박영복 | 한국외대 법과대학

186 배심제와 시민의 사법참여
안경환 | 서울대 법학과

187 동북아공동체
김재한 | 한림대 정치외교학과

188 정치 참여와 탈물질주의
김욱 | 배재대 정치외교학과

189 퍼지전문가회로망을 이용한 금융기관의 사이버 기업여신결정 지원시스템의 개발
권혁대 | 목원대 경영학과

190 환경정책과 환경법
송인성 | 전남대 지역개발학과

191 포스트모던 시대의 평생교육학
한숭희 | 서울대 교육학과

192 현대 한국인의 세대경험과 문화
박길성 외 | 고려대 사회학과

193 서구의 근로연계복지
김종일 | 건국대 사회복지학과

194 사회복지운동론
현외성 | 경남대 사회복지학과

195 외국의 역모기지 사례
유선종 | 건국대 부동산학과

196 옛이야기와 어린이문학
이지호 | 진주교대 국어교육학과

197 노인사회복지관광의 정책과제와 방안
김창수 | 경기대 관광학부

198 복지서비스의 민간위탁 시스템 분석
김순양 | 영남대 행정학부

199 새로운 빈곤층의 대두와 정부의 정책과제
김진욱 | 건국대 경제학과

200 문화행정론
김정수 | 한양대 행정학과

201 스칸디나비아 노인용 코하우징의 계획과 적용
최정신 외 | 가톨릭대 생활과학부

202 북한의 자연생태계
공우석 | 경희대 지리학과

203 통계로 이해하는 러시아
전홍찬 | 부산대 정치외교학과

204 사회복지법인의 경영과 회계
이동규 | 충남대 회계학과

205 의약분업 정책과정
차흥봉 | 한림대 사회복지학과

206 지역공동체와 평생교육
오혁진 | 동의대 평생교육학부

207 아동보호서비스의 실제
한미현 | 백석대 사회복지학부

208 그린마케팅
박재기 | 충남대 경영학부

209 아동권리와 아동복지
이혜원 | 성공회대 사회복지학과

210 국제 이주와 인도인 디아스포라
김경학 | 전남대 인류학과

211 질병과 의료의 사회학
조병희 | 서울대 보건대학원

212 북한이탈주민의 사회통합을 위한 지역복지실천의 모색
이기영 | 부산대 사회복지학과

213 치매노인케어론
조유향 | 초당대 간호학과

214 노인상담입문
서혜경 외 | 한림대 대학원 사회복지학과

215 '통일 이후 통일과정'으로서의 독일 통일영화
이준서 | 이화여대 독어독문학과

216 중국의 사회보장
오정수 | 충남대 사회복지학과

217 환경자원의 경제적 가치와 환경오염의 사회적 비용
김재홍 | 울산대 사회과학부

218 사회복지프로그램의 경제적 평가방법
박창제 외 | 상주대 사회복지학과

219 자유의지와 결정론
안건훈 | 강원대 철학과

220 심리학자들이 쓴 행복한 결혼의 심리학
채규만 외 | 성신여대 심리학과

221 현대 해석학 강의
양해림 | 충남대 철학과

222 한국인의 주거 빈곤과 공공주택
하성규 | 중앙대 도시 및 지역계획학과

223 IMF 경제위기와 한국 출산력의 변화
김두섭 | 한양대 사회학과

224 동아시아의 영토분쟁과 국제법
이석우 | 인하대 법학부

225 독일 복지국가와 사회복지서비스
정재훈 | 서울여대 사회사업학과

226 사회복지사를 위한 실용 비모수통계
엄명용 | 성균관대 사회복지학과

227 피해자학 연구
이윤호 | 동국대 경찰행정학과

228 광고언어창작론
박영준 외 | 부경대 국어국문학과

229 환경규제 패러다임의 전환
한철 | 한남대 법학과

230 고령사회의 노동환경변화와 고용시스템의 문제점 및 법적 대응
고준기 | 국립군산대 법학과

231 세계화와 소득불평등
이성균 외 | 울산대 사회과학부

232 유비쿼터스 사회의 이해
안중호 외 | 서울대 경영학과

233 국제환경책임법론
박병도 | 건국대 법학과

234 한국의 선거와 민주주의
윤종빈 | 명지대 정치외교학과

235 한국 시민운동의 구조와 동학
조대엽 외 | 고려대 사회학과

236 또래관계
송영혜 | 대구대 재활심리학과

237 해외 한국기업과 현지인 노동자
석현호 외 | 에스코이아학술문화재단

238 독일 국가복지에서 민간복지단체의 역할과 의미
차성환 외 | 한일장신대 사회복지학부

239 청정공학
조정호 | 동양대 생명화학공학과

240 한국전통연희론
심상교 | 부산교육대 국어교육학과

241 정신장애와 가족
서미경 | 경상대 사회복지학부

242 빈곤통계의 작성과 활용
김주환 | 동국대 정보통계학과

243 인터넷과 한국정치
강원택 | 숭실대 정치외교학과

244 북한의 시장경제이행
정영화 외 | 서경대 법학과

245 시스템사고로 본 지속가능한 도시
문태훈 | 중앙대 도시및지역계획학과

246 실버산업과 유비쿼터스 컴퓨팅
고일상 | 전남대 경영학부

247 재활상담과 사례관리
나운환 | 대구대 직업재활학과

248 영유아교육기관에서의 장애 이해 교육
유수옥 | 우석대 유아특수교육과

249 장애의 사회적 의미와 사회통합
박수경 | 대진대 사회복지학과

250 경제분석의 수리적 기초
조인성 | 공주대 경제통상학부

251 비영리부문의 비교연구
김승현 | 서울산업대 행정학과

252 고등교육경제학
반상진 | 전북대 교육학과

253 과학윤리교육의 이론과 방법
조희형 | 강원대 과학교육학부

254 결혼이민자가족의 이해
김오남 | 대불대 사회복지학과

255 동아시아 국가의 공공부조
신동면 | 경희대 사회과학부

256 특수아동 진단 및 평가
이나미 | 대불대 특수교육과

257 계약형 사회복지와 권리옹호시스템
이명현 | 경북대 상주캠퍼스 사회복지학과

258 실내공기질 및 위해성 관리
양원호 | 대구가톨릭대 산업보건학과

259 충남 방언 문법
한영목 | 충남대 국어국문학과

260 교육권론
노기호 | 군산대 법학과

261 도시경관계획론
임승빈 | 서울대 조경 · 지역시스템공학부

262 교통의 새로운 패러다임
김형철 | 경원대 도시계획 · 조경학부

263 노인의 삶의 질 향상을 위한 주거환경디자인
천진희 | 상명대 디자인대학 실내디자인전공

264 사회복지와 문화
박병현 | 부산대 사회복지학과

265 장애인복지의 이론과 실제
이선우 | 인제대 사회복지학과

266 창의성 개발을 위한 디자인교육 콘텐츠
김선영 | 인천가톨릭대 조형예술대학 환경디자인학과

267 구성주의 사회복지 실천 기술론
고미영 | 서울신학대 사회복지학과

268 장애아교육학
김기흥 | 부산교육대 유아교육과

269 지역사회복지와 자원부문
한상진 외 | 울산대 사회학과

270 환경관리회계
육근효 | 부산외국어대 회계학부

271 인권 관점에서 보는 장애인복지
유동철 | 동의대 사회복지학과

272 정신증상
송지영 | 경희대 의과대학병원 신경정신과

273 사이버공간의 사회심리학
이성식 외 | 숭실대 정보사회학과

274 노인에 대한 사회적 돌봄과 돌봄 서비스의 질 보장
최희경 | 신라대 가족노인복지학과

275 아동 심리치료의 실제
신현균 | 전남대 심리학과

276 사회복지와 위험관리
노충래 | 이화여대 사회복지전문대학원

277 국제 탄소시장의 이해
양승룡 | 고려대 식품자원경제학과

278 타자의 초상
신문수 | 서울대 영어교육과

279 한국정치와 환경정치
나정원 | 강원대 정치외교학과

280 북한이주민
윤인진 | 고려대 사회학과

281 음주의 사회경제적 비용
정우진 외 | 연세대 보건대학원

282 지방정치와 동북아 도시거버넌스
박재욱 | 신라대 행정학과

283 노숙인 복지론
남기철 | 동덕여대 사회복지학과

284 유럽통합과정과 지역협력
이규영 | 서강대 국제대학원

285 사회복지재정 연구
지은구 | 계명대 사회과학대학 사회복지학과

286 지역사회 교육개혁을 위한 시민사회 조직의 참여
김영화 | 홍익대 교육학과

287 복지사회를 대비한 국민연금의 구조개혁
박영석 외 | 서강대 경영학부

288 한미 FTA 지재권 협상에 따른 의약품 분야 사회후생 변화
오근엽 | 충남대 무역학과

289 산업입지, 환경 그리고 지역경제
이기동 외 | 계명대 국제통상학과

290 감성지능 개발을 통한 삶의 질 향상
김경수 외 | 전남대 경영학부

291 교육복지론
이용교 외 | 광주대 사회복지학부

292 인간과 행복에 대한 철학적 성찰
박찬국 | 서울대 철학과

293 유럽연합의 사회통합 사례와 교훈
이무성 | 명지대 정치외교학과

294 민영화와 사회후생
이상호 | 전남대 경제학부

295 북한의 교육학 체계 연구
최영표 외 | 동신대 교육대학원

296 한국 지속가능발전의 구조와 변동
정대연 | 제주대 사회학과

297 우리나라의 공익 연계 마케팅에 관한 연구
임승희 | 전주대 경영학부

298 시각장애인복지론
김영일 | 조선대 특수교육과

299 그린에너지와 환경촉매
정석진 | 경희대 화학공학과

300 취약학교 초등학생을 위한 온라인 보건 교육 프로그램
박경옥 | 이화여대 보건관리학과

301 신탁제도를 통한 고령자의 보호와 지원
최수정 | 서강대 법학전문대학원

302 사회적 약자계층에 대한 실태분석 및 정책방안
이은우 외 | 울산대 경제학과

303 한류 문화와 동북아 공동체
최혜실 | 경희대 국어국문학과

304 노동유연화와 해고보호법
권혁 | 부산대 법학전문대학원

305 사회복지 위험관리의 이해
박미은 | 한남대 사회복지학과

306 의료기관의 회계와 세무
노준화 | 충남대 경영학부

307 여성인적자원의 전문성 확보를 위한 경력개발
백지연 | 이화여대 국제사무학과

308 정신병리
강선경 | 서강대 신학대학원

309 바다의 반란 적조
윤양호 | 전남대 해양기술학부

310 한국 장애인 복지 발달사
이성규 | 서울시립대 사회복지학과

311 서양예술 속의 동양 탐색
진상범 | 전북대 독어독문학과

312 한국인의 도덕성 발달 진단
문용린 | 서울대 교육학과

313 영국정치와 국가복지
고세훈 | 고려대 공공행정학부

314 인간학적 사유를 여는 중도·중복장애 교육학
이숙정 | 단국대 특수교육과

315 개별화 교육과정
이소현 | 이화여대 특수교육과

316 인간의 긍정적 성품
권석만 | 서울대 심리학과

317 지방자치와 지역여성의 전망
이혜숙 | 경상대 사회학과

318 한국 현대 노년소설 연구
전흥남 | 한려대 교양학부

319 정보격차 해소를 위한 창의적 정보교육 프로그램
이영준 외 | 한국교원대 컴퓨터교육과

320 한국 가족과 젠더
손승영 | 동덕여대 교양학부

321 한국의 복지혼합
김진욱 | 서강대 신학대학원

322 사회자본과 자원봉사
김태룡 외 | 상지대 행정학과

323 농촌교육복지연구
박삼철 | 단국대 교양학부

324 사회정체성 평가 차원에 대한 국제비교조사
이명진 | 고려대 사회학과

325 캐나다 복지국가 연구
조영훈 | 동의대 사회복지학과

326 한국의 소수자운동과 인권정책
전영평 외 | 서울대 행정대학원

327 한국과 미국의 보육서비스 전달체계와 품질 비교분석
김근세 외 | 성균관대 국정관리대학원

328 한국사회의 소득불평등과 국민 의료이용
이용재 | 호서대 사회복지학과

329 정보시대의 인간안보
조화순 | 연세대 정치외교학과

330 가족의 사회경제적 특성과 아동발달
김광혁 | 전주대 사회복지학과

331 초 · 중 · 고등학생의 학업소진 진행과정 및 경로분석
이상민 | 고려대 교육학과

332 다문화사회의 사법통역
이지은 | 이화여대 통역번역대학원

333 동아시아 지역주의
유현석 | 경희대 정치외교학과

334 환경친화적 공공시설관리와 지역공동체의 삶의 질
이소영 | 중앙대 실내디자인 · 주거환경학과

335 의료보험의 법정책
김나경 | 성신여대 법과대학

336 양극화 시대 가족해체와 청소년의 적응에 관한 한국과 미국의 비교 연구
오승환 외 | 울산대 사회복지학과

337 기업의 사회적 책임과 지역경제사회발전 연구
허영도 외 | 울산대 경영학부

338 노인의 삶의 질 향상을 위한 온라인 소셜 네트워크 구축 방안
김진우 | 연세대 경영학과

339 청소년 생활역량
윤명희 외 | 동의대 평생교육학과

340 외국인 배우자의 다양성과 국제결혼의 안정성
김두섭 | 한양대 사회학과

341 정보인권의 규범구체화
이민영 | 가톨릭대 법학과

342 한국 사회복지실천의 고유성
최성재 외 | 서울대 사회복지학과

343 스웨덴의 환경책임 실천모형
최희경 | 경북대 행정학부

344 자율운동과 주거공동체
윤수종 | 전남대 사회학과

345 한국인의 공공봉사동기
김상묵 | 서울과학기술대 행정학과

346 한국 이혼가정 아동의 성장
김혜숙 | 경인교육대 교육학과

347 동양 사상과 노인 복지
홍승표 외 | 계명대 사회학과

348 노동과 사회보장의 연계
오문완 | 울산대 법학과

349 학습장애 위험군 아동의 조기선별을 위한 읽기검사 표준화 연구
김애화 외 | 단국대 특수교육학과

350 신 · 재생에너지에 기초한 녹색성장과 사회통합
김인호 | 이화여대 법학전문대학원

351 문화교류역량과 다문화 경영이 기업 경영성과에 미치는 영향
임병학 외 | 부산외대 경영학부

352 빈곤영유아의 발달과 적응
정익중 외 | 이화여대 사회복지학과

353 민사법질서와 인권
양천수 | 영남대 법학전문대학원

354 성년후견제도와 사회복지제도의 연계
신권철 | 서울시립대 법학전문대학원

355 한국 다문화사회의 이방인
김순양 | 영남대 행정학과

356 현대 시민사회와 소비자계약법
이병준 | 한국외대 법학전문대학원

357 개인의 사회적 정보보호를 위한 공공 정보서비스 개선 연구
장항배 | 상명대 경영학과

358 여성교육투자에 대한 교육경제학적 탐색
백일우 외 | 연세대 교육학부

359 사회적 기업과 지속가능한 지역발전
임업 외 | 연세대 도시공학과

360 다문화가정 구성원에 대한 투트랙 한국어 교육방안 연구
박시균 | 군산대 국어국문학과

361 아시아의 빈곤과 한국기업의 역할
한인수 | 충남대 경영학부

362 유치원 · 초등학교 연계 환경교육
박희숙 | 공주대 유아교육학과

363 비정규 고용과 사회정책
구인회 외 | 서울대 사회복지학과

364 사생활의 자유에 관한 비교법적 연구
이창현 | 서강대 법학전문대학원

365 다중융합 환경 기반의 미디어스킨을 활용한 문화콘텐츠 디자인 적용방안에 관한 연구
오문석 외 | 광운대 미디어영상학부

366 북한이탈주민 여성의 성인식 관련 기초조사
한인영 외 | 이화여대 사회복지학과

367 노인주택 파노라마
유선종 | 건국대 부동산학과

368 시설보호 청년의 적응
정선욱 | 덕성여대 사회복지학과

369 다수 집단과 소수 집단의 심리
김혜숙 | 아주대 심리학과

370 바이오 휴머니티
권택영 | 경희대 영어학부

371 프랑스 다문화교육의 이해
이경수 | 상명대 불어교육과

372 한 · 중 서비스산업의 비교분석과 교역 확대 방안
김상호 | 리츠메이칸 아시아태평양대 국제경영학부

373 현대의학에 있어서 생명의 시간과 인간의 존엄
김학태 | 한국외대 법학전문대학원

374 0~3세 영유아의 영상물 과몰입 실태조사 및 정신건강증진 프로그램 개발과 적용
이경숙 | 한신대 재활학과

375 복지국가의 조세와 정치
양재진 외 | 연세대 행정학과

376 청소년기 자살행위 실태와 관련 요인
박선희 | 경희대 간호과학대학

377 기술혁신에 따른 지역 간 정보격차
최정혜 외 | 연세대 경영대학

378 한국 사회의 이중구조와 생애주기적 불평등
안상훈 편 | 서울대 사회복지학과

379 소비자의 친환경행동에 영향을 미치는 사회적·경제적 가치에 대한 고찰
송재기 | 텍사스테크대 경영학과

380 어머니 양육행동 관련 변인들과 유아 사회정서행동 간의 구조모형 분석
심숙영 | 숙명여대 원격대학원

381 조선족 여성, 동남아시아 여성 그리고 새터민의 적응 유형 분석 및 삶의 질 향상 방안 모색
정태연 | 중앙대 심리학과

382 세계의 연금, 한국의 연금
허만형 | 중앙대 공공인재학부

383 노인요양원과 문화 변화
최재성 | 연세대 사회복지학과

384 시민사회와 국제개발협력
손혁상 | 경희대 공공대학원

385 복지국가의 변화와 빈곤정책
김윤태 | 고려대 사회학과

386 다문화가정의 미디어 이용과 사회적 자본의 관계
진창현 | 경기대 경영학과

387 사회진출 대졸 초년생의 탄력성 변화 양상
이상민 | 고려대 교육학과

388 사회자본과 경제발전 그리고 정부의 질
도수관 | 대구가톨릭대 행정학과

389 망명과 귀환이주
서장원 | 고려대 독일문화학과

390 근거기반실천과 사회복지
김유진 | 경북대 사회복지학부

391 인터넷상 정보 유통에 대한 새로운 저작권 규율 방향 모색
박준석 | 서울대 법학전문대학원

392 한국 사회의 인종차별적 담화구조
이창수 | 한국외대 통역번역대학원

393 사회복지사의 사회복지 가치 지향
김용석 | 가톨릭대 사회복지학과

394 개인정보의 국제적 유통에 따른 법적 문제와 대책
박훤일 | 경희대 법학전문대학원

395 정신장애인의 인권
서미경 | 경상대 사회복지학과

396 취약계층 비만청소년들의 체중관리를 위한 건강증진 프로그램의 효과
김영호 | 서울과학기술대 스포츠과학과

397 한국 전통의 돈의 문학사, 나눔의 문화사
서신혜 | 한양대 창의·융합교육원

398 와이파이 공간과 모바일 정보 격차
이건학 | 서울대 사회과학대학

399 도시정비사업의 법적 쟁점과 해설
성중탁 | 경북대 법학전문대학원

400 사회서비스 제공기관의 조직요인과 성과
신창환 | 경북대 사회복지학부

401 도시 사운드스케이프 디자인
전진용 외 | 한양대 건축공학부

402 지방의회 의원윤리연구
김택 | 중원대 경찰행정학과

403 발달장애인 자립생활 증진을 위한 역량탐색 및 주거로서의 해결과제
김라경 | 광주교육대 교육학과

404 외국인고용제도개선과 인권
김상호 외 | 경상대 법과대학

405 사회복지연구에서 질적방법과 분석
김인숙 | 가톨릭대 사회복지학과

406 현대미술에서의 예술적 성장과 창의적 인재양성
백경미 | 울산과학기술원 기초과정부

407 현대인의 삶과 문화예술교육
곽삼근 | 이화여대 교육학과

408 문화적 배경과 체화된 인지
민동원 | 단국대 경영학부

409 아동 섭식행동평가 척도 표준화 및 섭식문제 현황 조사
정경미 | 연세대 심리학과

410 잊혀질 권리: 이상과 실현
문재완 | 한국외대 법학전문대학원

411 인권의 지역화: 일상생활의 인권 증진을 위하여
김중섭 | 경상대 사회학과

412 다문화 시대 이주민의 한국어 의사소통
민병곤 외 | 서울대 국어교육과

413 다문화 시대의 문화교육 커리큘럼
윤여탁 외 | 서울대 국어교육과

아 | 산 | 재 | 단 | 연 | 구 | 보 | 고 | 서

1 한국인의 도덕성 연구
배해수 | 고려대 국문학과

2 산업화와 청소년 진로
이원호 | 울산대 교육학과

3 공동체의식과 시민운동
김영섭 | 한양대 행정학과

4 한국청년의 삶의 의미 충족도와 만족적 태도
안정수 | 경희대 철학과

5 중국조선족의 사회발전과 한·중관계의 위상
손장권 | 고려대 사회학과

6 해송림 "솔껍질깍지벌레"의 천적 및 주요 종의 생태
김규진 | 전남대 농생물학과

7 사회정의와 실천윤리
박종대 | 서강대 철학과

8 동구개혁의 영향
김달중 | 연세대 정치외교학과

9 한국청소년의 의식세계
김문조 | 고려대 사회학과

10 고강도 철근 콘크리트 구조의 실용화
정현수 | 중앙대 건축학과

11 신기술의 연관형태 및 출현예측의 구조모형
권철신 | 성균관대 산업공학과

12 민간기업의 연구개발을 위한 조세정책
권영훈 | 한양대 경제학부

13 기술개발 활성화방안
송승구 | 울산대 화학공학부

14 부패의 현상과 진단
이문조 | 영남대 정치외교학부

15 연구투자의 지역적 편중화와 부산지역의 기초과학연구 활성화방안
윤웅찬 | 부산대 화학과

16 GATT의 신구 덤핑방지협정과 그 대응방안
전창원 | 동국대 무역학과

17 한국사회의 도덕성 제고를 위한 진단과 처방
황경식 | 서울대 철학과

18 새로운 노사관계 방향
이진규 외 | 고려대 경영학과

19 21세기 동북아 정세예측과 한국의 전략적 대응방안
최평길 외 | 연세대 행정학과

20 소련의 한국에 대한 정책목표분석
신승권 | 한양대 정치외교학과

21 메모리 커패시터용 $Pb(Zr_xTi_{1-x})O_3$ 강유전체 박막의 제작과 특성
장지근 외 | 단국대 전자공학과

22 러시아 국제법학의 전통
김용구 | 서울대 외교학과

23 유럽연합의 현황과 전망
김동현 외 | 성균관대 행정학과

24 중국의 정치동원
송영우 외 | 건국대 정치외교학과

25 산업적 활용을 위한 이동로보트 시스템의 개발
박민용 외 | 연세대 전자공학과

26 중국조선족의 정치사회화과정과 동화적 국민통합의 방향
전인영 외 | 이화여대 사회생활학과

27 공적부조의 이론과 실제
최일섭 외 | 서울대 사회복지학과

28 대외통상환경의 변화와 법제개편
서헌제 | 중앙대 법학과

29 기업금융의 국제화
최생림 | 한양대 경영학부

30 자동차부품공업의 노사관계
김호진 외 | 고려대 행정학과

31 산업화 과정에서의 한국가족의 실태와 전망
정창수 외 | 성균관대 사회학과

32 공무원 가치관 실태와 정립방안
배병룡 외 | 경상대 행정학과

33 해외귀국청소년의 국내적응연구
이장영 | 국민대 사회학과

34 초고속정보통신망에서 LAN서비스 제공방안
이재용 | 연세대 전자공학과

35 WTO체제의 정책적 대응
김병진 외 | 경희대 행정학과

36 유럽의 통합정치
최수경 외 | 충남대 정치외교학과

37 유기질폐기물을 이용한 고단백사료원인 조류의 생산공정
최정우 외 | 서강대 화학공학과

38 초고속정보통신망의 수용성과 정책방향
박영상 외 | 한양대 신문방송학과

39 중국의 강남사회와 한중교섭
조영록 외 | 동국대 사학과

40 세계화시대의 사회·문화의식
신행철 외 | 제주대 사회학과

41 국내 외국인 노동자의 문제와 대책
성규탁 외 | 연세대 사회복지학과

42 노인인력 활용정책과 프로그램
김정후 외 | 강원대 법과대학

43 한일간 학술교류 현황과 활성화방안
정홍익 외 | 서울대 행정대학원

44 계량모형에 의한 한일 경제관계의 이해
김명직 외 | 한양대 경제학부

45 직장인의 음주행태와 삶의 질
진기남 외 | 연세대 보건행정학과

46 유통정보 시스템의 구조와 설계
정용길 | 충남대 경영학과

47 남북통일 이후 사회통합을 위한 교육의 역할
안기성 외 | 고려대 교육학과

48 대중음악에 심취한 청소년들의 심리적 특성
김인경 외 | 연세대 인간행동연구소

49 멀티미디어 시스템을 활용한 교육환경의 개선방안
김한일 | 제주대 컴퓨터교육학과

50 탈냉전기 한일관계의 쟁점
최상룡 | 고려대 정치외교학과

51 자치시대 새로운 '삶의 질' 지표의 모색
김형기 외 | 경북대 경제통상학부

52 유럽통합의 역내외 협력과 갈등
이호재 외 | 고려대 정치외교학과

53 21세기를 대비한 신노사관계
김재원 | 한양대 경제학부

54 대학의 시간제학생 등록제
안규철 외 | 전남대 교육학과

55 21세기에 대비한 방송통신정책
한진만 외 | 강원대 신문방송학과

56 주민참여를 통한 혐오시설 관리운영방안
박균성 외 | 경희대 법학부

57 여성의 정치적 권리인식과 정치참여
전경옥 외 | 숙명여대 정치외교학과

58 한국인 위장질환과 식생활·환경요인 및 *H. pylori* 감염과의 관계
이양자 외 | 연세대 식품영양학과

59 학생과 시민의 자원봉사활동
윤정일 외 | 서울대 교육학과

60 동북아 환경문제와 지역환경협력의 모색
신연재 외 | 울산대 정치외교학과

61 노인 자원봉사활동을 통한 사회통합 프로그램 개발
김동배 | 연세대 사회복지학과

62 물류정보 시스템
김태현 | 연세대 경영학과

63 전자식 문서교환을 이용한 항공화물 운송체계
민재형 | 서강대 경영학과

64 청소년과 성
이근후 | 이화여대 의과대학

65 민족통합과 무궁화호 위성의 남북한 공동활용방안
방정배 | 성균관대 신문방송학과

66 채식주의가 20대 여성의 영양상태와 에스트로겐 대사에 미치는 영향
성미경 | 숙명여대 식품영양학과

67 가상정보공간을 통한 지역개발 활성화 전략
유재천 외 | 한림대 언론정보학부

68 조산아 관리현황 및 정책수립 방안
박상기 외 | 조선대 의과대학

69 남북한관의 의식조사와 통일교육 개선방안
김동규 외 | 고려대 북한학과

70 동양 전통 자연사상 탐구
장동순 | 충남대 환경공학과

71 초고속정보망의 시뮬레이터 구현
한기준 | 경북대 컴퓨터공학과

72 유통원가 시스템의 유효성
정다미 | 명지대 경영학과

73 국악과 문화관광의 만남
정익준 외 | 동아대 국제관광통상학부

74 기업의 지식경영 활용사례
김창은 | 명지대 산업공학과

75 선진국과 한국의 직업교육·훈련제도의 특성과 한계
정주연 | 고려대 경제학과

76 제주지역 성인 여성의 자원봉사활동
이상철 외 | 제주대 사회학과

77 M&A와 문화충돌 관리
박원우 | 서울대 경영학과

78 폐금속광산 인근 주민들의 중금속 오염실태
정종학 외 | 영남대 의학과

79 북한 농촌·농업실태와 인력자원개발 시스템을 통한 북한 농민의 구호방안
박성열 | 건국대 교육공학과

80 중소 소매점의 경쟁력과 소매성과
채명수 외 | 한국외대 무역학과